实践教学系列教材

化工原理课程设计

主　编　贾冬梅　李长海
副主编　刘元伟　张丽娟　李跃金

山东省普通本科高校应用型人才培养专业发展支持计划资助

科学出版社
北　京

内 容 简 介

本书从培养学生化工单元过程设计能力和解决实际工程问题能力出发，重点介绍典型化工单元操作工艺的设计思路、设计内容和设计方法。全书共 5 章，包括绪论、列管式换热器设计、板式精馏塔工艺设计、填料吸收塔工艺设计和 Aspen Plus 在化工设计计算中的应用。

本书可作为高等学校化学、化工、环境、制药、食品、材料、生物等专业的化工原理课程设计指导教材，也可供相关领域专业人员选用或参考。

图书在版编目（CIP）数据

化工原理课程设计/贾冬梅，李长海主编. —北京：科学出版社，2016.11

实践教学系列教材

ISBN 978-7-03-050653-5

Ⅰ. ①化…　Ⅱ. ①贾…　②李…　Ⅲ. ①化工原理-课程设计-高等学校-教材　Ⅳ. ①TQ02-41

中国版本图书馆 CIP 数据核字(2016)第 272974 号

责任编辑：陈雅娴　孙静惠/责任校对：王晓茜
责任印制：张　伟/封面设计：迷底书装

科学出版社 出版
北京东黄城根北街 16 号
邮政编码：100717
http://www.sciencep.com
北京中石油彩色印刷有限责任公司 印刷
科学出版社发行　各地新华书店经销
*
2016 年11月第　一　版　开本：720×1000　B5
2021 年 8 月第三次印刷　印张：11 3/4
字数：224 000

定价：39.00 元

（如有印装质量问题，我社负责调换）

前　言

化工原理课程设计是培养学生综合利用化工原理的基本理论和基本方法解决化工过程中设计任务的一门基础课程。本书依据化工原理课程设计的基本教学要求，以培养应用型本科人才为出发点，侧重培养学生的独立工程设计能力和正确的设计思路，提高灵活解决工程问题的能力。本书与化工原理理论课程教学紧密结合，设计实例详尽，便于学生掌握工程实际装置的设计方法。

全书内容分为绪论、列管式换热器设计、板式精馏塔工艺设计、填料吸收塔工艺设计和 Aspen Plus 在化工设计计算中的应用。为了使学习者能够更方便、系统地掌握有关设计内容，编者除了较详细地介绍各单元设备设计的流程方案的确定原则、设备选型、工艺尺寸的设计原理之外，还精心选编了大量的参考数据和图表，并给出了详尽的设计实例以供参考。

本书由滨州学院贾冬梅和李长海主编，具体编写分工为：第 1 章由贾冬梅编写，第 2 章由刘元伟编写，第 3 章由贾冬梅和李长海编写，第 4 章由张丽娟编写，第 5 章由李跃金编写。

由于编者的水平有限，书中难免有不足之处，恳请读者批评指正。

编　者

2016 年 8 月

目　录

第1章　绪　　论

1.1　化工原理课程设计的目的

化工原理课程设计是化工原理教学的一个重要环节，是综合应用化工原理和有关先修课程所学知识，以单元操作为主的设计实践课程。通过课程设计，学生应掌握化工设计的基本程序和方法，并在查阅技术资料、选用公式和数据、用简洁文字和图表表达设计结果、制图及计算机辅助计算等能力方面做基本训练，在设计过程中还应培养树立正确的设计思想和实事求是、严肃负责的工作作风。

通过课程设计，学生应在以下几个方面得到较好的培养和训练：

（1）查阅资料，选用公式和搜集数据的能力。通常设计任务书给出后，有许多数据需由设计者去搜集，有些物性参数要查取或估算，计算公式也由设计者自行选用，这就要求设计者运用各方面的知识，详细而全面地考虑后才能确定。

（2）正确选用设计参数，树立从技术上可行和经济上合理两方面考虑的工程观点，同时还需考虑操作维修的方便和环境保护的要求。即对于课程设计，不仅要求计算正确，还要求从工程的角度综合考虑各种因素，从总体上得到最佳结果。

（3）正确、迅速地进行工程计算。设计计算是一个反复试算的过程，计算工作量很大，因此必须同时强调正确与迅速（含必要的编程能力）。

（4）掌握化工设计的基本程序和方法，学会用简洁的文字和适当的图表表达自己的设计思想。

1.2　化工原理课程设计内容和步骤

1.2.1　设计内容

化工原理课程设计主要完成典型单元操作的工艺设计，设计内容主要有：

（1）设计方案简介：对给定或选定的工艺流程、主要设备的型号进行简要的论述。

（2）主要设备的工艺设计计算（含计算机辅助计算）：物料衡算、能量衡量、工艺参数的选定，设备的结构设计和工艺尺寸的设计计算。

（3）辅助设备的选型：典型辅助设备主要工艺尺寸的计算，设备的规格、型号的选定。

（4）设计说明书的编写：设计说明书的内容应包括设计任务书、目录、设计方案简介、工艺计算及主要设备设计、辅助设备的计算和选型、设计结果汇总和参考文献。

整个设计由论述、计算、表和图四个部分组成。论述应该条理清晰，观点明确；计算要求方法正确，误差小于设计要求，计算公式和所有数据必须注明出处；图、表应能简要表达计算的结果。

1.2.2 课程设计进度安排

1. 课程设计安排

课程设计时间 2 周，参考性教学安排如下：

第 1 天上午：指导教师讲课，向学生布置课程设计有关任务，提出有关要求，讲解与设计有关的主要内容。

第 1 天下午：熟悉设计内容，并查询和借阅设计所需的有关资料。

第 2～6 天：开展课程设计具体工作。

第 7～8 天：设计核算。

第 9～10 天：整理编写课程设计说明书。

2. 课程设计的步骤和进度

1）准备阶段

（1）设计前应预先准备好设计资料、手册、图册、计算和绘图工具、图纸及报告纸等。

（2）认真研究设计任务书，分析设计题目的原始数据和工艺条件，明确设计要求和设计内容。

（3）设计前应认真复习有关教科书，熟悉有关资料和设计步骤。

（4）结合模型，熟悉典型设备的结构，比较其优缺点。

2）设计阶段

化工原理课程设计主要是对单元操作中主要设备进行工艺设计。根据单元操作中的工艺条件（压力、温度、介质特性、物料量等）及原始数据，查取有关数据，进行物料衡算；根据设备内、外附件的工艺尺寸进行选型、设计，并对设计结果进行校核。这一阶段往往通过“边算、边选、边改”的做法来进行。

3）设计说明书

设计说明书是图纸设计的理论依据，是设计计算的整理和总结，是审核设计的技术文件之一，其内容大致包括以下几个方面。

（1）封面：包括课程设计题目、系别、班级、学生姓名、设计时间等。

（2）目录。

（3）设计任务。

（4）概述，设计方案的分析和拟定。

（5）设计条件及主要物性参数表。

（6）按设计任务顺序说明（有关参数计算、物料衡算，主要设备各部分工艺尺寸的确定和设计计算、设计结果校核）。

（7）设计结果汇总表。

（8）对本设计的评述（这部分主要介绍设计者对本设计的评价及设计者的学习体会）。

（9）参考文献。

（10）附录。

1.3 化工原理课程设计的任务要求

1.3.1 设计基本要求

（1）查阅文献资料、搜集有关数据、正确选用公式。当缺乏必要数据时，还需通过试验测定或到生产现场进行实际查定。

（2）在兼顾技术的先进性、可行性，经济的合理性的前提下，综合分析设计任务要求，确定化工工艺流程，进行设备选型，并提出保证过程正常、安全运行所需要的检测和计量参数，同时还要考虑改善劳动条件和环境保护的有效措施。

（3）准确而迅速地进行主要设备的工艺设计计算。

（4）用精练的语言、简洁的文字、清晰的图表来表达自己的设计思想和计算结果。

1.3.2 注意事项

（1）课程设计不同于习题解答，设计计算依据和答案往往不是唯一的，故正确的设计方案必须对其技术可行性和经济合理性进行分析比较，需经反复设计计算。

（2）在设计过程中，要求对每个学生进行独立分析问题、正确判断结果的能力培养。

（3）整个设计由论述、计算、表和图四部分组成，四者缺一不可。

（4）设计说明书尤其是论证部分的撰写，是对每个学生搜集材料、组织材料（文字水平）及综合能力的很好的训练和考察过程，不可轻视。

（5）撰写设计说明书就像写一本书一样，其中的图、表均需要有序号和名称，章与章之间要另页。

（6）所列的设计内容是本设计的基本要求，每个学生完全可以依个人情况在某些方面加深或提高，可以对流程的选定、塔结构的设计等进行多种方案的设计计算，还可以适当增加辅助设备的设计计算内容或多查阅参考资料以便充实设计的论证材料等。

（7）设计说明书统一采用 A4 纸。

（8）在绘制工艺条件图时，一定要注意各种线型的使用（粗实线、细实线等）。

1.4　设计图纸的规定和要求

1.4.1　工艺流程图

工艺流程图的正式绘制应在工艺计算完成后进行，可参照选择流程时的草图绘制，但应注意下列问题：首先安排版面，留出标题栏、设备一览表、图例等位置，再开始绘制流程图；流程图可用单线绘制，不用投影剖视，只画出设备外形，要标明物料的流向；要在流程图中注明设备标高、控制点、测量仪表、阀门等；同一工序同一类型设备并联时，可只画出一台；辅助管线不必画出，图中管线可按管内流动介质标注规定代号。

若要求画一张“带控制点工艺流程图”，应画出所有工艺设备、工艺物料管线、辅助管线、阀门、管件及工艺参数的测量点，并表示出自动控制的方案。一般采用 A2（420mm×594mm）或 A3（293mm×420mm）图幅。不严格要求比例，设备外形轮廓应保持它们的相对大小，设备间的高低位置应大致符合实际情况。用细实线表达设备的简略外形、内部特征和工艺管道流程线。标注设备位号及名称、管段编号、控制点代号、必要的尺寸、数据。

1.4.2　主体设备工艺条件图

工艺设计计算后确定主体设备的结构形状和工艺尺寸，然后用一组视图将主体设备的结构形状、技术特性、各零部件之间的相互关系表示出来；标出主要工艺尺寸、管口符号和管口表、技术要求。

本设计要求画一张“主体设备工艺条件图”。一般采用 A2（420mm×594mm）或 A3（293mm×420mm）图幅。绘图比例为 1∶100。

1.4.3　边框线、标题栏及字符代号

1. 边框线

左侧边框线为装订线，到图纸边缘距离为 25mm，对于 A2、A3 图纸，另外

三条边框线到图纸边缘距离为 10mm。

2. 标题栏

主标题栏位于 A2 图幅上，宽 180mm、高 50mm，在图纸的右下角。

3. 字符代号

图样中的汉字、字母、数字的书写要符合 GB/T 14691—1993 的规定，适当选取标准中的 7 号字体、5 号字体及 3.5 号字体。

第 2 章　列管式换热器设计

2.1　概　　述

随着现代工业的迅速发展，以能源为中心的环境、生态等问题日益加剧。世界各国在寻找新能源的同时，也更加注重节能新途径的研发。强化传热技术的应用不但能节约能源、保护环境，而且能大大节约投资成本。

换热器是化工、石油、制药及能源等行业中应用相当广泛的单元设备之一。我国是世界最重要的换热、散热、冷却设备市场。据统计，在现代化学工业中所用换热器的投资大约占设备总投资的 30%，在炼油厂中换热器投资约占全部工艺设备投资的 40%，海水淡化工艺装置则几乎全部是由换热器组成。目前世界各国在换热器理论研究、新技术和新产品开发方面已经进入高层次的探索阶段，涉及领域很广。虽然近年来我国加大了对各种换热器的研发，但在一些高效换热器领域方面与发达国家还存在一定差距。因此，我国应借鉴国外先进换热器技术，努力赶上国际先进水平。

强化传热元件的开发必然会带来多种壳程、管程结构研究的进步。工业应用结果表明，多种强化传热元件的研究成果是一个基础，可以根据不同的操作条件、不同的使用工况组合成各类新型高效换热器（如横纹管折流杆换热器、螺旋槽管与纽带的复合强化传热等），以节省金属材料，降低成本，获得较高的经济效益。把高效传热器与新型管束支承结合起来进行试验研究已成为换热器今后发展的一个重要方向。

换热器既是一种单独的设备，如加热器、冷却器和凝汽器等，也是某一工艺设备的组成部分，如石化、煤炭工业中的余热回收装置等。随着科学和生产技术的发展，各种换热器层出不穷，难以对其进行具体、统一的划分。虽然如此，所有换热器仍可按照它们的一些共同特征来加以区分。

按照用途分为：预热器（或加热器）、冷却器、冷凝器、蒸发器等。

按照制造换热器的材料分为：金属的、陶瓷的、塑料的、石墨的、玻璃的等。

按照温度状况分为：温度工况稳定的换热器，热流大小及在指定热交换区域内的温度不随时间变化；温度工况不稳定的换热器，传热面上的热流和温度都随时间改变。

按照热流体与冷流体的流动方向分为：顺流式、逆流式、错流式、混流式。

按照传送热量的方法分为：间壁式、混合式、蓄热式三大类。其中间壁式换热器的冷、热流体被固体间壁隔开，并通过间壁进行热量交换，因此又称表面式换热器，这类换热器应用最广。

2.2　列管式换热器的种类

在进行换热时，流体由封头的连接管处进入，在管内流动，从封头另一端的出口管流出，这种换热器称为管程列管式换热器；流体由壳体的接管进入，从壳体上的另一接管处流出，这种换热器称为壳程列管式换热器。

列管式换热器的种类很多，其结构形式与所受的温差应力及是否需要温差补偿装置有着密切的联系。按温差补偿结构来分，主要有以下三种。

2.2.1　固定管板式换热器

列管式换热器的结构比较简单、紧凑，造价便宜，但管外不能机械清洗。此种换热器管束连接在管板上，管板分别焊在外壳两端，并在其上连接顶盖，顶盖和壳体装有流体进出口接管。通常在管外安装一系列垂直于管束的挡板。同时管子和管板与外壳的连接都是刚性的，而管内管外是两种不同温度的流体。因此，当管壁与壳壁温差较大时，由于两者的热膨胀不同，产生很大的温差应力，以致管子扭弯或管子从管板上松脱，甚至毁坏换热器。

一般在管壁与壳壁温度相差 50℃以上时，为了克服温差应力应该有温差补偿装置，为安全起见，换热器应有温差补偿装置（图 2-1）。但温差补偿装置（膨胀节）只能用在壳壁与管壁温差低于 50℃和壳程流体压力不高的情况。一般壳程压力超过 0.6MPa 时，补偿圈过厚难以伸缩，失去温差补偿的作用，则应考虑其他结构。

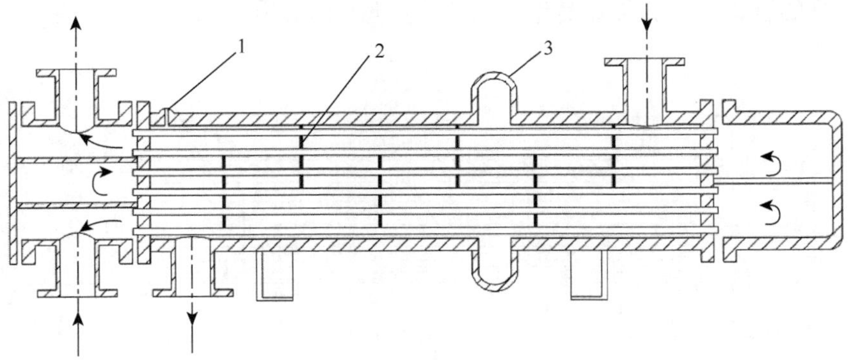

图 2-1　带有温度补偿的固定管板式换热器

1. 放气阀；2. 挡板；3. 补偿圈

2.2.2　浮头式换热器

换热器的一块管板用法兰与外壳相连接，另一块管板不与外壳连接，以使管子受热或冷却时可以自由伸缩，但在这块管板上连接一个顶盖，称为浮头，这种换热器称为浮头式换热器（图 2-2）。其优点是：管束可以拉出，以便清洗；管束的膨胀不受壳体约束，因而当两种换热器介质的温差大时，不会因管束与壳体的热膨胀量的不同而产生温差应力。其缺点为结构复杂，造价高。

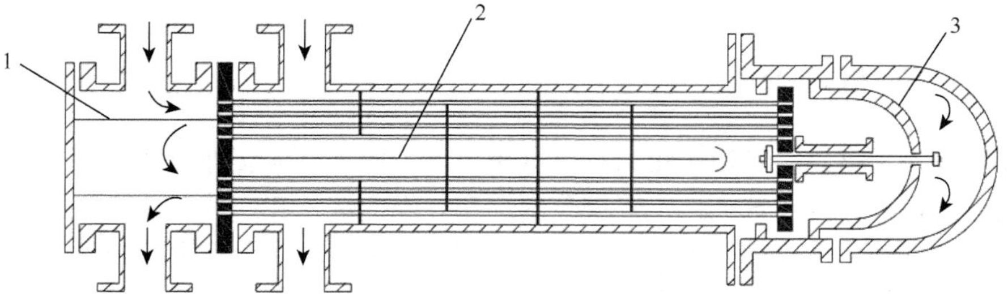

图 2-2　浮头式换热器

1. 管程隔板；2. 壳程隔板；3. 浮头

2.2.3　U 形管式换热器

U 形管式换热器（图 2-3）的每根管子都弯成 U 形，两端固定在同一块管板上，每根管子都可自由伸缩，从而解决热补偿问题。管程至少为两程，管束可以抽出清洗，管子可以自由膨胀。其缺点是管子内壁清洗困难，管子更换困难，管板上排列的管子少。其优点是结构简单，质量轻，适用于高温高压条件。

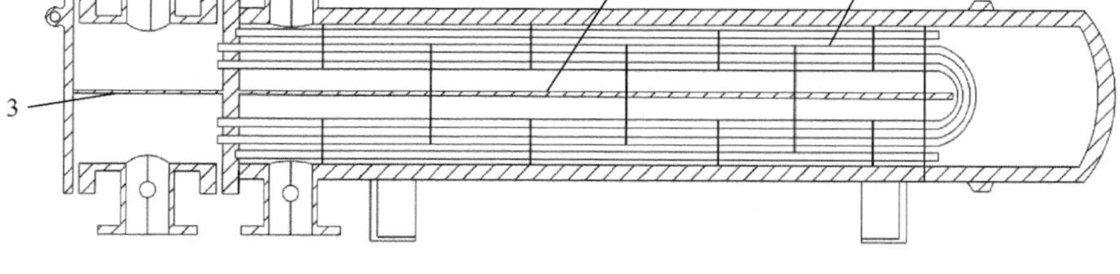

图 2-3　U 形管式换热器

1. U 形管；2. 壳程隔板；3. 管程隔板

2.3　列管式换热器的选用原则与步骤

2.3.1　列管式换热器的选用原则

1. 满足生产工艺要求

所选用的换热器一定要能完成换热任务（或称热负荷）。换热任务是由生产工艺条件决定的，是生产上要求流体温度变化在单位时间内吸收或放出的热量。它的具体数值可由流体热流量平衡方程，即冷流体的吸热速率或热流体的放热速率来计算。其实，换热任务就是对换热器换热能力的要求。所以，所选用的换热器能否满足工艺要求，取决于它的换热能力。这种换热能力是在操作条件下换热器所能实现的传热速率，是换热器本身的特性。它的具体数值可由总传热速率方程来计算。对于一个能满足工艺要求的换热器，其传热速率（换热能力）应大于生产热负荷（换热任务）。在机械强度、抗蚀能力、耐压能力等方面，所选用的换热器都应满足工艺要求。

2. 操作、维护、检修方便

换热器是压力容器，在进行强度、刚度、温差应力及疲劳寿命计算时，应遵照相关标准进行设计，这对保证设备的操作安全可靠起着重要的作用，此外，设备与部件应便于运输、维护、装拆与检修。

3. 经济上合理

在换热器选型和操作工艺参数的确定中，要有技术经济的观点，尽可能地节能、省材，使操作费用和设备费用处于一个较合理的范围内。

4. 保证生产安全

在工艺流程和操作中，若有爆炸、燃烧、中毒等危险性，则要考虑必要的安全措施。对设备材料强度的验算，除应有一定的安全系数外，还应考虑防止由于设备压力突然升高或造成真空，从而需要采取安装安全阀等措施。

2.3.2　列管式换热器的选用步骤

（1）了解生产任务、工艺特点和基本数据。

（2）确定冷、热流体的流量，进、出口温度，操作压力。

（3）掌握冷、热流体的已知物性参数。

（4）确定冷、热流体的工艺特点，包括腐蚀性、悬浮物含量、有无相变等。

（5）确定流体流动途径（流程），确定换热器类型。

（6）进行选择设备型号的有关计算。

a. 计算两流体的定性温度，在此温度下查取流体的有关物性参数，如密度、黏度、比热容、导热系数等。

b. 根据生产换热任务计算热负荷。

c. 计算对数平均温度差，并根据温差校正系数不应小于0.8的原则决定壳程数。

d. 根据总传热系数 K 值的经验数值范围，初步选定总传热系数 K 值（表 2-1）。

表 2-1　列管式换热器中总传热系数 K 值的大致范围

管内（管程）流体	管间（壳程）流体	传热系数 K 值/[W/（$m^2 \cdot K$）]
水（0.9～1.5m/s）	净水（0.3～0.6m/s）	582～698
水	水（流速较高时）	814～1163
冷水	轻有机物（$\mu<0.5\times10^{-3}$Pa·s）	467～814
冷水	中有机物[μ=（0.5～1）$\times10^{-3}$Pa·s]	290～698
冷水	重有机物（$\mu>1\times10^{-3}$Pa·s）	116～467
盐水	轻有机物（$\mu<0.5\times10^{-3}$Pa·s）	233～582
有机溶剂	有机溶剂（0.3～0.55m/s）	198～233
轻有机物（$\mu<0.5\times10^{-3}$Pa·s）	轻有机物（$\mu<0.5\times10^{-3}$Pa·s）	233～465
中有机物[μ=（0.5～1）$\times10^{-3}$Pa·s]	中有机物[μ=（0.5～1）$\times10^{-3}$Pa·s]	116～349
重有机物（$\mu>1\times10^{-3}$Pa·s）	重有机物（$\mu>1\times10^{-3}$Pa·s）	58～233
水（1m/s）	水蒸气（有压力）冷凝	2326～4652
水	水蒸气（常压或负压）冷凝	1745～3489
水溶液（$\mu<2.0\times10^{-3}$Pa·s）	水蒸气冷凝	1163～4071
水溶液（$\mu>2.0\times10^{-3}$Pa·s）	水蒸气冷凝	682～2908
有机物（$\mu<0.5\times10^{-3}$Pa·s）	水蒸气冷凝	582～1193
有机物[μ=（0.5～1）$\times10^{-3}$Pa·s]	水蒸气冷凝	291～582
有机物（$\mu>1\times10^{-3}$Pa·s）	水蒸气冷凝	116～349
水	有机物蒸气及水蒸气冷凝	582～1163
水	重有机物蒸气（常压）冷凝	116～349
水	重有机物蒸气（负压）冷凝	58～174
水	饱和有机溶剂蒸气（常压）冷凝	582～1163
水	含饱和水蒸气的氯气（20～50℃）	349～174
水	SO_2（冷凝）	814～1163
水	NH_3（冷凝）	698～930
水	氟利昂（冷凝）	756

e. 根据总传热速率方程，由初选的 K 值计算出传热面积，由此在换热器系列

标准中初步选出合适的设备型号。

f. 计算管程、壳程压降。根据初选的换热器型号，计算两流体的流速和压降，检查计算结果是否合理或是否满足工艺要求。若压降不符合要求，则要调整流速，再确定管程数或折流板间距，或另选一种规格的换热器，再重新计算压降，直至满足要求为止。

g. 核算总传热系数。分别计算管程、壳程的对流传热系数，确定污垢热阻，计算总传热系数，并与开始初选的总传热系数进行比较。如果相差较多，则应再次设定总传热系数，重复以上计算步骤，直至接近为止。

h. 计算传热面积。根据核算后的数值与总传热速率方程，求出完成换热任务所需要的换热器面积 A，再与所选换热器的实际面积 A' 进行比较，一般 A'/A=1.15～1.25，以留一定的裕量。

以上选型计算是一个反复试算的过程，带有一定试差的性质。

2.4　列管式换热器的选型内容及有关工艺设计

2.4.1　列管式换热器类型的选择

列管式换热器的主要类型有固定管板式、浮头式和 U 形管式三种，也是目前最广泛使用的类型。三种类型的换热器在国内已有系列标准，所以应尽量从系列标准中选取。究竟选取哪种类型的换热器，主要考虑冷、热流体的温度差及清洗、维护和检修的方便性、成本的高低等因素，在比较三种换热器的特点、利弊基础上，综合考虑后再确定选哪种类型。

2.4.2　流体流动途径的选择

在列管式换热器中，哪种流体流经管程，哪种流体流经壳程，关系到设备使用是否合理的问题。一般可根据下列原则进行选择。

（1）不洁净或易结垢的流体，对直管管束，一般应流经管程，这样便于清洗。例如，用作冷却水的井水或江河水，一般硬度高或有悬浮物，易结垢或沉积，所以应流经管程。管内流体流速易维持高速，也可避免悬浮粒的沉积。但对于 U 形管式换热器，由于管内不便清洗，所以不洁净的流体应进入壳程。

（2）需要提高流速以增大对流传热系数的流体应流经管程，因为管程宜采用多程以增大流速。

（3）有腐蚀性的流体应流经管程，以避免管束和壳体同时被腐蚀，这样壳体及管外空间的其他零部件都可用较便宜的材料。

（4）压力高的流体应流经管程。因为管子直径小，耐压能力好，以避免采用高压外壳和高压密封。

（5）饱和蒸气宜流经壳程，以便及时排出冷凝液，且蒸气较清洁，对清洗无要求。

（6）需冷却的流体宜流经壳程，便于散热，增强冷却效果。

（7）黏度大或流量较小的流体宜流经壳程。这样，流体在有挡板的壳程中流动时，可在低雷诺数（Re＞100）下即可达到湍流，有利于提高对流传热系数。

上述原则往往不能同时兼顾，有时甚至互相矛盾。所以应针对具体情况进行具体分析，抓住主要矛盾，综合考虑，做出合理选择。

2.4.3　流体流速的选择

流体在壳程或管程中的流速，不仅影响对流传热系数的大小，也影响垢层热阻、流体流动阻力、经济的合理性。增加流速，对流传热系数会增大，同时也减少污垢在管子壁面沉积的可能性，降低垢层热阻，从而使 K 值提高，所需传热面积减少，设备投资费用也减少。但随着流速增加，流体阻力会很快增加，动力消耗增大，操作费用增加。而流速过低，对流传热系数减小，垢层沉积严重，热阻增加，对传热不利。所以适宜的流速要通过经济换算才能确定。一般选择流速应尽可能避免在层流下流动。

表 2-2～表 2-4 列出了工业上常用的流速范围，以供选取流速时参考。

表 2-2　列管式换热器中常用的流速范围

流体种类	流速/（m/s）	
	管程	壳程
一般流体	0.5～3	0.2～1.5
易结垢流体	＞1	＞0.5
气体	5～30	3～15

表 2-3　不同黏度液体在列管式换热器中的流速

液体黏度/（$\times10^{-3}$Pa·s）	最大流速/（m/s）	液体黏度/（$\times10^{-3}$Pa·s）	最大流速/（m/s）
＞1500	0.6	35～100	1.5
500～1500	0.75	35～1	1.8
100～500	1.1	＜1	2.4

表 2-4　列管式换热器中易燃、易爆液体的安全允许流速

液体名称	安全允许流速/（m/s）
乙醚、二硫化碳、苯	＜1
甲醇、乙醇、汽油	＜2～3
丙酮	＜10

2.4.4　加热剂、冷却剂的选择

1. 选择加热剂、冷却剂的原则

（1）应能满足工艺要求达到的加热或冷却温度。

（2）温度容易调节。

（3）饱和蒸气压低，热稳定性好。

（4）腐蚀性小，毒性小。

（5）不易燃烧、爆炸，使用安全。

（6）来源广泛，价格低廉。

2. 常用加热剂

1）饱和水蒸气

饱和水蒸气是应用最广泛的加热剂。它在冷凝时的对流传热系数很大，有利于提高传热效果，减小传热面积。同时其温度与压力间有对应关系，通过调节压力就能很方便地控制加热温度。另外，它输送方便，加热均匀。但加热温度不能太高，一般不超过 180℃（对应压力为 98kPa）。若超过此温度，对应的饱和蒸气压会急剧上升。例如，250℃的饱和水蒸气，对应的压力为 3923kPa，这显然对设备不利，所以饱和水蒸气一般只适用于加热温度在 180℃以下的情况。

2）烟道气

燃料在热炉中燃烧所得到的烟道气温度很高，可达 700～1000℃，适用于需要达到较高温度的加热，通常以 500～1000℃较为适宜。缺点是大部分热量会被废气带走，温度不易控制，易使被加热物料过热；对流传热系数很小，比热容也低，所以用量很大；输送较困难，热量损失也很大。

除了上述两种加热剂外，还有热水、热空气、矿物油、有机液体等加热剂，可针对不同的加热目的和状况进行合理选择。

3. 常用冷却剂

水和空气是最常用的冷却剂，水应用更广泛。水的比热容高，对流传热系数也较高，来源广，江水、河水、井水皆可。考虑到地区和季节的变化，一般冷却温度应在 35℃以下。空气作为冷却剂的缺点是对流传热系数小，从而使传热设备尺寸较大。但考虑到水源或节水问题，空气作为冷却剂已日益被广泛采用，在经济上也是合理的。

如果要冷却到较低温度时，则需要低温剂或冷冻剂，如冷冻盐水、液态氨、氟利昂等。

2.4.5 流体适宜出口温度的确定

在生产任务中，被处理物料的进、出口温度一般是指定的，加热剂或冷却剂由设计者根据具体情况而自行选定，其初温（入口温度）一般由来源、季节而定，但它的终温（出口温度）要设计者合理确定。例如，选择冷水作为冷却剂时，选取较低的出口温度，则用水量大，操作费用大，但此时传热平均温度差较大，所需传热面积会减少，设备费用则降低。若出口温度选得较高，则会与之相反，操作费用低而设备费用高。因此，合理的冷却水出口温度应根据总费用最低的原则来确定。

此外，出口温度的选定有时还有其他方面的考虑。例如，用河水作为冷却剂时，出口温度一般不宜超过 50℃，否则垢层会显著增加。缺水地区一般选用较大的温度差，水源丰富地区选用较小的温度差，一般冷却水两端温度差可取 50℃。

2.4.6 管束与壳程

壳体由传热管束、管板、折流板（挡板）和管箱等部件组成。壳体多为圆筒形，内部装有管束，管束两端固定在管板上。进行换热的冷热两种流体，一种在管内流动，称为管程流体；另一种在管外流动，称为壳程流体。为提高管外流体的传热膜系数，通常在壳体内安装若干挡板。挡板可提高壳程流体速度，迫使流体按规定路程多次横向通过管束，增强流体湍流程度。换热管在管板上可按正三角形或正方形排列。正三角形排列较紧凑，管外流体湍动程度高，传热膜系数大；正方形排列则管外清洗方便，适用于易结垢的流体。

2.4.7 管子、管板及连接

换热管是换热器的元件之一，置于筒体内，用于两介质之间热量的交换。除光滑管外，换热器还可采用各种各样的强化传热管，如翅片管、螺纹管、螺旋槽管等。当管内外两侧给热系数相差较大时，翅片管的翅片应布置在传热系数低的一侧。

换热管常用的尺寸主要为ϕ19mm×2mm、ϕ25mm×2.5mm 和ϕ38mm×2.5mm 的无缝钢管及ϕ25mm×2mm 和ϕ38mm×2.5mm 的不锈钢管。标准管长有 1.5m、2.0m、3.0m、4.5m、6.0m、9.0m 等。采用小管径，可使单位体积的传热面积增大、结构紧凑、金属耗量减少、传热系数提高。据估算，将同直径换热器的换热管由ϕ25mm 改为ϕ19mm，其传热面积可增加 40%左右，节约金属 20%以上。但小管径流体阻力大，不便于清洗，易结垢堵塞。一般大直径管子用于黏性大或污浊的流体，小直径管子用于较清洁的流体。

常用材料有碳素钢、低合金钢、不锈钢、铜、铜镍合金、铝合金、钛等。此外，还有一些非金属材料如石墨、陶瓷、聚四氟乙烯等。设计时应该根据工作压力、温度和介质腐蚀性等选用合适的材料。

换热管在管板上的排列形式主要有正三角形、正方形和转角正三角形、转角正方形（图 2-4）。如图 2-4 所示，正三角形排列形式可以在同样的管板面积上排列最多的管数，故用得最为普遍，但管外不易清洗。为便于管外清洗，可以采用正方形或转角正方形排列的管束。

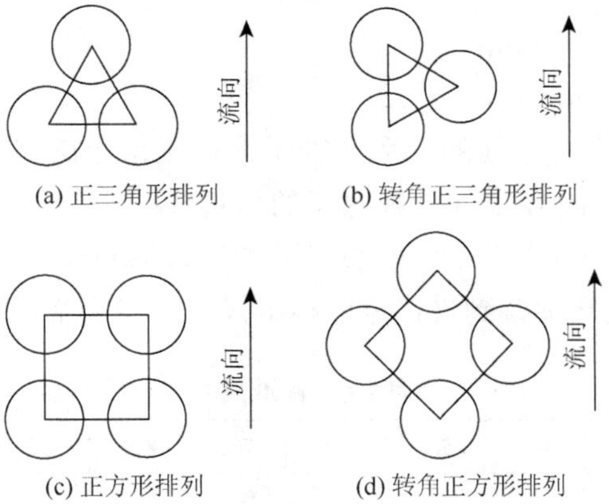

图 2-4　换热管在管板上的排列

换热管中心距要保证管子与管板连接时，管桥（相邻两管间的净空距离）有足够的强度和宽度。管间需要清洗时还要留有清洗的通道。换热管中心距宜不小于 1.25 倍的换热管外径，最常用的换热管中心距见表 2-5。

表 2-5　常用的换热管中心距

换热管外径 d_0/mm	10	12	14	16	19	20	25	32	35	38	45	50	57
换热管中心距 t/mm	13～14	16	19	22	25	26	32	40	44	48	57	64	72

管板就是在圆形钢板上钻出比管子外径略大的孔，将管子穿入并焊住固定，起这样作用的一种配件。

在固定式管板的计算中按有温差的各种工况计算出壳体轴向应力、换热管的轴向应力、换热管与管板之间的拉脱力中，有一个不能满足强度（或稳定）条件时，就需要设置膨胀节。在固定式管板强度校核计算中，当管板厚度确定之后，不设膨胀节时，有时管板强度不够，设膨胀节后，管板厚度可能就满足要求。此时，也可设置膨胀节以减薄管板，但要从材料消耗、制造难易、安全及经济效果等综合评估而定。

2.4.8　壳体直径及壳体壁厚的确定

1. 壳体直径的计算

壳体的内径应等于或大于（在浮头式换热器中）管板的直径，所以从管板直径的计算可以决定壳体的内径。通过按下式确定壳径

$$D=a(b-1)+2e \tag{2-1}$$

式中，D——壳体内径，mm；

a——管心距，mm；

b——横过管束中心线的管数，管子按正三角形排列：$b=1.1\sqrt{n}$，而管子按正方形排列：$b=1.19\sqrt{n}$，n 为换热器的总管数；

e——管束中心线上最外层管中心到壳体内壁的距离，一般取 $e=(1\sim1.5)d_0$，m。

壳径的计算值应圆整到最接近的标准尺寸，见表 2-6。

表 2-6　标准尺寸

壳体内径/mm	325	400	500	600	700	800	900	1000	1100	1200
最小壁厚/mm	8	10				12			14	

2. 壳体壁厚的计算

当换热器受内压时，壳体壁厚可用下式计算

$$S=\frac{pD_{\mathrm{i}}}{2[\sigma]\varphi-p}+C \tag{2-2}$$

式中，S——壳体壁厚，cm；

p——操作时的内压力（表压），1×10^4Pa；

$[\sigma]$——材料许用应力，1×10^4Pa；

φ——焊缝系数，单面焊缝 $\varphi=0.65$，双面焊缝 $\varphi=0.85$；

C——腐蚀裕度，其范围在 0.1～0.8cm，根据流体的腐蚀性而定；

D_{i}——壳体内径，cm。

根据式（2-2）计算出壳体壁厚后，还应适当考虑安全系数，以及开孔的强度补偿措施，一般都应大于表 2-6 中的最小壁厚。

2.4.9　折流板

设置折流板的目的是提高流速，增加湍动，改善传热，在卧式换热器中还起

支承管束的作用。常用的有弓形折流板（图 2-5）和圆盘-圆环形折流板。

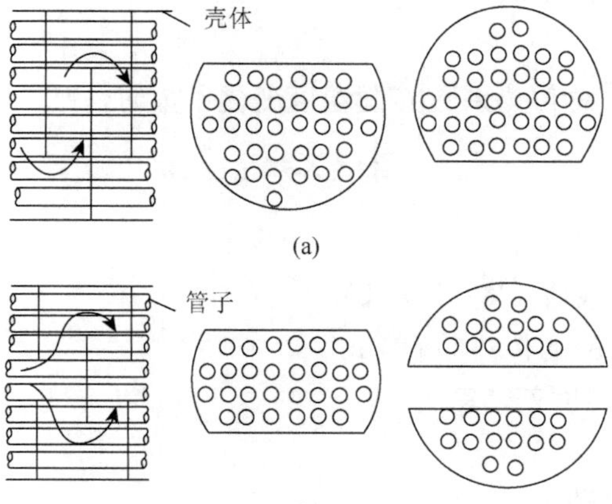

图 2-5　弓形折流板

弓形缺口太大或太小都将在流体流动中产生不能流动的死区，不仅不利于传热，还使流动阻力增加，如图 2-6 所示。

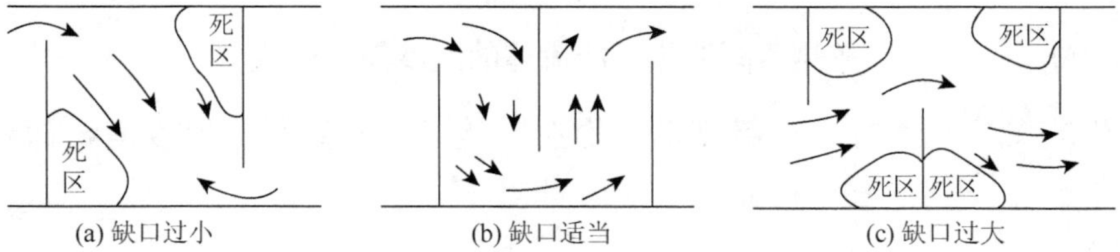

图 2-6　挡板弓形缺口流体流动的影响

板间距（相邻两挡板间的距离）一般为壳体内径的 0.2～1.0。在系列标准中，固定管板式的有 150mm、300mm 和 600mm 三种，浮头式的有 150mm、200mm、300mm、480mm 和 600mm 五种。板间距过小，不利于制造和检修，流动阻力也较大；板间距过大，流体就难于垂直流过管束，使对流传热系数下降。

2.5　列管式换热器选型中的有关计算

在列管式换热器的选型中，有些设备尺寸、工艺参数等需要根据生产具体情况自主确定，有些则要精心计算，如对流传热系数、平均温度差、管程与壳程的压降等，以确保换热器的选型合理。这里仅简要介绍一些有关参数的设计公式或计算方法，详细的计算及有关图、表、经验数据等可参考教科书、参考书及有关化工手册。

2.5.1 传热速率基本方程式

在稳态传热下，总传热系数 K 随温度变化不大时，则

$$Q = KA\Delta t_m \tag{2-3}$$

式中，Q——传热速率，W；

K——总传热系数，W/（$m^2 \cdot K$）；

A——与 K 对应的传热面积，m^2；

Δt_m——平均温度差，K。

2.5.2 对数平均温度差

（1）在无相变理想逆流或并流换热器中，对数平均温度差为

$$\Delta t_m = \frac{\Delta t_1 - \Delta t_2}{\ln \dfrac{\Delta t_1}{\Delta t_2}} \tag{2-4}$$

式中，Δt_1、Δt_2——换热器两端热、冷流体的温度差，K 或℃。

当 $0.5 < \dfrac{\Delta t_1}{\Delta t_2} < 2$ 时，可用算术平均温度差代替对数平均温度差，即 $\Delta t_m = \dfrac{\Delta t_1 + \Delta t_2}{2}$。

（2）在冷、热流体复杂流向（错流或折流）的换热器中，无相变时，对数平均温度差为

$$\Delta t_m = \psi \Delta t'_m \tag{2-5}$$

式中，$\Delta t'_m$——按理想逆流情况下求得的对数平均温度差，K 或℃；

ψ——温度差校正系数，是 P 和 R 两因数的函数，即

$$R = \frac{T_1 - T_2}{t_2 - t_1} \tag{2-6}$$

$$P = \frac{t_2 - t_1}{T_1 - t_1} \tag{2-7}$$

式中，$T_1 - T_2$——热流体的温降，K 或℃；

$t_2 - t_1$——冷流体的温升，K 或℃；

$T_1 - t_1$——两流体最初温度差，K 或℃。

根据冷、热流体进、出口温度，依式（2-6）和式（2-7）可求出 R 和 P 值，温度差校正系数值可根据 R 和 P 两参数从相对应的图中查得。图 2-7 只介绍了四种壳程、管程类型所对应的温度差校正系数图，类似的其他壳程、管程形式的温度差校正系数图在各种化工手册中都有绘制。要注意的是，图与壳程、管程类型是一一对应的，不同的壳程、管程类型对应不同的图。所以只要根据确定的壳程、管程类型，从相应的图中就可以查得温度差校正系数。

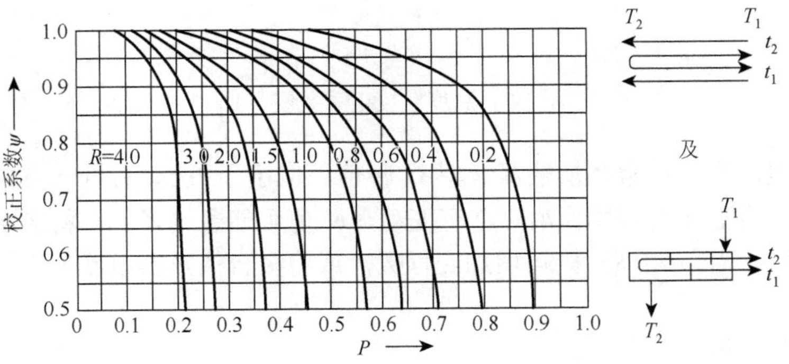

(a)

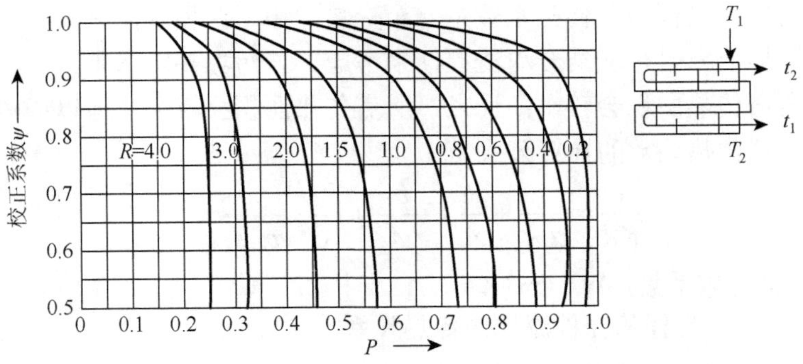

(b)

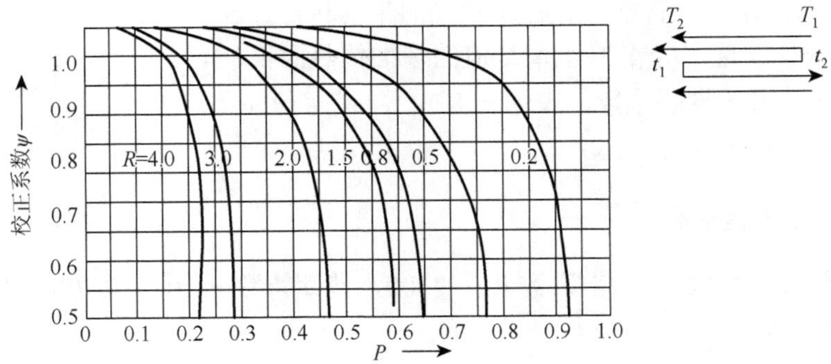

(c)

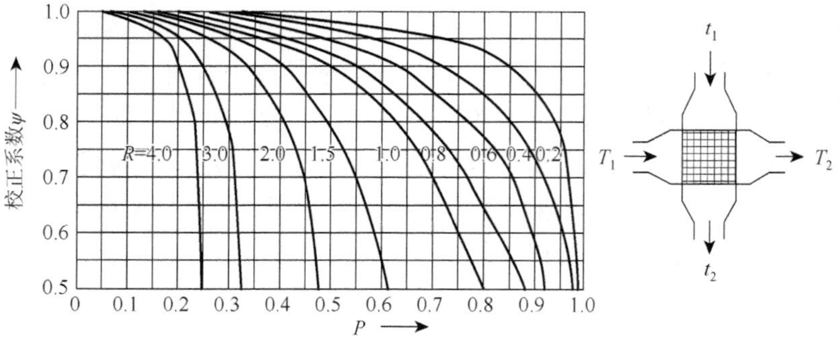

(d)

图 2-7　温度差校正系数值

需要强调的是，通常在换热器选型中 ψ 值不应小于 0.8，否则一方面经济上不合理，另一方面此时若操作温度略有变动，ψ 值可能急剧降低，将影响操作的稳定性。所以，若 ψ<0.8，则可增加壳程数，或将多台换热器串联使用。

2.5.3　总传热系数

在通常的操作过程中，传热系数是一个变量，由于污垢热阻是变化的，因此设计中选择污垢热阻时，应结合清洗周期来考虑。若污垢热阻选得太小，清洗周期会很短，所需传热面积会较小；反之，所需传热面积会较大，所以应该全面衡量作出选择。总传热系数的计算公式为

$$\frac{1}{KA}=\frac{1}{\alpha_i A_i}+\frac{R_i}{A_i}+\frac{b}{\lambda A_m}+\frac{R_o}{A_o}+\frac{1}{\alpha_o A_o} \tag{2-8}$$

式中，K——总传热系数，W/（$m^2 \cdot K$）；

α_i、α_o——管程和壳程流体的传热膜系数，W/（$m^2 \cdot K$）；

R_i、R_o——管程和壳程的污垢热阻，（$m^2 \cdot K$）/W；

A_i、A_o、A_m——管程、壳程及管壳的平均传热面积，m^2；

A——任一选定的作为计算 K 值的基准传热面积，m^2；

λ——管壁的导热系数，W/（m·K）；

b——管壁的厚度，m。

1. 管程传热膜系数

（1）层流流动区域。当雷诺数 Re<2300，普朗特数 Pr=0.6～6700，d/L>100 时，传热膜系数为

$$\alpha=1.86\frac{\lambda}{d}\left(\frac{du\rho}{\mu}\right)^{1/3}\left(\frac{c_p\mu}{\lambda}\right)^{1/3}\left(\frac{d}{L}\right)^{1/3}\left(\frac{\mu}{\mu_W}\right)^{0.14} \tag{2-9}$$

式中，α——传热膜系数，W/（$m^2 \cdot K$）；

λ——流体的导热系数，W/（$m \cdot K$）；

d——管内径，m；

u——管内流速，m/s；

ρ——流体的密度，kg/m^3；

μ——流体的黏度，Pa·s；

L——管子的长度，m；

μ_W——壁温下流体的黏度，Pa·s。

定性温度除 μ_W 取壁温外，其余均取流体进出口的算术平均温度。

（2）湍流流动区域。对于低黏度流体（小于水的黏度的两倍），当 Re＞10 000，Pr=0.7～120，L/d＞60 时

$$\alpha = 0.023\frac{\lambda}{d}\left(\frac{du\rho}{\mu}\right)^{0.8}\left(\frac{c_p\mu}{\lambda}\right)^{n} \tag{2-10}$$

式中，流体被加热时，n=0.4；流体被冷却时，n=0.3。

当 L/d＜60 时，必须考虑进口效应，可用下式进行校正

$$\frac{\alpha_m}{\alpha} = 1 + \left(\frac{d}{L}\right)^{0.7} \tag{2-11}$$

式中，α_m——管程传热膜系数平均值（包括进口效应的影响），W/（$m^2 \cdot K$）；

α——由式（2-10）求得。

（3）高黏度液体。当 Re＞10 000，Pr=0.7～16 700，d/L＞60

$$\alpha = 0.023\frac{\lambda}{d}\left(\frac{du\rho}{\mu}\right)^{0.8}\left(\frac{c_p\mu}{\lambda}\right)^{1/3}\left(\frac{\mu}{\mu_W}\right)^{0.14} \tag{2-12}$$

式中，$(\mu/\mu_W)^{0.14}$ 是考虑热流方向的校正项，液体被加热时，$(\mu/\mu_W)^{0.14}=1.05$；液体被冷却时，$(\mu/\mu_W)^{0.14}=0.95$；对于气体，不论是加热还是冷却，$(\mu/\mu_W)^{0.14}=1$。

（4）过渡流区域。当 Re=2300～10 000 时

$$\frac{\alpha'}{\alpha} = 1 - \frac{6\times10^5}{Re^{1.8}} \tag{2-13}$$

式中，α'——过渡流区域管程传热膜系数，W/（$m^2 \cdot K$）；

α——由式（2-10）求得。

2. 壳程传热膜系数

当换热器内无挡板时，壳程流体可按平行管束流动考虑，仍可用上述管程传热膜系数关联式进行计算，需将式中管内径用壳程管子当量直径 d_e 代替

$$d_{e}=\frac{D^{2}-nd_{o}^{2}}{D+nd_{o}} \tag{2-14}$$

式中，D——壳体的直径，m；

n——总管子数；

d_o——管子外径，m。

当换热器内有挡板时，对于弓形挡板，当 Re=3～20 000 时

$$\alpha=0.22\frac{\lambda}{d_{o}}\left(\frac{d_{o}u_{o}\rho}{\mu}\right)^{0.6}\left(\frac{c_{p}\mu}{\lambda}\right)^{1/3}\left(\frac{\mu}{\mu_{W}}\right)^{0.14} \tag{2-15}$$

当 Re=100～60 000 时

$$\alpha=1.72\frac{\lambda}{d_{o}}d_{e}^{0.6}\left(\frac{d_{o}u_{o}\rho}{\mu}\right)^{0.6}\left(\frac{c_{p}\mu}{\lambda}\right)^{1/3}\left(\frac{\mu}{\mu_{W}}\right)^{0.14} \tag{2-16}$$

式中，d_e 由式（2-14）计算；u_o 是按基准流道截面 S_m 计算的流速，S_m 的计算式为

$$S_{m}=\sqrt{S_{1}S_{2}} \tag{2-17}$$

$$S_{1}=hD(1-d_{o}/a) \tag{2-18}$$

$$S_{2}=S_{0}(1-\beta) \tag{2-19}$$

$$S_{0}=\frac{1}{2}[R^{2}\theta-b(R-h_{d})] \tag{2-20}$$

式中，S_1——流体横过管束时流道截面面积，m^2；

S_2——弓形缺口处流道截面面积，m^2；

S_0——弓形的面积，m^2；

h——相邻挡板间距，m；

a——管心距，m；

β——管子所占面积与换热器截面积之比，管子按正三角形排列时 $\beta=0.907\times(d_o/a)^2$，管子按正方形排列时 $\beta=0.785(d_o/a)^2$；

R——壳体半径，m；

b——弦长，$b=2R\sin\left(\frac{\theta}{2}\right)$，m；

h_d——弓高，$h_{d}=2R\sin^{2}\left(\frac{\theta}{4}\right)$，m；

θ——圆心角，rad。

设计时应尽可能使 $S_1=S_2$，以减少阻力损失。

对于圆盘-圆环形挡板，当 Re=3～20 000 时

$$\alpha=2.08\frac{\lambda}{d_{o}}d_{e}^{0.6}\left(\frac{d_{o}u_{o}\rho}{\mu}\right)^{0.6}\left(\frac{c_{p}\mu}{\lambda}\right)^{1/3}\left(\frac{\mu}{\mu_{W}}\right)^{0.14} \tag{2-21}$$

此时

$$S_1 = \pi h D_m (1 - d_o / a) \tag{2-22}$$

$$D_m = (D_1 + D_2) / 2 \tag{2-23}$$

$$S_2 = \frac{\pi}{4} D_1^2 (1 - \beta) \tag{2-24}$$

式中，D_1——环形挡板内径，m；

D_2——盘形挡板外径，m。

设计时除应尽可能使 $S_1=S_2$，还应使盘形挡板的流道截面积与环形挡板的流道截面积相等。

3. 传热污垢热阻的确定

存在传热表面的污垢，对传热会产生附加的热阻，在估算总传热系数时，一般不能忽略。通常选用经验值（表 2-7）作为计算依据。

表 2-7　壁面污垢热阻

流体	污垢热阻/[$(m^2·K)/kW$]	流体	污垢热阻/[$(m^2·K)/kW$]
水		液体	
蒸馏水	0.09	处理过的盐水	0.246
海水	0.09	有机物	0.176
干净的海水	0.21	燃烧油	1.056
未处理的凉水塔用水	0.58	焦油	1.76
已处理的凉水塔用水	0.26	气体	
已处理的锅炉用水	0.26	空气	0.26～0.53
硬水井水	0.58	溶剂蒸气	0.14
水蒸气			
优质	0.052		
劣质	0.09		
往复压缩机排出	0.176		

2.5.4　流体流动阻力的计算

由于在生产任务中对管程、壳程的压降往往提出具体要求，所以要分别计算出两流体的阻力损失。目前计算管程、壳程流体阻力的公式较多，这里仅介绍其中的一种。

1. 管程流体流动阻力的计算

单管程流体阻力可按一般摩擦阻力公式计算。对于多管程换热器，其管程总阻力等于各单程直管阻力、回弯阻力和进、出口阻力之和。一般进、出口阻力可

忽略不计，故有

$$\sum \Delta p_{\mathrm{i}} = (\Delta p_1 + \Delta p_2) F_{\mathrm{i}} N_{\mathrm{s}} N_{\mathrm{p}} \tag{2-25}$$

式中，Δp_1、Δp_2——直管及回弯管中摩擦阻力引起的压降，Pa，$\Delta p_1 = \lambda \frac{L}{d} \frac{\rho u^2}{2}$，$\Delta p_2 = 3 \frac{\rho u^2}{2}$；

F_{i}——结构校正系数，无因次，对ϕ25mm×2.5mm 的管子取 1.4；对ϕ19mm×2mm 的管子取 1.5；

N_{p}——管程数；

N_{s}——壳程数；

λ——摩擦阻力系数，无因次；

ρ——流体的密度，kg/m^3。

2. 壳程流体流动阻力的计算

当壳程无挡板时，流体顺着管束流动，此时壳程阻力可按直管阻力计算，但应以当量直径代替圆管直径。

当壳程有挡板时，总的壳程阻力由流体垂直流经管束的阻力、经过挡板缺口转向阻力和壳程出入口的阻力加和而得，计算式如下

$$\sum \Delta p_{\mathrm{o}} = (N_{\mathrm{B}} + 1)\Delta p_1' + N_{\mathrm{B}} \Delta p_2' + \Delta p_3' \tag{2-26}$$

式中，$\Delta p_1'$——流体垂直流经管束一次的压降，Pa；

$\Delta p_2'$——流体越过缺口转向一次的压降，$\Delta p_2' = \zeta_2 \frac{\rho u_{\mathrm{o}}^2}{2}$，Pa；

$\Delta p_3'$——壳程出入的压降，$\Delta p_3' = \zeta_3 \frac{\rho u_{\mathrm{o}}^2}{2}$，Pa；

N_{B}——挡板数。

流体垂直流过管束一次的压降$\Delta p_1'$为

$$\Delta p_1' = M \zeta_1 \frac{\rho u_{\mathrm{o}}^2}{2} \tag{2-27}$$

$$\zeta_1 = \frac{C}{\mathrm{Re}^{0.15}} \tag{2-28}$$

$$\mathrm{Re} = \frac{d_{\mathrm{o}} u_{\mathrm{o}} \rho}{\mu} \tag{2-29}$$

式中，M——流体垂直于管束流动时，沿流体方向上管子的排数，对于弓形挡板，M 等于对角线上的管子数，对于圆盘-圆环形挡板，M 等于六角形的圈数；

u_{o}——流体横过管束流道截面积 S_1 处的流速，m/s；

C——常数，与管心距 a 和管外径 d_{o} 的比值有关，具体数值见表 2-8。

表 2-8　常数 C 的值

a/d_o	1.2	1.3	1.4	1.6	2.0	2.5
错列 C 值	0.88	0.64	0.53	0.42	0.34	0.30
直列 C 值	0.90	0.60	0.45	0.32	0.20	0.15

2.6　列管式换热器选型计算实例

车间需一台换热装置，用 30℃的自备水源将流量为 15 000kg/h 的煤油从 140℃冷却至 40℃。要求换热器管程和壳程的压降不大于 30kPa，试选择一台合适型号的列管式换热器，假设管壁热阻和热损失可以忽略。

2.6.1　流体流动空间的选择

与煤油相比，水易结垢，且对流传热系数一般较大，所以冷却水通过换热器的管程，煤油通过换热器的壳程，这也有利于散热降温。

2.6.2　查取流体的物性参数

取冷却水出口温度为 40℃，其定性温度为(40+30)/2=35（℃）；煤油的定性温度为(140+40)/2=90（℃）。在定性温度下，查取水和煤油的物性参数，结果见表 2-9。

表 2-9　水和煤油的物性参数

物性参数	密度/（kg/m^3）	比热容/[kJ/(kg·K)]	黏度/（Pa·s）	导热系数/[W/(m·K)]
煤油	810	2.3	0.91×10^{-3}	0.13
水	994	4.187	0.727×10^{-3}	0.626

2.6.3　试算并初选换热器型号

1. 计算热负荷和冷却水用量

$$Q = W_h c_{ph}(T_1 - T_2) = 15\,000 \times 2.3 \times 10^3 \times (140 - 40) / 3600 = 958\,300(\text{W})$$

忽略换热器的热损失，冷却水用量

$$W_c = \frac{Q}{c_{pc}(t_2 - t_1)} = \frac{958\,300}{4.178 \times 10^3 \times (40 - 30)} = 82\,400(\text{kg/h})$$

2. 计算两流体的平均温度差

先按理想逆流传热温度差进行计算，即

$$\Delta t'_{\mathrm{m}} = \frac{\Delta t_2 - \Delta t_1}{\ln \dfrac{\Delta t_2}{\Delta t_1}} = \frac{(140-40)-(40-30)}{\ln \dfrac{140-40}{40-30}} = 39.1(℃)$$

再按单壳程、双管程进行计算，对逆流传热温度差 $\Delta t'_{\mathrm{m}}$ 进行校正。由 R 和 P 值，查温度差校正系数图，得温度校正系数 ψ=0.85＞0.80。所以修正后的传热温度差为

$$\Delta t_{\mathrm{m}} = \psi \Delta t'_{\mathrm{m}} = 0.85 \times 39.1 = 33.24(℃)$$

3. 初选换热器类型与型号

$$T_{\mathrm{m}} - t_{\mathrm{m}} = \frac{140+40}{2} - \frac{40+30}{2} = 55(℃)$$

两流体间的温度差较大，需要温度补偿；同时为了便于壳程污垢清洗，以采用 FB 系列的浮头式换热器为宜。

若选换热器型号，需知传热面积。要计算传热面积，又需先求出总传热系数 K 值，而 K 值由两流体的对流传热系数、污垢层热阻等决定。在换热器型号未确定之前，换热器直径、换热管规格与根数等参数根本无法计算，所以对换热器具体型号的选择只能进行试算。

参照列管换热器中 K 值的大致范围，根据两流体的具体情况，初步选定总传热系数 K=300W/（$\mathrm{m^2 \cdot K}$），于是，换热器的传热面积便可初步确定，即

$$A_1 = \frac{\pi}{4} \times 0.02^2 \times \frac{208}{2} = 0.0327(\mathrm{m}^2)$$

取管内冷却水流速 μ=0.8m/s。

换热管选换热器用普通无缝钢管 ϕ25mm×2.5mm，管内径 d=0.025−2×0.0025=0.02（m），于是单程管根数 n'为

$$n' = \frac{82\,400/994}{\dfrac{\pi}{4} \times 0.02^2 \times 0.8 \times 3600} = 91.67(根)$$

取 n'=92 根，按双程计，则需换热器总管数为 2×92=184（根）。这样，在换热器系列标准中，初步选定的具体型号为 FB-600-95-16-2 型换热器，具体参数见表 2-10。

表 2-10　FB-600-95-16-2 型换热器的具体参数

参数	数据	参数	数据
壳径/mm	600	管子尺寸	ϕ 25mm×2.5mm
公称压力/(×9.81×10^4Pa)	16	管长/m	6
公称传热面积/m^2	95	管子总数	208
管程数	2	管子排列方式	正方形斜转 45°
壳程数	1	折流挡板形式	圆缺形

初步选定的该型号换热器是否适用还要经过下述的一系列核算过程。

2.6.4　核算总传热系数

1. 计算管程流体对流传热系数 α_1

该型号换热器总管数为 208 根，由于是双管程，所以管程的流通截面积 A_1 为

$$A_1 = \frac{\pi}{4} \times 0.02^2 \times \frac{208}{2} = 0.0327(\text{m}^2)$$

这样，管内冷却水的实际流速

$$u_1 = \frac{82\,400}{994 \times 3600 \times 0.0327} = 0.704(\text{m/s})$$

$$R_1 = \frac{du_1\rho_1}{\mu_1} = \frac{0.02 \times 0.704 \times 994}{0.727 \times 10^{-3}} = 19\,250$$

$$\text{Pr}_1 = \frac{cp_1\mu_1}{\lambda} = \frac{4.187 \times 10^3 \times 0.727 \times 10^{-3}}{0.626} = 4.86$$

对流传热系数

$$\alpha_1 = 0.023\frac{\lambda}{d}\text{Re}^{0.8}\text{Pr}^{0.4} = 0.023 \times \frac{0.626}{0.02} \times 19\,250^{0.8} \times 4.86^{0.4} = 3630[\text{W/(m}^2 \cdot \text{K)}]$$

2. 计算壳程流体对流传热系数 α_o

$$\alpha_o = 0.36\left(\frac{d_e u_o \rho}{\mu_o}\right)^{0.55}\left(\frac{c_{p1}\mu_o}{\lambda_o}\right)^{1/3}\left(\frac{\mu_o}{\mu_{Wo}}\right)^{0.14}$$

取换热器列管的中心距 t=32mm，流体通过管间的最大截面积，即壳程的流通截面积 A 为

$$A = hD\left(1 - \frac{d_o}{t}\right) = 0.15 \times 0.6 \times \left(1 - \frac{0.025}{0.032}\right) = 0.0197(\text{m}^2)$$

壳程中煤油的流速

$$u_o = \frac{V_o}{A} = \frac{15\,000}{3600 \times 810 \times 0.0197} = 0.26(\text{m/s})$$

当量直径

$$d_e=\frac{4\left(t^2-\frac{\pi}{4}d_o^2\right)}{\pi d_o}=\frac{4\times(0.032^2-\frac{\pi}{4}\times 0.025^2)}{\pi\times 0.025}=0.027(\text{m})$$

$$\text{Re}_o=\frac{d_e u_o \rho}{\mu}=\frac{0.027\times 0.26\times 810}{0.91\times 10^{-3}}=6248$$

$$\text{Pr}_o=\frac{c_p\mu}{\lambda}=\frac{2.3\times 10^3\times 0.91\times 10^{-3}}{0.13}=16.1$$

由于壳程流体被冷却，所以取$(\mu/\mu_W)^{0.14}=0.95$，于是壳程流体的对流传热系数为

$$\alpha_o=0.36\frac{\lambda}{d_e}\text{Re}_o^{0.55}\text{Pr}_o^{1/3}\left(\frac{\mu}{\mu_W}\right)^{0.14}=0.36\times\frac{0.13}{0.027}\times 6248^{0.55}\times 16.1^{1/3}\times 0.95=535.49[\text{W/(m}^2\cdot\text{K)}]$$

3. 污垢热阻

管程与壳程污垢热阻分别取 R_{si}=0.000 34（$\text{m}^2\cdot\text{K}$）/W，R_{so}=0.000 17（$\text{m}^2\cdot\text{K}$）/W。

4. 核算总传热系数 K 值

管壁热阻可忽略时，以管外表面积为准，总传热系数为

$$K_o=\frac{1}{\frac{1}{\alpha_o}+R_{so}+R_{si}\frac{d_o}{d_i}+\frac{d_o}{\alpha_i d_i}}=\frac{1}{\frac{1}{510}+0.000\,17+0.000\,34\times\frac{25}{20}+\frac{25}{3630\times 20}}=357.14[\text{W/(m}^2\cdot\text{K)}]$$

在初选换热器型号时，要求换热过程的总传热系数为 300W/（$\text{m}^2\cdot\text{K}$）。通过核算，该型号换热器在规定的流体流动条件下，所能提供的总传热系数为 357.14W/（$\text{m}^2\cdot\text{K}$），故所选换热器是合适的。总传热系数的裕度为

$$\frac{357.14-300}{300}\times 100\%=19.04\%$$

5. 核算传热面积 A

按核算后所得的总传热系数 K_o 值计算，则完成换热任务所需传热面积 A_o 为

$$A_o=\frac{Q}{K_o\Delta t_m}=\frac{958\,300}{357.14\times 33.24}=80.72(\text{m}^2)$$

而该型号换热器的实际传热面积 A 为

$$A=\pi d_o l n=3.14\times 0.025\times 6\times 208=98(\text{m}^2)$$

从传热面积的核算中也可知，所选换热器是可用的。换热面积的裕度为

$$\frac{98-80.72}{98}\times 100\%=17.6\%$$

2.6.5 核算压降

因为管程和壳程都有压降的要求，所以要对管程和壳程的压降进行核算。

1. 计算管程压降

管程压降计算的通式为

$$\sum \Delta p_{\rm i} = (\Delta p_{\rm i} + \Delta p_{\rm r}) N_{\rm s} N_{\rm p} \tag{2-30}$$

式中，壳程数 N_s=1；管程数 N_p=2。

$$\mathrm{Re_i} = \frac{d_{\rm i} u_{\rm i} \rho}{\mu} = \frac{0.025 \times 0.704 \times 994}{0.727 \times 10^{-3}} = 24\,064$$

可知管程流体呈湍流状态。

取管壁粗糙度 ε=0.1mm，相对粗糙度 ε/d_i=0.1/20=0.005，查 λ-Re 关联图可知摩擦因数 λ=0.035，所以

$$\Delta p_{\rm i} = \lambda \frac{L}{d} \frac{\rho u^2}{2} = 0.035 \times \frac{6}{0.02} \times \frac{994 \times 0.704^2}{2} = 2586(\mathrm{Pa})$$

$$\Delta p_{\rm r} = 3 \times \frac{\rho u^2}{2} = 3 \times \frac{994 \times 0.704^2}{2} = 739(\mathrm{Pa})$$

于是

$$\sum \Delta p_{\rm i} = (\Delta p_{\rm i} + \Delta p_{\rm r}) N_{\rm s} N_{\rm p} = (2586 + 739) \times 1 \times 2 = 6650(\mathrm{Pa})$$

2. 计算壳程压降

由于壳程流体的流动状况较复杂，所以计算壳程流体压降的表达式很多，计算结果也相差很大。除本书推荐的式（2-26）外，这里再介绍埃索法计算壳程压降

$$\sum \Delta p_{\rm o} = (\Delta p_1 + \Delta p_2) F_{\rm s} N_{\rm s} \tag{2-31}$$

式中，Δp_1——流体横过管束的压降，Pa；

Δp_2——流体通过折流挡板缺口的压降，Pa；

F_s——壳程压降的垢层校正系数，无因次，对于液体取 1.15，对于气体可取 1.0；

N_s——壳程数。

而

$$\sum \Delta p_1 = F f_{\rm o} n_{\rm c} (N_{\rm B} + 1) \frac{\rho u_{\rm o}^2}{2} \tag{2-32}$$

$$\sum \Delta p_2 = N_{\rm B} \left(3.5 - \frac{2h}{D} \right) \frac{\rho u_{\rm o}^2}{2} \tag{2-33}$$

式中，F——管子排列方法对压降的校正系数，对正三角形排列 F=0.5，对正方形

斜转 45°，F=0.4，正方形排列 F=0.3；

f_o——壳程流体的摩擦系数，当 Re＞500 时，$f_o=5.0(\mathrm{Re})^{-0.228}$；

n_c——横过管束中心线的管子数，对正三角形排列 $n_c=1.1\sqrt{n}$，对正方形排列 $n_c=1.19\sqrt{n}$；

N_B——折流挡板数；

h——折流挡板间距，m；

u_o——按壳程流通截面积 A_o 计算的流速，而 $A_o=h(D-n_c d_o)$，m/s；

D——壳径，m；

d_o——换热管外径，m。

在本例中，管子的排列方式对压降影响的校正因数 $F_s=1.15$，壳程数 N_s=1。管子为正方形斜转 45°排列，管子排列方法对压降的校正系数 F=0.4。

横过管束中心线的管子数 $n_c=1.19\sqrt{n}=1.19\sqrt{208}=17$。

取折流挡板间距 h=0.15m。折流挡板数 $N_B=\dfrac{L}{h}-1=\dfrac{6}{0.15}-1=39$。

壳程流通截面积

$$A_o=h(D-n_c d_o)=0.15\times(0.6-17\times0.025)=0.0263(\mathrm{m}^2)$$

$$u_o=\frac{15\,000}{3600\times810\times0.0263}=0.2(\mathrm{m/s})$$

$$\mathrm{Re}_o=\frac{d_o u_o \rho}{\mu}=\frac{0.025\times0.2\times810}{0.91\times10^{-3}}=4450>500$$

$$f_o=5.0(\mathrm{Re}_o)^{-0.228}=5.0\times4450^{-0.228}=0.74$$

于是

$$\Delta p_1=0.4\times0.74\times17\times(39+1)\times\frac{810\times0.2^2}{2}=3261(\mathrm{Pa})$$

$$\Delta p_2=39\times(3.5-\frac{2\times0.15}{0.6})\times\frac{810\times0.2^2}{2}=1895(\mathrm{Pa})$$

所以

$$\sum p_o=(3261+1895)\times1.15\times1=5929.4(\mathrm{Pa})$$

通过以上压降核算可知，管程和壳程压降都小于所要求的 30kPa。核算结果表明，所选 FB-600-95-16-2 型换热器可用。

应当指出，举例仅介绍了换热器选型的一般原则和计算过程。在实际选型计算时，需做反复计算，有时要多次试算，对各次计算结果进行比较，对传热的要求、成本、设备尺寸和压降等因素进行综合分析，最后做出最优设计。

第 3 章　板式精馏塔工艺设计

3.1 概　　述

板式塔为逐级接触型气液传质设备，其种类繁多，根据塔板上气液接触元件的不同，可分为泡罩塔、浮阀塔、筛板塔、穿流多孔板塔、舌形塔、浮动舌形塔和浮动喷射塔等多种。板式塔在工业上最早使用的是泡罩塔（1813 年）、筛板塔（1832 年），其后，特别是在 20 世纪 50 年代以后，随着石油、化学工业生产的迅速发展，相继出现了大批新型塔板，如 S 形板、浮阀塔板、多降液管筛板、舌形塔板、穿流式波纹塔板、浮动喷射塔板及角钢塔板等。一般而论，板式塔的空塔速度较高，因而生产能力较大，塔板效率稳定，操作弹性大，且造价低，检修、清洗方便，故工业上应用较为广泛。

3.1.1　精馏操作对塔设备的要求

化工生产中常需进行液体混合物的分离以达到提纯或回收有用组分的目的。液体混合物的分离有多种方法，如精馏、萃取、膜分离等，其中精馏最为常用。精馏所进行的是气（汽）液两相之间的传质，而作为气（汽）液两相传质所用的塔设备，首先必须能使气（汽）液两相得到充分的接触，以达到较高的传质效率。精馏操作对塔设备的要求如下：

（1）空塔气速高，处理量大，即生产能力大。

（2）分离效率高，操作稳定，弹性大。

（3）流体流动的阻力小，设备操作费用低。

（4）结构简单，设备投资费用低。

（5）制造、安装和检修容易。

（6）操作和调节方便。

（7）耐腐蚀和不易堵塞。

3.1.2　板式塔类型

按塔内气液流动方式的不同，塔板可分为错流式和逆流式，其中错流式在工业上应用更为广泛。

1. 泡罩塔

泡罩塔是工业应用最早的板式塔，而且在相当长的一段时期内是板式塔中较为流行的一种塔型。泡罩塔盘主要由泡罩、升气管、溢流堰、降液管及塔板等部分组成。

优点：操作弹性大；塔的操作稳定和分离效率较高；气液比的范围大，不易堵塞等。

缺点：结构复杂，造价高，气相压降大，安装维修麻烦。

目前，只在某些情况如生产能力变化大，操作稳定性要求高，要求有相当稳定的分离能力等时，可考虑使用泡罩塔。

2. 筛板塔

与泡罩塔相比，筛板塔结构简单，筛板塔塔盘开有均匀分布的小孔。根据孔径大小不同分为小孔筛板（孔径 3～8mm）和大孔筛板（孔径 10～25mm）。

优点：结构简单，制造和维修方便；生产能力较高；塔板阻力较低；塔板效率较高；具有较高的操作弹性。

缺点：操作弹性小，小孔径筛板易堵塞，不适于处理脏的、黏性大的和带固体粒子的料液。

3. 浮阀塔

浮阀塔的结构特点是在塔板上开有若干个阀孔，每个阀孔装有一个可上下浮动的阀片，阀片本身连有几个阀腿，插入阀孔后将阀腿底脚拨转 90°，以限制阀片升起的最大高度，并防止阀片被气体吹走。浮阀的类型很多，如国内常用的 F1 型、V-4 型及 T 型等。

优点：生产能力大，操作弹性大，塔板效率较高，塔板阻力及液面落差较小，塔板结构及安装较简单。

缺点：操作弹性较小，阀片易脱落或被卡住，不宜处理易结焦或黏度大的物系。

4. 舌形塔

舌形塔是应用较早的一种斜喷型塔。气体通道为在塔盘上冲出的以一定方式排列的舌片。舌片开启一定的角度，舌孔方向与液流方向一致。

优点：塔结构简单，安装检修方便；生产能力较大，塔板阻力小；不易结焦，不易堵塞。

缺点：操作弹性小；塔板效率低；低气速时，泄漏量大；不适用于塔径较小的塔。

3.1.3　板式塔选型

各种板式塔的比较是一个十分复杂的问题。浮阀塔在蒸气负荷、操作弹性、塔板效率方面都具有明显优势，因而目前获得了广泛应用。筛板塔的阻力小、造价低、生产能力大，除操作弹性较小外，其余均接近浮阀塔，故应用也较广。不同的塔型各有某些独特的优点，设计时应根据物系性质和具体要求进行选型。

3.1.4　精馏塔的设计原则

1. 满足工艺和操作的要求

所设计出来的流程和设备能保证得到质量稳定的产品。由于工业上原料的浓度、温度经常有变化，因此设计的流程与设备需要一定的操作弹性，可方便地进行流量和传热量的调节。设置必需的仪表并安装在适宜部位，以便能通过这些仪表来监测和控制生产过程。

2. 满足经济要求

要节省热能和电能的消耗，减少设备与基建的费用。例如，合理利用塔顶和塔底的废热，既可节省蒸汽和冷却介质的消耗，也能节省电能的消耗。回流比对操作费用和设备费用均有很大的影响，因此必须选择合适的回流比。冷却水的节省也对操作费用和设备费用有影响，减少冷却水用量，操作费用下降，但所需传热设备面积增加，设备费用增加。因此，设计时应全面考虑，力求总费用尽可能低一些。

3. 保证生产安全

生产中应防止物料的泄漏，生产和使用易燃物料车间的电器均应为防爆产品。塔体大多安装在室外，为能抵抗大自然的破坏，塔设备应具有一定的刚度和强度。

3.2　板式精馏塔工艺设计

3.2.1　工艺设计内容

根据规定的原料液组成、流量和分离要求，进行板式精馏塔工艺设计的内容包括：

（1）确定塔顶和塔釜产品的流量和组成。

（2）选定操作压力、进料热状况和回流比。

（3）确定理论塔板数和进料板位置，确定板式塔主体工艺尺寸。

（4）选择塔板类型，进行塔板布置。

（5）塔板流体力学性能验算。

（6）选定冷凝器、再沸器及接管的型号。

3.2.2 工艺设计步骤

（1）全塔物料衡算。

（2）确定操作温度和压力。

（3）收集数据。

（4）确定进料热状况参数和回流比。

（5）确定理论板数，估算全塔效率 E_T，计算实际板数。

（6）计算塔径和塔高。

（7）确定塔板布置及主要结构参数。

（8）流体力学验算。

（9）绘制塔板负荷性能图。

（10）附属设备设计。

3.3 板式精馏塔主体工艺参数计算

3.3.1 全塔物料衡算

结合分离任务，由全塔物料衡算可以确定塔顶馏出液和塔底釜残液的流量和组成关系

$$F = D + W \tag{3-1}$$

$$Fx_F = Dx_D + Wx_W \tag{3-2}$$

式中，F——原料液流量，kmol/h；

D——馏出液流量，kmol/h；

W——釜残液流量，kmol/h；

x_F——原料液中易挥发组分的摩尔分率；

x_D——馏出液中易挥发组分的摩尔分率；

x_W——釜残液中易挥发组分的摩尔分率。

3.3.2 确定操作温度和压力

根据离开塔顶第一块板的气相组成 y_1、进料板组成 x_F 和釜残液组成 x_w，分别确定塔顶、进料板和塔釜的温度，进而确定精馏段和提馏段的定性温度。

确定精馏塔塔压是一个综合因素，主要从以下几个方面考虑：

（1）公用工程配套能力。塔顶采用循环水冷却成本较低，塔顶采用空冷器冷却是最节能的，换句话说就是塔顶温度要足够高，至少在 50℃以上，这时根据塔顶蒸汽压曲线就可以确定塔顶压力大小；另外一个就是塔釜供热情况，塔压越高，塔顶的冷却就越容易实现，冷凝器的面积就越小，但塔釜的温度也一样升高，塔釜热源等级也会升高，或者塔釜再沸器的换热面积越大。

（2）塔内轻重组分的分离要求。有的组分会随着塔压的升高，其相对挥发度降低，这时需要更多的塔板数才能实现同样的分离效果，因此塔压也不是越高越好。

（3）塔压越高，塔内气相体积负荷变小，由气相负荷决定的塔径就越小，投资也就越节省。

（4）其他方面的原因，如有的塔釜温度不能过高，温度过高会发生聚合，因此有的塔就需要在真空负压下操作。

3.3.3 收集数据

1. 物性数据

板式精馏塔设计中所需要的物性数据主要有密度、黏度和表面张力，在这些混合物的物性计算过程中，关键是混合规则和定性温度的选择。精馏段的定性温度一般取塔顶温度和进料板泡点温度的算术平均值，提馏段的定性温度一般取塔底温度和进料板泡点温度的算术平均值。其中，进料板的泡点温度应根据进料组成 x_F 的大小，查其 t-x-y 相图确定。这些物性数据的获取可以参考化学工程手册、化工数据导引和化学化工物性数据手册等。

2. 热力学数据

板式精馏塔设计中需要计算进料热状况参数 q，如果是冷液体进料或过热蒸汽进料，则需要比热容和汽化潜热这些热力学数据，混合物热力学数据的计算过程中应注意定性温度和混合规则问题，这些数据的获取可参考物理化学手册、化学工程手册和化工数据教程等。

3. 平衡数据

气液相平衡数据的获取途径一般有三个：①通过文献获取已经发表的相平衡数据，常见的期刊如 *Fluid Phase Equilibra*、*Journal of Chemical & Engineering Data* 和 *Journal of Solution Chemistry* 等；②结合饱和蒸气压数据，采用泡点方程和露点方程计算气液相平衡数据；③通过试验测定设计相关体系的气液相平衡数据。准确可靠的气液相平衡数据是获得正确设计结果的保证和基础。

3.3.4 确定回流比

在精馏过程中，回流比的大小是影响精馏的操作费用和设备费用的重要因素，并显著影响塔设备的分离效果。回流比有两个极限，一个是全回流时的回流比，另一个是最小回流比 $R_{\min}$，生产中采用的回流比介于二者之间。

精馏操作费用主要取决于再沸器加热介质消耗、冷凝器冷却介质消耗及动力消耗等费用。精馏设备费用主要指精馏塔、再沸器、冷凝器及其他辅助设备的购置费用，当设备类型和材质选定后，此项费用主要取决于设备尺寸。回流比加大，上升蒸汽量随之加大，再沸器和冷凝器的热负荷增加，从而使塔径、塔板面积、再沸器和冷凝器的尺寸相应增加。根据经验，适宜回流比的范围为

$$R=（1.1\sim2.0）R_{\min} \tag{3-3}$$

也可根据生产中获得的可靠经验数据选取。

3.3.5 确定操作线

1. 间接蒸汽加热

1）精馏段操作线方程

上升蒸汽量

$$V=(R+1)D \tag{3-4}$$

下降液体量

$$L=RD \tag{3-5}$$

操作线方程

$$y_{n+1}=\frac{L}{V}x_n+\frac{D}{V}x_{\mathrm{D}} \tag{3-6a}$$

或

$$y_{n+1}=\frac{R}{R+1}x_n+\frac{1}{R+1}x_{\mathrm{D}} \tag{3-6b}$$

式中，R——回流比；

x_n——精馏段内第 n 层板下降液体中易挥发组分的摩尔分率；

y_{n+1}——精馏段内第 n+1 层板上升蒸汽中易挥发组分的摩尔分率。

2）提馏段操作线方程

上升蒸汽量

$$V'=(R+1)D-(1-q)F \tag{3-7a}$$

或

$$V' = L + qF - W \tag{3-7b}$$

下降液体量

$$L' = RD + qF \tag{3-8}$$

操作线方程

$$y'_{m+1} = \frac{L + qF}{L + qF - W} x'_m - \frac{W}{L + qF - W} x_W \tag{3-9}$$

式中，x'_m——提馏段内第 m 层板下降液体中易挥发组分摩尔分率；

y'_{m+1}——提馏段内第 m+1 层板上升蒸汽中易挥发组分摩尔分率。

3）进料线方程（q 线方程）：

$$y = \frac{q}{q-1} x - \frac{x_F}{q-1} \tag{3-10}$$

2. 直接蒸汽加热

1）全塔总物料衡算

总物料

$$F + V_0 = D + W^* \tag{3-11}$$

易挥发组分

$$Fx_F + V_0 y_0 = Dx_D + W^* x_W^* \tag{3-12}$$

式中，V_0——直接加热蒸汽的流量，kmol/h；

y_0——加热蒸汽中易挥发组分的摩尔分率，一般 y_0=0；

W^*——直接蒸汽加热时釜液流量，kmol/h；

x_W^*——直接蒸汽加热时釜液中易挥发组分的摩尔分率。

由式（3-11）和式（3-12）得

$$W^* = W + V_0 \tag{3-13}$$

$$x_W^* = \frac{W}{W + V_0} x_W \tag{3-14}$$

2）精馏段操作线方程

$$y_{n+1} = \frac{L}{V} x_n + \frac{D}{V} x_D = \frac{R}{R+1} x_n + \frac{x_D}{R+1} \tag{3-15}$$

式中，R——回流比；

x_n——精馏段内第 n 层板下降液体中易挥发组分的摩尔分率；

y_{n+1}——精馏段内第 n+1 层板上升蒸汽中易挥发组分的摩尔分率。

3）提馏段操作线方程

$$y'_{m+1}=\frac{W^*}{V_0}x'_m-\frac{W^*}{V_0}x_W \tag{3-16}$$

与间接加热时一样，所不同的是间接加热时提馏段操作线终点为(x_W, x_W)，而直接蒸汽加热时，当 $y'_{m+1}=0$ 时，$x'_m=x_W^*$，因此提馏段操作线与 x 轴相交于点$(x_W^*, 0)$。

3.3.6　确定理论板数、全塔效率和实际板数

1. 理论板数

精馏过程理论板数（N_T）的计算方法主要有逐板计算法、图解法和简捷法。

逐板计算法是交替使用平衡关系和操作关系，逐板确定各层塔板平衡温度和气液相组成。精馏段用操作线方程为式（3-6b），当计算到液相组成 $x_n \leqslant x_F$ 时，操作线方程改用提馏段方程即式（3-9）。

图解法是将体系的相平衡关系、精馏段及提馏段操作线和 q 线全部绘在同一直角坐标系中，然后，从塔顶逐级向下（或从塔底逐级向上）作梯级，确定满足规定分离任务所需的理论板数及进料板位置。

简捷法又称吉利兰（Gilliland）关联图法，是一种经验关联图法（图 3-1）。首先根据相平衡关系、分离要求和进料条件计算出最小回流比 R_{min} 和最少理论理论板数 N_{min}，然后选定适宜的回流比 R，再查吉利兰求所需要的理论板数 N_T。

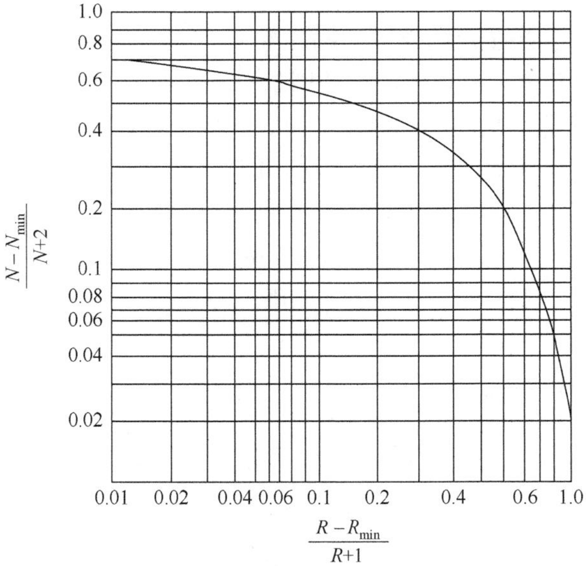

图 3-1　吉利兰关联图

相比而言，逐板计算法的计算精度高，但计算较为烦琐，可以借助计算机辅助计算。图解法形象直观，适用于初步估算和方案对比，但计算精度不高。简捷法计算简便，特别适用于初步设计计算，但是其计算准确度稍差。

2. 全塔效率

全塔效率又称总塔效率（E_T），它反映全塔的平均传质效果。其定义为

$$E_T = \frac{N_T}{N_P} \tag{3-17}$$

影响总塔效率的因素十分复杂，主要有塔板结构、操作条件及物系的性质。这些因素导致气、液两相在塔板上流动和接触状态的不同，影响传热、传质过程，不同程度地偏离理论板，即分离能力小于给定条件的理论板。由于影响全塔效率的因素很多，且极其复杂，到目前为止大多采用生产塔及中间试验塔的实测数据或根据经验公式来估算。O'Connell 曾收集了几十个工业精馏塔（泡罩塔和筛板塔）的总塔效率数据，并以相对挥发度和进料组成液体黏度的乘积为变量进行关联，得到其关联式为

$$E_T=0.49(\alpha\mu_L)^{-0.245} \tag{3-18}$$

式中，α——塔顶与塔底平均温度下的相对挥发度；

μ_L——塔顶与塔底平均温度下液相黏度，mPa·s。

对于两组分精馏塔，全塔效率多在 0.5～0.7。

确定了全塔效率，则根据分离要求及操作条件，求得精馏所需的理论板数 N_T，由式（3-17）确定精馏塔的实际板数 N_P。

3.3.7　计算塔径

塔的横截面应满足气液接触部分的面积、溢流部分的面积和塔板支承、固定等结构处理所需面积的要求。在塔板设计中起主导作用的往往是气液接触部分的面积，应保证有适宜的气体速度。

计算塔径的方法有两类：一类是根据适宜的空塔气速，求出塔截面积，即可求出塔径；另一类是先确定适宜的孔流气速，算出一个孔（阀孔或筛孔）允许通过的气量，定出每块塔板所需孔数，再根据孔的排列及塔板各区域的相互比例，最后算出塔的横截面积和塔径。

1. 初步计算塔径

板式塔的塔径依据流量公式计算，即

$$D=\sqrt{\frac{4V_s}{\pi u}} \tag{3-19}$$

式中，D——塔径，m；

V_s——塔内气体流量，m^3/s；

u——空塔气速，m/s。

由式（3-19）可见，计算塔径的关键是计算空塔气速 u。空塔气速 u 的计算方法是，先求得最大空塔气速 u_{max}，然后根据设计经验，乘以一定的安全系数，即

$$u = (0.6 \sim 0.8)u_{max} \tag{3-20}$$

最大空塔气速 u_{max} 可根据悬浮液滴沉降原理导出，其结果为

$$u_{max} = C\sqrt{\frac{\rho_L - \rho_V}{\rho_V}} \tag{3-21}$$

式中，u_{max}——允许空塔气速，m/s；

ρ_V、ρ_L——气相和液相的密度，kg/m^3；

C——气体负荷系数，m/s，对于浮阀塔和泡罩塔可用图 3-2 确定。

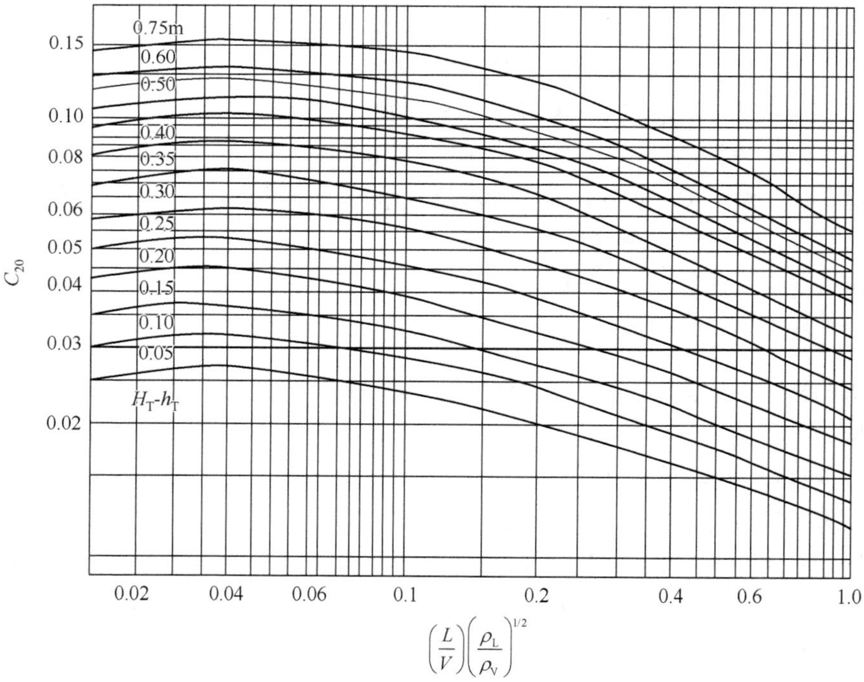

图 3-2　史密斯关联图

图 3-2 中的气体负荷系数 C_{20} 仅适用于液体的表面张力为 0.02N/m，若液体的表面张力为 6N/m，则其气体负荷系数 C 可用下式求得

$$C = C_{20}\left(\frac{\sigma}{0.02}\right)^{0.2} \tag{3-22}$$

所以，初步估算塔径为

$$D' = \sqrt{\frac{V}{0.785u}} \tag{3-23}$$

式中，u——空塔气速，m/s。

由于精馏段、提馏段的气液流量不同，故两段中的气体速度和塔径也可能不同。在初算塔径中，精馏段的塔径可按塔顶第一块板上物料的有关物理参数计算，提馏段的塔径可按塔釜中物料的有关物理参数计算，也可分别按精馏段、提馏段的平均物理参数计算。

2. 塔径的圆整

目前，塔的直径已标准化。所求得的塔径必须圆整到标准值。塔径在 1m 以下的，标准化先按 100mm 增值变化；塔径在 1m 以上的，按 200mm 增值变化，即 1000mm、1200mm、1400mm、1600mm 等。

3. 塔径的核算

塔径标准化以后，应重新验算雾沫夹带量，必要时在此先进行塔径的调整，然后决定塔板结构的参数，并进行其他各项计算。

当液量很大时，宜先核算液体在降液管中的停留时间（θ）。如不符合要求，且难以加大板间距来调整时，也可在此先作塔径的调整。

3.3.8　板间距初选

板间距 H_T 的选定很重要。选取时应考虑塔高、塔径、物系性质、分离效率、操作弹性及塔的安装检修等因素。

若采用较大的板间距，能允许较高的空塔气速，对塔板效率、操作弹性及安装检修有利；但板间距增大后，塔身总高度、金属消耗量、塔基和支座等的负荷会增加，从而导致全塔造价增加。反之，采用较小的板间距，只能允许较小的空塔气速，塔径就要增大，但塔高可降低；但是板间距过小，容易产生液泛现象，降低塔板效率。

因此，在选取板间距时，要根据不同情况予以考虑。如对易发泡的物系，板间距应取大一些，以保证塔的分离效果。板间距与塔径之间的关系，应根据实际情况，结合经济权衡，反复调整，做出最佳选择。设计时通常根据塔径的大小，由表 3-1 列出的塔板间距的经验数值选取。

表 3-1　塔板间距与塔径的关系

塔径 D/m	0.3～0.5	0.5～0.8	0.8～1.6	1.6～2.4	2.4～4.0
板间距 H_T/mm	200～300	250～350	300～450	350～600	400～600

化工生产中常用板间距为 200mm、250mm、300mm、350mm、400mm、450mm、500mm、600mm、700mm、800mm。在决定板间距时，还应考虑安装、检修的需要。例如，在塔体人孔处，应留有足够的工作空间，其值不应小于 600mm。

3.4　板式精馏塔的结构设计

3.4.1　塔的总体结构

塔的外壳多用钢板焊接，如外壳采用铸铁铸造，则往往以每层塔板为一节，然后用法兰连接。塔设备的总体结构均包括塔体、内件、支座及附件。塔体是典型的高大直立容器，多由筒节、封头组成。当塔体直径大于 800mm 时，各塔节焊接成一个整体；直径小的塔多分段制造，然后用法兰连接起来。附件包括人孔、手孔、各种接管、除沫器、平台、扶梯、吊柱等。

3.4.2　塔体总高度

板式塔如图 3-3 所示，塔体总高度（不包括裙座）由下式计算

$$H = H_D + (N_P - 2 - S) \times H_T + S \times H'_T + H_F + H_B \tag{3-24}$$

式中，H_D——塔顶空间，m；

H_B——塔底空间，m；

H_T——板间距，m；

H'_T——开有人孔的板间距，m；

H_F——进料段高度，m；

N_P——实际板数；

S——人孔数目（不包括塔顶空间和塔底空间的人孔）。

最高一层塔板与塔顶的距离常大于一般板间距，以便能良好地除沫。最低一层塔板到塔底的距离较大，以便有较大的塔底空间储液，保证液体能有 10～15min 的停留时间，使塔底液体不致流空。为利于出塔气体夹带的液滴沉降，其高度应

大于板间距，通常取 H_D 为（1.5～2.0）H_T。

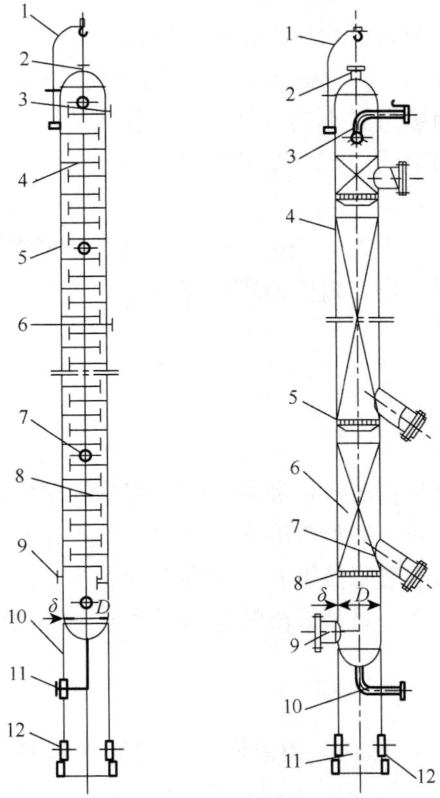

图 3-3　板式塔

1. 吊柱；2. 排气口；3. 回流液入口；4. 精馏段塔盘；5. 壳体；6. 进料口；7. 人孔；8. 提馏段塔盘；9. 进气口；10. 裙座；11. 排液口；12. 裙座人孔

塔底大多是直接通入由塔外再沸器来的蒸气，塔底与再沸器间有管路连接，有时在塔底釜中设置列管式或蛇管式换热器，将釜中液体加热汽化。若是直接蒸汽加热，则在釜的下部装一个鼓泡管，直接接入加热蒸汽。另外，进料板的板间距也比一般间距大。塔顶空间指塔内最上层塔板与塔顶空间的距离。若需要安装除沫器时，要根据除沫器的安装要求确定塔顶空间。

人孔数目根据塔板安装方便和物料的清洗程度而定。对于不需要经常清洗的物料，可每隔 8～10 块塔板设置一个人孔；对于易结垢、结焦的物系和需经常清洗的物料，则每隔 4～6 块塔板开一个人孔。人孔直径通常为 450mm。

3.4.3　塔盘结构

板式塔的塔盘分为溢流式和穿流式两类，二者区别主要在于溢流式塔盘有降液管，而穿流式塔盘上的气液两相同时通过塔盘上的孔道流动。溢流式塔盘由气液接触元件、塔板、降液管及受液盘、溢流堰等构成。

塔盘按结构特点可分为整块式塔盘和分块式塔盘。当塔径 $D \leqslant 700$mm 时，采用整块式塔盘；当塔径 $D \geqslant 800$mm 时，宜采用分块式塔盘。

整块式塔盘根据组装方式不同可分为定距管式及重叠式两类。采用整块式塔盘时，塔体由若干个塔节组成，每个塔节中装有一定数量的塔盘，塔节之间采用法兰连接。

直径较大的板式塔，为便于制造、安装、检修，可将塔盘板分成数块，通过人孔送入塔内，装在焊于塔体内壁的塔盘支承件上。分块式塔盘的塔体通常为焊制整体圆筒，不分塔节。

3.4.4　溢流装置

板式塔的溢流装置是指溢流堰和降液管。降液管使夹带气泡的液流进入降液管后具有足够的分离空间，能将气泡分离出来，从而仅有清液流往下层塔盘。降液管的结构形式可分为圆形降液管和弓形降液管两类。圆形降液管通常用于液体负荷低或塔径较小的场合，弓型降液管适用于大液量及大直径的塔。

1. 溢流堰

液体在塔板上的流动形式分为单溢流、双溢流和多溢流，如图 3-4 所示。通常塔径小于 2m 采用单溢流，塔径在 2～4m 采用双溢流，塔径大于 4m 采用多溢流。

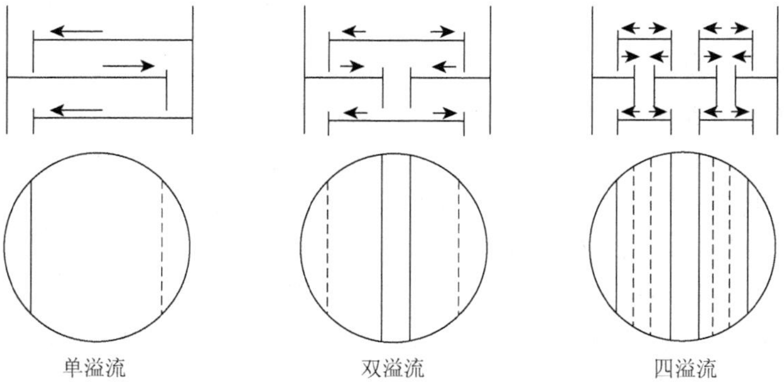

图 3-4　几种常见的溢流形式

溢流堰设置在塔板上液体出口处，为了保证塔板上有一定高度的液层并使液流在板上能均匀流动，降液管上端必须超出塔板板面一定高度，这一高度称为堰高，以 h_W 表示。弓形溢流管的弦长称为堰长，以 l_W 表示。溢流堰板形状有平直形与齿形两种。

堰长 l_W 根据液体负荷及溢流形式而定。对单溢流，一般取 l_W 为（0.6～0.8）D，对双溢流，取为（0.5～0.6）D，其中 D 为塔径。

板上液层高度为堰高与堰上液层高度之和，即

$$h_L=h_W+h_{OW} \tag{3-25}$$

式中，h_L——板上液层高度，m；

h_W——堰高，m；

h_{OW}——堰上液层高度，m。

堰高则由板上液层高度及堰上液层高度而定。堰上液层高度太小，会造成液体在堰上分布不均，影响传质效果，设计时应使堰上液层高度 h_{OW} 大于6mm，若小于此值须采用齿形堰。但 h_{OW} 也不宜过大，否则会增大塔板阻力及雾沫夹带量。一般设计时，h_{OW} 为60～70mm。超过此值时可改用双溢流形式。

平直堰和齿形堰的 h_{OW} 可分别按下列公式计算。

1）平直堰

$$h_{OW}=\frac{2.84}{1000}E\left(\frac{L_h}{l_W}\right)^{2/5} \tag{3-26}$$

式中，L_h——塔内液体流量，m^3/h；

l_W——堰长，m；

E——液流收缩系数，可借用博尔斯（Bolles）对泡罩塔提出的液流收缩系数计算图求取，如图3-5所示。

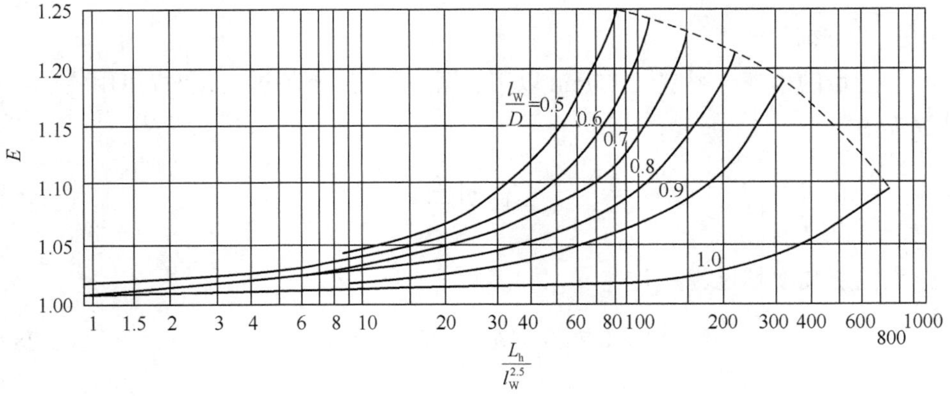

图3-5　液流收缩系数计算图

一般情况下可取 E 为1，所引起的误差不大。当取 E 为1时，由式（3-26）可知，h_{OW} 仅随 L_h 及 l_W 而改变，于是可用图3-6所示的列线图求 h_{OW}。

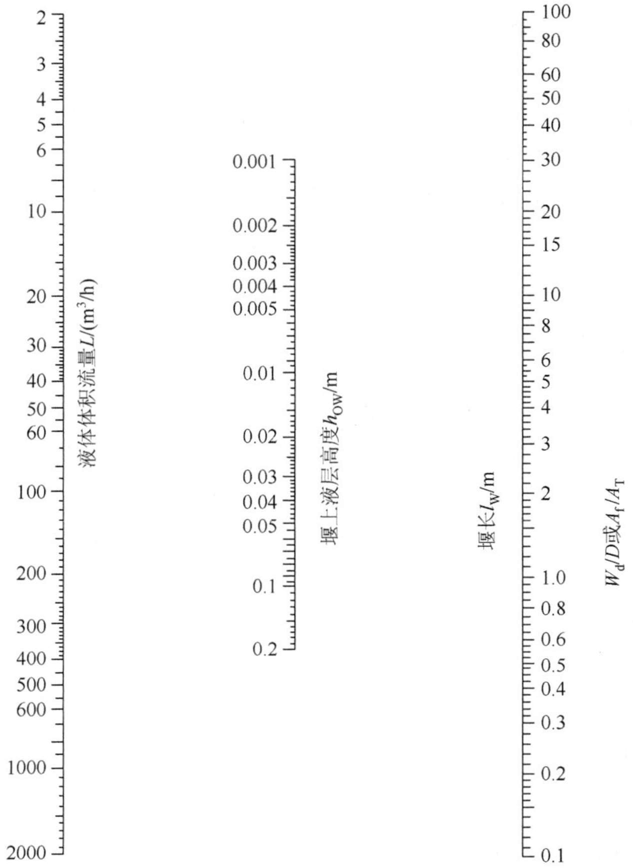

图 3-6　计算 h_{OW} 列线图

2）齿形堰

齿形堰的齿深一般宜在 15mm 以下。当液面高度不超过齿顶时，可用式（3-27）计算 h_{OW}

$$h_{OW}=1.17\left(\frac{Lh_n}{l_W}\right)^{2/5} \tag{3-27}$$

当液层高度超过齿顶时

$$L=0.735\frac{l_W}{h_n}[h_{OW}^{5/2}-(h_{OW}-h_n)^{5/2}] \tag{3-28}$$

式中，L——塔内液体流量，m^3/h；

h_n——齿深，m。

由式（3-28）计算时，需用试差法。

板式液层高度 h_L 对常压塔可取 50～100mm。

堰高 h_W 直接影响塔板上液层厚度。h_W 过小，则相际传质面积过小；h_W 过大，则塔板阻力大，效率低。一般常压和加压塔取 40～80mm，减压塔取 25mm 左右。

2. 弓形降液管的宽度 W_d 与截面积 A_f

W_d 和 A_f 的大小可根据堰长与塔径之比查图 3-7 求算。实际上，在塔径 D 和板间距一定的条件下，确定了溢流堰长，就已固定了弓形降液管的尺寸。

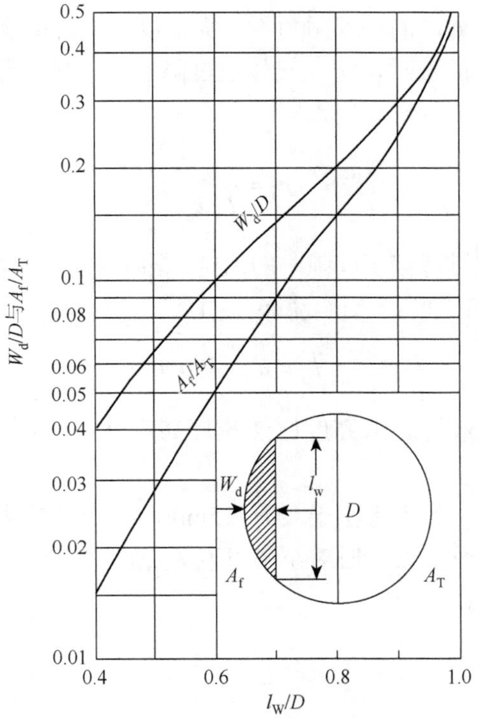

图 3-7　弓形降液管的宽度与截面积

降液管的截面积 A_f 应保证液体在降液管内有足够的停留时间，使溢流液体中夹带的气泡来得及分离。为此液体在降液管内的停留时间不应小于 3～5s，对于高压下操作的塔及易起泡沫的系统，停留时间应更长些。

因此，在求得降液管截面积之后，应按下式验算降液管内液体的停留时间，即

$$\theta = \frac{A_f H_T}{L_h} \tag{3-29}$$

式中，θ——停留时间，s；

A_f——降液管截面积，m^2；

H_T——板间距，m；

L——液相流量，m^3/s。

停留时间是板式塔设计中的重要指标之一，停留时间太短，容易造成板间的液体夹带、气相返混，降低效率，还增加液泛的机会。

3. 降液管底隙高度

降液管底隙高度即为降液管底缘与塔板的距离。确定降液管底隙高度的原则是：保证液体流经此处时的局部阻力不太大，以防止沉淀物在此堆积而堵塞降液管，同时又要有良好的液封，防止气体通过降液管造成短路。一般按式（3-30）计算，即

$$h_o = \frac{L_s}{l_W u'_o} \tag{3-30}$$

式中，u'_o——液体通过降液管底隙时的流速，根据经验，一般可取 0.07～0.25m/s。为简便起见，有时运用式（3-31）确定，即

$$h_o = h_W - 0.006 \tag{3-31}$$

式（3-31）表明，降液管底隙高度比溢流堰高度低 6mm，以保证降液管底部的液封。

降液管底隙高度一般不宜小于 20～25mm，否则容易堵塞，或因安装偏差而使液流不畅，造成液泛。设计时对小塔可取为 20～30mm，对大塔取为 40mm 左右，最大可达 150mm。

4. 受液盘

为了保证降液管出口处的液封，在塔盘上设置受液盘，受液盘有平型和凹型两种。受液盘的形式和性能直接影响塔的侧线取出、降液管的液封和流体流入塔盘的均匀性等。平型受液盘适用于物料容易聚合的场合；当液体通过降液管与受液盘的阻力大于 25mmH_2O（1mmH_2O=9.8066Pa），或使用倾斜式降液管时，应采用凹型受液盘。

采用平型受液盘时，为使上层塔板流入的液体能在塔盘上均匀分布，并为了减小入口液流的冲力，常在液体进口处设置进口堰。

3.4.5 塔板布置

塔板结构参数如图 3-8 所示。

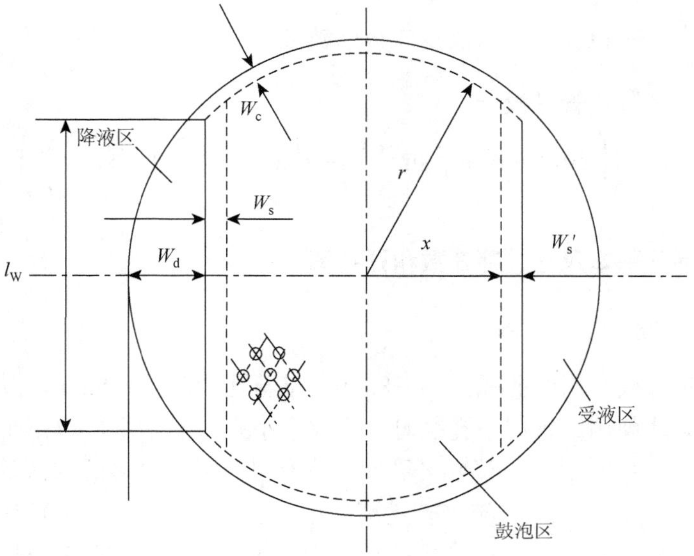

图3-8　塔板结构参数

1. 受液区和降液区

一般两区面积相等，均可按降液管截面积A_d计算。

2. 入口安定区和出口安定区

鼓泡区和降液区之间的区域为泡沫区，设置该区以防止液体夹带大量泡沫进入降液管。安定区的宽度W_s或W_s'是指入口堰或出口堰与离它最近一排孔的中心线之间的距离，通常当塔径大于1.5m时，$W_s=W_s'$=60～75mm，当塔径小于1.5m时，$W_s=W_s'=80$～110mm。直径小于1m的小塔，安定区可依具体情况适当缩小。

3. 边缘区

在塔壁边缘需留出宽度为W_c的环形区域供固定塔板用。对于塔径在2.5m以下的塔，W_c可取为50mm；塔径大于2.5m的塔，W_c可以取为60mm或更大些。

4. 有效传质区

单流型弓形降液管塔板

$$A_a=2\left(x\sqrt{r^2-x^2}+\frac{\pi}{180}r^2\sin^{-1}\frac{x}{r}\right) \tag{3-32}$$

式中，$x=\dfrac{D}{2}-(W_d+W_s)$，m；

$r=\dfrac{D}{2}-W_c$，m；

$\sin^{-1}\dfrac{x}{r}$——以弧度表示的反三角函数值。

双流型弓形降液管塔板

$$A_\mathrm{a}=2\left(x\sqrt{r^2-x^2}+r^2\sin^{-1}\frac{x}{r}\right)-2\left(x_1\sqrt{r^2-x_1^2}+r^2\sin^{-1}\frac{x_1}{r}\right) \quad (3\text{-}33)$$

3.4.6 筛板筛孔基本尺寸、筛孔数和开孔率

1. 筛孔孔径

工业塔中筛板常用的孔径为 3～8mm，推荐孔径为 4～5mm。过小的孔径只在特殊要求时才使用。采用小孔径时，应注意小孔容易堵塞，或由于加工误差而影响开孔率，或有时易形成过多的泡沫等问题，近十年来有逐渐采用大孔径（10～25mm）筛板的趋势，因为大孔径塔板加工简单，不易堵塞，只要设计合理，同样可以得到满意的塔板效率。但一般来说，大孔径塔板操作弹性会小一些。

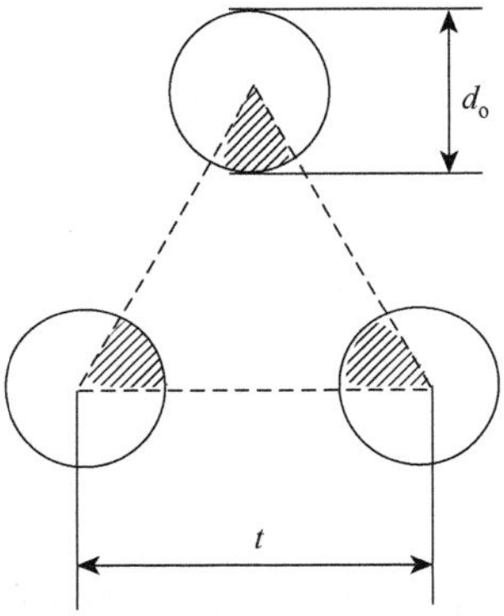

图 3-9 正三角形排列的筛孔

2. 筛孔排列

筛孔一般按正三角形排列，孔中心距一般为（2.5～5）d_o。实际设计时，应尽可能在 3～4d_o 的范围内。

开孔面积 A_o 与鼓泡区面积 A_a 的比值为开孔率。筛孔按正三角形排列时（图 3-9），开孔率应满足

$$\phi=\frac{A_\mathrm{o}}{A_\mathrm{a}}=\frac{0.907}{\left(\dfrac{t}{d_\mathrm{o}}\right)^2} \quad (3\text{-}34)$$

式中，A_o——开孔面积，m^2；

A_a——鼓泡区面积，m^2；

t——孔中心距，m；

d_o——筛孔直径，m。

对于单流型塔板，鼓泡区面积用下式计算

$$A_\mathrm{a}=2\left(x\sqrt{r^2-x^2}+r^2\sin^{-1}\frac{x}{r}\right) \quad (3\text{-}35)$$

式中，A_a——鼓泡区面积，m^2；

$x=\dfrac{D}{2}-(W_\mathrm{d}+W_\mathrm{s})$，m，其中，$W_\mathrm{d}$ 为弓形宽度，m，W_s 为安定区宽度，m；

$r=\dfrac{D}{2}-W_c$ ，m，其中，W_c 为边缘区宽度，m；

$\sin^{-1}\dfrac{x}{r}$ ——以弧度表示的反三角函数值。

3. 筛孔数的计算

$$n=\frac{A_o}{\frac{\pi}{4}d_o^2} \tag{3-36}$$

式中，n——筛孔数。

3.4.7 浮阀塔阀孔尺寸、阀孔数和开孔率

1. 阀孔直径 d_o

为了确定阀孔数必须先求出操作时的阀孔气速，孔径因所选浮阀型号而异。目前，F 型浮阀使用已很普遍，已定为部颁标准，其孔径为 39mm。

2. 阀孔数与开孔率

在浮阀刚刚全开时，塔板阻力和板上漏液都比较小，而塔板效率和操作弹性都较大，所以一般都希望在浮阀刚全开时操作。

浮阀全开时所对应的阀孔气速称为阀孔临界气速，用 u_{oc} 表示，这是操作中最适宜的阀孔气速。但有时也依具体情况而定，如在常压和加压操作时，可取操作时的阀孔气速 $u_o=u_{oc}$；真空操作时，可取 $u_o=(0.8\sim0.85)u_{oc}$；在气体或蒸气密度很小时，u_o 可取得更低一些。

浮阀的开度取决于阀孔处气体的动态压力，而动态压力又与气体的速度和密度有关，阀孔临界气速与密度的关联被称为阀孔临界动能因数，用 F_{oc} 表示。综合试验结果表明，可用下式计算

$$F_{oc}=u_{oc}\sqrt{\rho_V} \tag{3-37}$$

式中，F_{oc}——阀孔临界动能因数；

u_{oc}——阀孔临界气速，m/s；

ρ_V——气体密度，kg/m^3。

综合试验表明，阀孔临界动能因数可作为衡量气体流动时的动压大小的指标。对于 F_1 型浮阀（重阀），当板上所有浮阀刚刚全开时，F_{oc} 为 9～12。在设计时，应在此范围内初步选定合适的 F_{oc} 值，然后按式（3-38）计算阀孔临界气速 u_{oc}。

$$u_{oc}=\frac{F_{oc}}{\sqrt{\rho_V}} \tag{3-38}$$

常压操作的浮阀塔，因为 $u_o=u_{oc}$，所以板上的阀孔数按下式计算

$$N=\frac{V_s}{\frac{\pi}{4}d_o^2u_o} \tag{3-39}$$

式中，V_s——上升气体的流量，m^3/s；

d_o——阀孔直径，浮阀塔板 d_o=39mm。

浮阀塔板的开孔率是阀孔面积与塔截面积之比，即

$$\phi=\frac{A_o}{A_T}=N\left(\frac{d_o}{D}\right)^2=\frac{u}{u_o} \tag{3-40}$$

式中，ϕ——开孔率，%；

A_T——塔截面积，m^2；

A_o——阀孔总面积，m^2；

u_o——适宜的空塔气速，m/s。

通常，常压和减压浮阀塔的开孔率为 10%～13%；加压浮阀塔的开孔率一般小于 10%，常用的为 6%～9%；在小直径塔中，开孔率低，一般为 6%～10%。

3. 阀孔的排列

在塔板鼓泡区，阀孔的排列有正三角形和等腰三角形两种方式。按照阀孔中心连线与液流方向的关系，正三角形排列又分为顺排和叉排两种方式，如图 3-10 所示。采用叉排时，从相邻阀孔吹出的气流对液层的搅动作用较顺排显著，鼓泡均匀，所以一般多采用叉排。

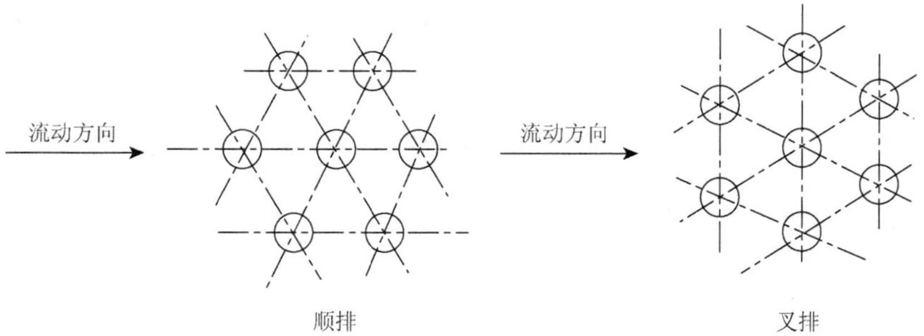

图 3-10　阀孔的排列

整块式塔板多采用正三角形叉排，其孔心距有 75mm、100mm、125mm、150mm 等几种。对分块式塔板，宜采用等腰三角形叉排（图 3-11），此时常把三角形底边

固定为 75mm，三角形高度 h 为 65mm、80mm、90mm、100mm、110mm 等几种尺寸。

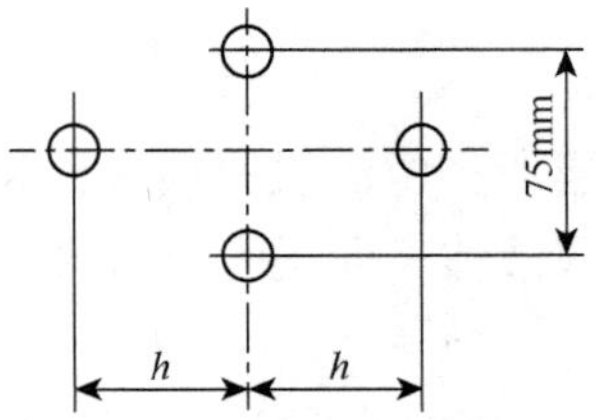

图 3-11　阀孔的等腰三角形排列

采用叉排时，相邻两阀吹出的气流搅动液层的作用比顺排明显，而且相邻两阀容易被吹开，液面梯度较小，鼓泡均匀，所以采用叉排更好。阀孔按正三角形排列时

$$t = d_o\sqrt{\frac{0.907A_a}{A_o}} \tag{3-41}$$

式中，t——正三角形的孔心距，m。

阀孔按等腰三角形排列时

$$h = \frac{A_a / N}{t'} = \frac{A_a}{0.075N} \tag{3-42}$$

式中，h——等腰三角形高度，m；

t'——等腰三角形底边，一般为 0.075m；

其他符号同前。

需要注意的是，根据已确定的孔距作图，可以在鼓泡区内通过实际布置得出确切的阀孔总数，但这一实际排出的确切阀孔总数不一定与按式（3-39）算出的阀孔数相等。若二者相近，则应按通过作图得到的阀孔数重新计算阀孔气速，并核算阀孔动能因数 F_o。如 F_o 仍在 9～12 之内，则可认为作图得到的阀孔数能满足要求。否则，应重新调整孔距，并重新作图，反复核算，直至满足要求为止。

也可根据已经算出的阀孔数及溢流装置尺寸等，通过作图求出所需塔径，若与初估塔径相近，即为所求，否则应重新调整有关参数，直至使两者相近为止。

3.5　塔板流体力学验算与塔板负荷性能图

塔板的流体力学验算是为了验证按上述工艺尺寸布置的塔板能否正常操作，以便决定是否需要对有关工艺尺寸进行必要的调整。同时，还要通过验算来判断塔板的操作性能，并作出塔板的负荷性能图。

3.5.1 浮阀塔塔板流体力学验算

1. 塔板阻力

气体通过阀孔及板上液层所产生的阻力损失称为塔板阻力。每一层塔板阻力为干板阻力、液层阻力和克服液体表面张力所造成的阻力之和，即

$$h_t = h_d + h_l + h_\sigma \tag{3-43}$$

式中，h_t——气体通过一层浮阀塔板的阻力，m 液柱；

h_d——干板阻力，即气体克服干板阻力所产生的静压头降，m 液柱；

h_l——塔板上液层阻力，m 液柱；

h_σ——气体克服液体表面张力所产生的阻力，m 液柱。

1）干板阻力 h_d

塔板上没有液体时称为干塔板，简称干板。气体通过干板的阻力称为干板阻力。它主要是由气体通过阀孔的突然缩小和突然扩大的局部阻力引起，与气体通过孔板的流动情况相似。浮阀塔板在浮阀全开前与全开后，干板阻力有不同的大小。

对 F_1 型重阀，可按下式计算：

浮阀全开前

$$h_d = 19.9\frac{u_o^{0.175}}{\rho_L} \tag{3-44}$$

浮阀全开后

$$h_d = 5.34\frac{u_o^2 \rho_V}{2g\rho_L} \tag{3-45}$$

式中，h_d——干板阻力，m 液柱；

u_o——阀孔气速，m/s；

ρ_L——液体密度，kg/m^3；

ρ_V——气体密度，kg/m^3。

塔板上所有浮阀刚好全部开启时，气体通过阀孔的速度称为阀孔临界气速，以 u_{oc} 表示。要先判断浮阀开启情况，需先计算出临界阀孔气速。计算阀孔临界气速，可将式（3-44）和式（3-45）联立计算，得

$$u_{oc} = \sqrt[1.825]{\frac{73.1}{\rho_V}} \tag{3-46}$$

按式（3-38）计算出的阀孔气速应与阀孔临界气速相比较，便可选定式（3-44）和式（3-45）中的一个来计算干板阻力。

2）板上充气液层阻力 h_l

一般用经验公式计算 h_l，即

$$h_l = \varepsilon_0 h_L \tag{3-47}$$

式中，h_L——板上液层高度，m；

ε_0——反映板上液层充气程度的因数，称为充气因数，无量纲。液相为水相时 ε_0=0.5，为油相时 ε_0=0.2～0.35，为碳氢化合物时 ε_0=0.4～0.5。

3）液体表面张力所造成的阻力 h_σ

$$h_\sigma = \frac{2\sigma}{h\rho_L g} \tag{3-48}$$

式中，σ——液体表面张力，N/m；

h——浮阀的开度，m。

浮阀的开度通常很小，计算时可忽略。

一般来说，浮阀塔的压降比筛板塔的大，比泡罩板的小。一般常压塔和加压塔中浮阀塔板的压降为 265～530Pa，减压塔为 200Pa 左右。

2. *液泛*

降液管内液面高度 H_d 代表液体通过一层塔板时所需的液位高度，可用下式计算

$$H_d = h_W + h_{OW} + \varDelta + h_t + h_d \tag{3-49}$$

式中，H_d——降液管内液面高度，m；

h_W——外堰高度，m；

h_{OW}——堰上液流高度，m；

$\varDelta$——出口堰之间的液面梯度，m；

h_t——气体通过一块塔板的阻力，m 液柱；

h_d——液体经过降液管的阻力，m 液柱。

对于筛板和浮阀塔板，一般液面梯度都很小，可以忽略不计，可按下列经验公式计算

$$h_d = 0.153\left(\frac{L_s}{l_W h_0}\right)^2 \tag{3-50}$$

式中，L_s——液相流量，m^3/s；

h_0——降液管底部离塔板的距离，m；

l_W——堰长，m。

为了防止由降液管引起的液泛现象，应满足下式

$$H_d \leqslant \phi(H_T + h_W) \tag{3-51}$$

式中，H_T——板间距，m；

ϕ——泡沫层的相对密度，对于容易起泡的物系 ϕ=0.3～0.4，对于不易起泡的物系 ϕ=0.6～0.7，对于一般物系 ϕ=0.5。

3. 漏液

当气相负荷减小或塔板上开孔率增大，通过筛孔或阀孔的气速不足以克服液层阻力时，部分液体会从筛孔或阀孔中直接落下，该现象称为漏液。漏液导致板效率下降，严重时将使塔板上不能积液而无法操作。漏液点气速 u_{oM} 是漏液现象明显影响板效率时的气速。

对于浮阀塔板，漏液随阀重的增加、孔速的增大、开度的减小及板上液层高度的降低而减小，其中以阀的影响较大。对于 F_1 型阀，可取阀孔动能因数 F_o=5～6 作为负荷下限，此时漏液点由下式计算

$$u_{oM}=\frac{F_o}{\sqrt{\rho_V}} \tag{3-52}$$

式中，F_o——阀孔动能因数。

4. 雾沫夹带量

雾沫夹带是指下层塔板产生的雾滴被上升的气流带到上层塔板的现象。雾沫夹带将导致塔板效率下降。综合考虑生产能力和板效率，应控制夹带量 e_V≤0.1kg 液体/kg 气。

目前多采用验算泛点率的概念，作为间接判断雾沫夹带量的方法。泛点率是指设计负荷与泛点负荷之比，是一种统计的关联值，广义地指塔内液面的泛滥而导致的效率骤降点。泛点率由下列两式求出，采用计算结果中较大的数值

$$F=\frac{100V\sqrt{\dfrac{\rho_V}{\rho_L-\rho_V}}+136LZ}{A_pKC_F} \tag{3-53}$$

$$F=\frac{100\sqrt{\dfrac{\rho_V}{\rho_L-\rho_V}}}{0.78A_pKC_F} \tag{3-54}$$

式中，F——泛点率，%；

V、L——气、液相流量，m^3；

ρ_L、ρ_V——气、液相密度，kg/m^3；

Z——液相流程长度，m，对于单流型塔板，$Z=D=2W_d$，其中，D 为塔径，m，W_d 为弓形宽度，m；

A_p——板上液流鼓泡区面积，m^2，$A_p=A_T-2A_f$，其中，A_T为塔截面积，m^2，A_f为弓形降液管截面积，m^2；

K——物性系数，其值见表 3-2；

C_F——泛点负荷系数，由图 3-12 查得。

表 3-2　物性系数 *K*

系统	无泡沫	氟化物	中等起泡沫	重度起泡沫	严重起泡沫	形成稳定泡沫
K值	1	0.90	0.85	0.73	0.60	0.30

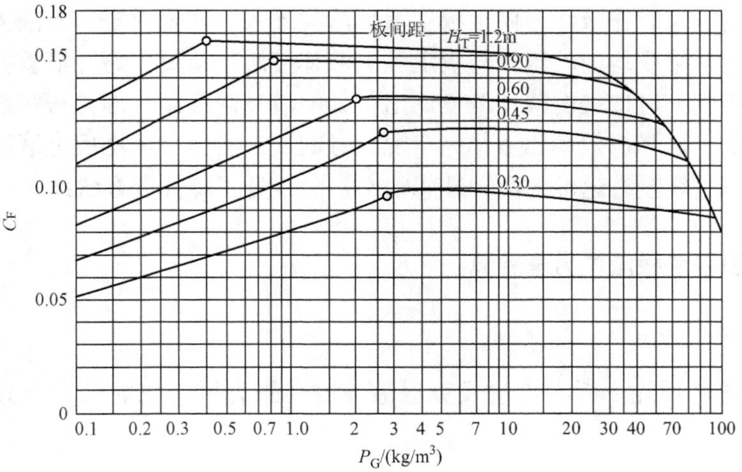

图 3-12　泛点负荷系数

为了控制雾沫夹带量e_V<0.1，泛点率必须在下列范围内：

（1）对于一般的大塔，F<80%；

（2）对于负压操作的塔，F<75%；

（3）对于直径小于 90mm 的塔，F<65%。

5. 液面落差

当液体横向流过板面时，由于要克服板上部件（如浮阀、泡罩）的局部阻力和摩擦阻力，需要一定液位差才能维持这一流动，这样板上液体进、出口侧的液面就会出现高度差，即液面落差，也称水力学坡度。

液面落差主要与塔板结构有关，泡罩塔板结构复杂，液体在板上流动阻力大，液面落差也就大；浮阀塔结构较简单，液面落差则较小；筛板塔结构最简单，液面落差最小。但在塔径不大时，液面落差常忽略不计。

液面落差除与塔板结构有关外，还与塔径、液流量有关。当塔径与液流量很大时，也会造成较大的液面落差。对于大塔，可采用双溢流或阶梯流，以减小液面落差。

6. 塔板上液体的返混

在塔板上，液体的主流方向是从入口端横向流至出口端，但因气体搅拌及某些局部障碍（如浮阀、泡罩），液体会发生局部的反向流动。这种与主流方向相反的流动称为返混。当返混严重时，板上液体会均匀混合，各点的液体浓度将趋于一致。当浓度均匀的气体与板上各点的液体进行接触传质后，离开各点的气体浓度也会相同。这是一种理想情况。另一种理想情况是板上液体呈活塞流流动，完全没有返混。这时在液流方向上板上液体浓度最大，在塔板进口处液体浓度大于出口浓度。当浓度均匀的气体与板上各点液体接触传质后，离开塔板各点的气体浓度也不相同，进口处的液体浓度比出口处的液体浓度高。理论与实践都证明了在这种情况下，塔板效率比液体完全混合时的高。实际上，塔板上液体并不处在完全混合与完全没有返混的两种理想状态，而是处于部分混合状态。

3.5.2 筛板塔塔板流体力学验算

1. 塔板阻力 h_t

气体通过筛孔、板上液层及克服液体表面张力所产生的阻力损失称为塔板阻力

$$h_t = h_d + h_l \tag{3-55}$$

式中，h_t——气体通过一层筛板塔板的阻力，m 液柱；

h_d——干板阻力，m 液柱；

h_l——塔板上液层阻力，m 液柱。

$$h_d = 0.051\left(\frac{u_o}{C_o}\right)^2\left(\frac{\rho_V}{\rho_L}\right) \tag{3-56}$$

式中，u_o——筛孔气速，m/s；

C_o——流量系数，由图 3-13 查取。

$$h_l = \beta(h_W + h_{OW}) \tag{3-57}$$

式中，h_l——板上液层的有效阻力，m 液柱；

h_W——外堰高，m；

h_{OW}——堰上液流高度，m；

β——充气系数，由图 3-14 查取，对于浮阀塔板，取 β=0.5。

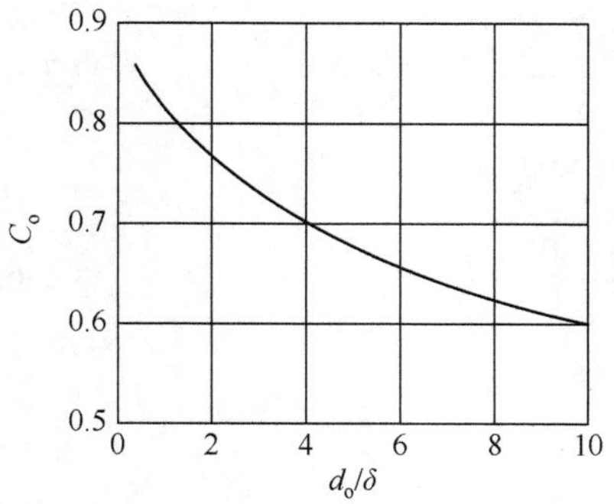

图 3-13　干筛板的流量系数

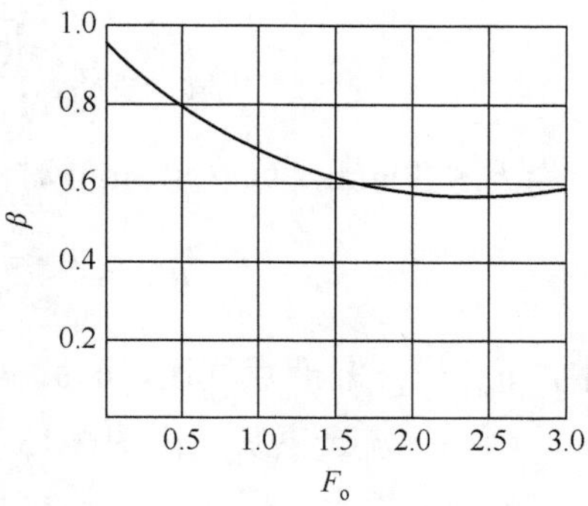

图 3-14　充气系数关联图

2. 降液管内液面高度 H_d

降液管内液面高度 H_d 代表液体通过一层塔板时所需的液位高度，可用下式计算

$$H_d=h_W+h_{OW}+\Delta+h_t+h_d \tag{3-58}$$

式中，H_d——降液内液面高度，m；

h_W——外堰高度，m；

h_{OW}——堰上液流高度，m；

Δ——出口堰之间的液面梯度，m；

h_t——气体通过一块塔板的阻力，m 液柱；

h_d——液体经过降液管的阻力，m 液柱。

对于筛板和浮阀塔板，一般液面梯度都很小，可以忽略，可按下列经验公式计算

$$h_d=0.153\left(\frac{L}{l_W h_0}\right)^2 \tag{3-59}$$

式中，L——液相流量，m^3/s；

h_0——降液管底部离塔板的距离，m；

l_W——堰长，m。

为了防止由降液管引起的液泛现象，应满足下式

$$H_d \leqslant \phi(H_T+h_W) \tag{3-60}$$

式中，H_T——板间距，m；

ϕ——泡沫层的相对密度，对于容易起泡的物系 ϕ=0.3～0.4，对于不易起泡的物系 ϕ=0.6～0.7，对于一般物系 ϕ=0.5。

3. 漏液点气速 u_{oM}

对于筛板塔，漏液点气速 u_{oM} 可用下式计算

$$u_{\text{oM}} = 4.4C_{\text{o}}\sqrt{\frac{(0.0056 + 0.13h_{\text{L}} - h_{\sigma})\rho_{\text{L}}}{\rho_{\text{V}}}} \tag{3-61}$$

当 $h_{\text{L}}<30\text{mm}$，或 $d_{\text{o}}<3\text{mm}$ 时，u_{oM} 采用下式计算

$$u_{\text{oM}} = 4.4C_{\text{o}}\sqrt{\frac{(0.051 + 0.05h_{\text{L}})\rho_{\text{L}}}{\rho_{\text{V}}}} \tag{3-62}$$

式中，u_{oM}——漏液点气速，m/s；

C_{o}——流量系数，由图 3-13 查取；

h_{L}——板上液层高度，m；

h_{σ}——克服表面张力的阻力，$h_{\sigma}=\dfrac{4\sigma}{d_{\text{o}}\rho_{\text{L}}g}$，m 液柱；

ρ_{L}——液相密度，kg/m^3；

σ——液相的表面张力，N/m；

d_{o}——筛孔直径，m。

4. 雾沫夹带量 e_{V}

筛板塔的雾沫夹带量可用汉特（Hunt）的关联式计算

$$e_{\text{V}} = \frac{5.7\times10^{-6}}{\sigma}\left(\frac{u_{\text{G}}}{H_{\text{T}} - 2.5h_{\text{L}}}\right)^{3.2} \tag{3-63}$$

式中，e_{V}——雾沫夹带量，kg 液体/kg 气；

σ——液体的表面张力；N/m；

H_{T}——板间距；m；

h_{L}——板上液层高度，m；

u_{G}——液层上部的气体速度，m/s，对于单流型塔板 $u_{\text{G}} = \dfrac{V}{A_{\text{T}} - A_{\text{f}}}$，其中，$V$ 为气相流量，m^3/s，A_{T} 为塔截面积，m^2，A_{f} 为降液管截面面积，m^2。

式（3-63）只适用于 $\dfrac{u_{\text{G}}}{H_{\text{T}} - 2.5h_{\text{L}}}<12$ 的情况。

液面落差 Δ 一般较小，可不计。当不可忽略时

$$\Delta = 0.0476\frac{(b + 4H_{\text{f}})^2\mu_{\text{L}}ZL_{\text{s}}}{(bH_{\text{f}})^3(\rho_{\text{L}} - \rho_{\text{V}})} \tag{3-64}$$

3.5.3　塔板负荷性能图

对于每个塔板结构参数已设计好的塔，处理固定的物系时，要维持其正常操作，必须把气、液负荷限制在一定范围内。通常在直角坐标系中标绘各种极限条

件下的关系曲线，从而得到塔板适宜的气、液流量范围图形，该图形称为塔板的负荷性能图。如图 3-15 所示，一般由下列五条曲线组成。

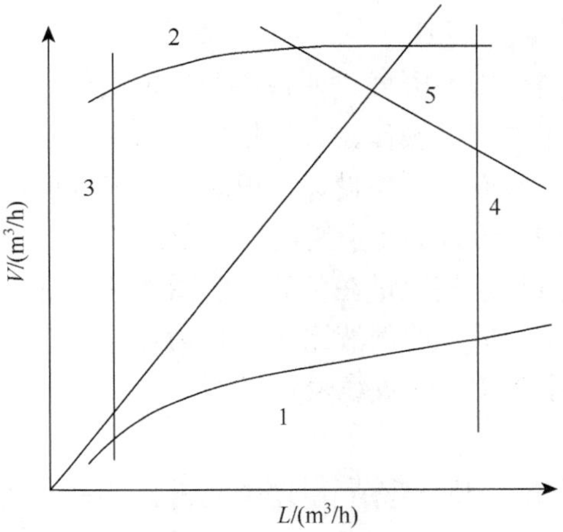

图 3-15　塔板的负荷性能图

1. 漏液线

线 1 为漏液线，又称气相负荷下限线。气相负荷低于此线将发生严重的漏液现象，气、液不能充分接触，使塔板效率下降。筛板塔的漏液线由式（3-61）或式（3-62）作出，浮阀塔的漏液线由式（3-52）作出。

2. 雾沫夹带线

线 2 为雾沫夹带线。当气相负荷超过此线时，雾沫夹带量过大，使塔板效率大为降低。对于精馏，一般控制 $e_V \leqslant 0.1$kg 液体/kg 气。筛板塔的雾沫夹带线按式（3-63）作出。浮阀塔的雾沫夹带线按式（3-53）或式（3-54）作出。

3. 液相负荷下限线

线 3 为液相负荷下限线。液相负荷低于此线，就不能保证塔板上液流的均匀分布，将导致塔板效率下降。一般取 h_{OW}=6mm 作为下限，按式（3-27）或式（3-28）作出液相负荷下限线。

4. 液相负荷上限线

线 4 为液相负荷上限线，该线又称降液管超负荷线。液体流量超过此线，表明液体流量过大，液体在降液管内停留时间过短，进入降液管的气泡来不及与液相分离而被带入下层塔板，造成气相返混，降低塔板效率。根据液相在降液管内的停留时间应大于 3s，按式（3-29）作出此线。

5. *液泛线*

线 5 为液泛线。操作线若在此线上方，将会引起液泛。根据降液管内的液层高度，按式（3-60）作出液泛线。

由上述各条曲线所包围的区域，就是塔的稳定操作区。操作点必须落在稳定操作区内，否则塔就不能正常操作。必须指出，物系一定，塔板负荷性能图的形状因塔板结构尺寸的不同而异。在设计塔板时，可根据操作点在负荷性能图中的位置，适当调塔板结构参数来满足所需的弹性范围。

操作时的气相流量与液相流量在负荷性能图上的坐标点称为操作点。在连续精馏塔中，回流比一定，板上的气液比 V/L 也为定值。在负荷性能图上，操作线可用通过坐标原点斜率为 V/L 的直线表示。

3.6 板式精馏塔附属设备设计

3.6.1 再沸器和冷凝器的选型

再沸器的任务是将部分塔底的液体蒸发以便进行精馏分离。再沸器是热交换设备，根据加热面设计的需要，再沸器的构造可以是夹套式、蛇管式或列管式；加热方式可以是间接加热或直接加热。设计者应注意以下设计目标：

（1）使设备成本低（保持较高的传热系数）。

（2）使换热表面尽可能清洁（防止传热管表面结垢）。

（3）对于易热分解的产品，应使其停留时间短，加热壁温低。

（4）能满足分离要求。

小型再沸器可直接安装在塔底部，但再沸器的横截面积要略大于塔体的截面。对于较大型的塔，再沸器一般安装在塔外。再沸器有立式和卧式之分：在立式再沸器中，被蒸发的液体在管内通过；在卧式再沸器中，被蒸发液体在管外通过。再沸器容量大时塔的操作稳定，蒸气分离空间大时可防止蒸气中夹带液体，对易起泡系统尤为有利。采用卧式再沸器，可以使塔和建筑物的总高度降低；由于产品在卧式再沸器中的停留时间较长，因此不适宜用于蒸发对热不稳定的产品。

热虹吸式再沸器利用再沸器中气液混合物和塔底液体的密度差为推动力，增加流体在管内的流动速度，减少污垢的沉积，提高传热系数，装置紧凑，占地面积小。

凯特尔（Ketile）式再沸器一次通过蒸发的气液比可达 80%，相当于一块理论板。再沸器的传热面积可任意选用，釜液结焦时清洗方便，但金属消耗量和占地面积都大。

当塔底产品是废水时，通常采用直接水蒸气加热，这样可节省再沸器的投资成本。加热周期和鼓泡管可参考下列数据进行设计：鼓泡管上吹气孔的孔径通常为 5～10mm，各孔中心相距 5～10 倍孔径；吹气孔一般排列在鼓泡管的下方和侧面；全部吹气孔的总截面积为鼓泡管截面积的 1.25～1.5 倍。

冷凝器的任务是冷凝离开塔顶的蒸气，以便为分离提供足够的回流。冷凝的优点是未凝的产品富集了轻组分，冷凝器为分离提供了一块理论板。当全凝时，部分冷凝液回流返回塔内，没有分离作用。

在小型精馏塔中，冷凝器可采用蛇管式；大型设备一般采用列管式。为了提高冷却介质的流速，使其传热系数提高，一般安排冷却介质在管内流动，蒸气在管外冷凝。对于小型精馏塔，冷凝器一般安装在塔顶，冷凝液靠重力作用回流入塔。冷凝器塔顶回流口的高度可根据管道阻力损失进行估算。工业上常用的几种回流形式如图 3-16 所示。图 3-16（d）是将冷凝器安装在塔顶，这样，冷凝器无需另外的支承结构，但缺点是回流量较难控制。当要求阻力损失较小时，可采用图 3-16（e）所示的分支型冷凝器。

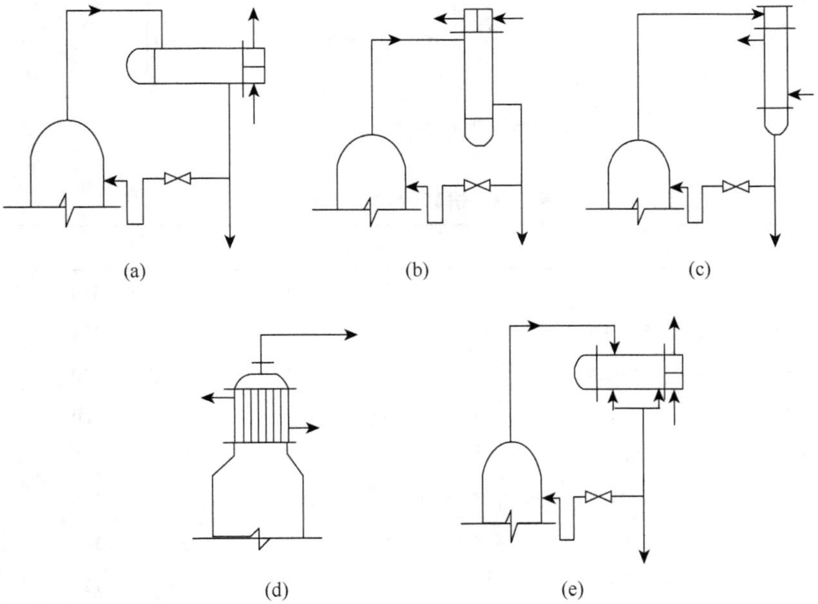

(a)　(b)　(c)　(d)　(e)

图 3-16　冷凝器的回流形式

对于大型精馏塔，往往将冷凝器安装在离地面约 5m 的支架上，以保证泵在输送回流液时，不会出现气蚀现象。采用泵进行强制回流时，回流属冷回流，其回流比容易控制，且对安放冷凝器的支座要求不高，安装与检修都比较方便。

冷凝器可分为水冷（或其他液体冷却剂）和气冷。进行选择时通常考虑的是：

气冷设备大、投资成本高，但操作费用较低；当要求较小体积的冷凝器时，水冷更具有吸引力。所以设计时，应从总费用最小的原则出发。

3.6.2　接管选型

1. 进料管（包括回流管）

图 3-17 是一种最简单的进料管结构，它适合于塔径 $D>800\text{mm}$，人可以入塔检修，且物料不易聚合的情况，其具体尺寸见图 3-17 和表 3-3。

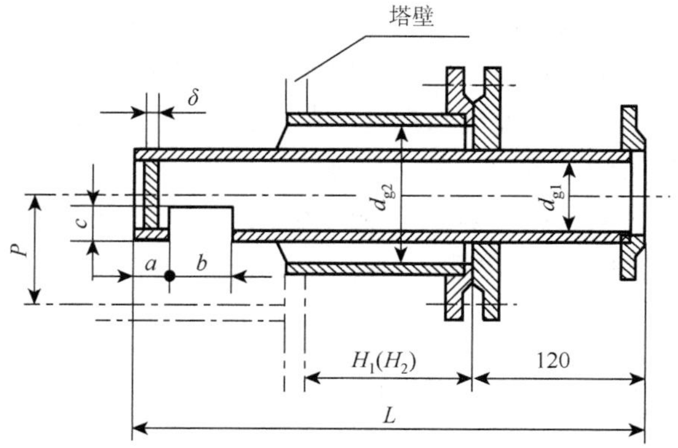

图 3-17　带套管的进料管（mm）

表 3-3　进料管尺寸（mm）

内管（$d_{g1}S_1$）	外管（$d_{g2}S_2$）	a	b	c	δ	H_1	H_2
25×3	45×3.5	10	20	10	5	120	150
32×3.5	57×3.5	10	25	10	5	120	150
38×3.5	57×3.5	10	32	15	5	120	150
45×3.5	76×4	10	40	15	5	120	150
57×3.5	76×4	15	50	20	5	120	150
76×4	108×4	15	70	30	5	120	150
89×4	108×4	15	80	35	5	120	150
108×4	133×4	15	100	45	5	120	200
133×4	159×4.5	15	125	55	5	120	200
159×4.5	219×6	25	150	70	5	120	200
219×6	273×8	25	210	95	5	120	200

当塔径<800mm 时，人不能进入塔内检修。为了便于检修，进料管应采用带套管的可拆结构，外套管与内管由法兰连接，装入与取出较方便。进料管距塔板

的高度 P 与管长由具体工艺而定。

2. 出料管

当塔支座直径 D_g＜800mm 时，塔底出料管一般采用如图 3-18 所示的结构。在具体加工中，应先将弯管段一端焊在带套管的进料管封头上，再将封头焊在塔支座上，最后将弯管段另一端焊在短节管法兰上。

当塔支座直径 D_g≥800mm 时，出料管可采用如图 3-19 所示的结构。在出料管上焊有三块支撑扁钢，以便将出料管活嵌在引出管通道里。为了便于安装和检修，出料管外形尺寸应小于支座内径，引出管通道直径应大于出料管法兰外径。

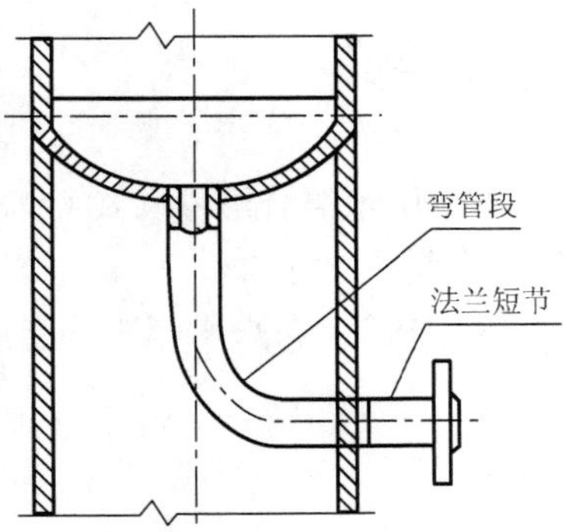

图 3-18　D_g＜800mm 时的出料管

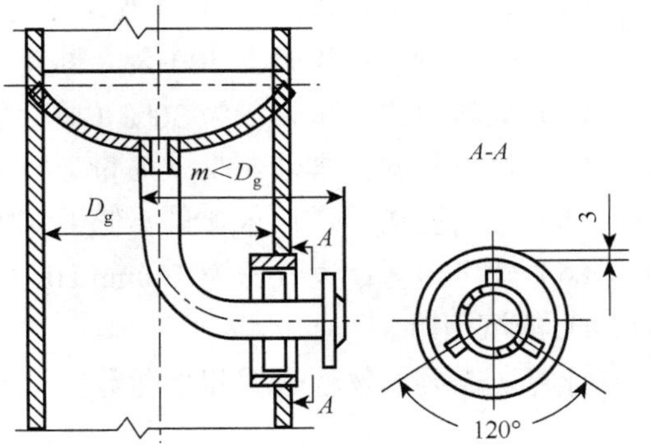

图 3-19　D_g≥800mm 时的出料管（mm）

3. 进气管

进气管是指塔底的蒸气引入管。当塔径较小时，对入塔气体分布要求不高，这时可用结构较简单的进气管，如图 3-20（a）所示。当塔径较大时，要求进气分布要均匀，这时可采用结构较复杂的进气管，如图 3-20（b）所示。管上开有三排

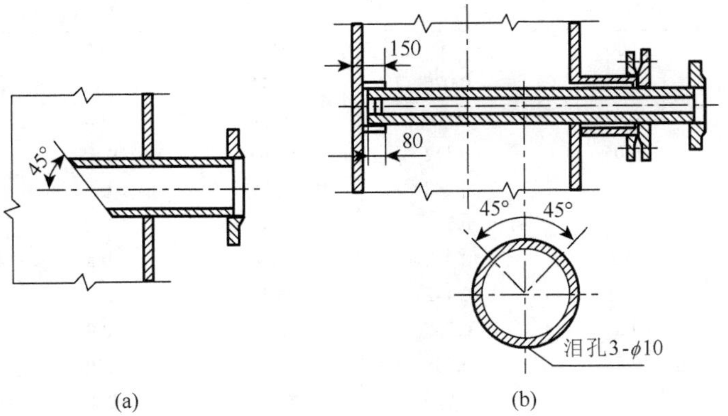

图 3-20　进气管结构（mm）

出气小孔，管径及小孔直径和数量由具体的工艺条件决定。一般情况下，进气管应安装在液面以上，出气小孔朝上方或朝斜上方。如果釜液是由蒸气直接加热，蒸气引入管应安装在液面以下，管上气孔朝下方或斜下方。

3.7 浮阀精馏塔设计实例

3.7.1 设计任务

设计题目：分离苯-甲苯混合液的浮阀板式精馏塔工艺设计。

设计参数：

（1）设计规模：苯-甲苯混合液处理量 7 万 t/a。

（2）生产制度：年开工 300 天，每天三班 8h 连续生产。

（3）原料组成：苯含量为 30%（质量分数，下同）。

（4）进料状况：含苯 30%（质量分数，下同）的苯-甲苯混合溶液（20℃）。

（5）分离要求：塔顶苯含量不低于 97%，塔底苯含量不大于 2%。

（6）建厂地区：大气压为 760mmHg（1mmHg=133.3Pa），自来水年平均温度为 20℃的滨州市。

计算所需要的物性数据和平衡数据见表 3-4～表 3-10。

表 3-4　苯、甲苯的物理性质

组分	分子式	摩尔质量/（kg/kmol）	沸点/℃	临界温度/℃	临界压强/kPa
苯 A	C_6H_6	78.11	80.1	288.5	6833.4
甲苯 B	C_7H_8	92.13	110.6	318.57	4107.7

表 3-5　常压下苯-甲苯的气液平衡数据

温度/℃	液相中苯的摩尔分率（x）	气相中苯的摩尔分率（y）	温度/℃	液相中苯的摩尔分率（x）	气相中苯的摩尔分率（y）
110.56	0	0	91.4	0.5	0.713
109.91	0.01	0.025	90.11	0.55	0.755
108.79	0.03	0.0711	88.8	0.6	0.791
107.61	0.05	0.112	87.63	0.65	0.825
105.05	0.1	0.208	86.52	0.7	0.857
102.79	0.15	0.294	85.44	0.75	0.885
100.75	0.2	0.372	84.4	0.8	0.912
98.84	0.25	0.442	83.33	0.85	0.936
97.13	0.3	0.507	82.25	0.9	0.959
95.58	0.35	0.566	81.11	0.95	0.98
94.09	0.4	0.619	80.66	0.97	0.985
92.69	0.45	0.667	80.21	0.99	0.9961

表 3-6　饱和蒸气压安托万（Antoine）方程（$\lg p_0 = A - \dfrac{B}{C+t}$）

组分	A	B	C
苯	6.023	1206.35	220.24
甲苯	6.078	1343.94	219.58

表 3-7　苯-甲苯的液相密度

温度/℃	80	90	100	110	120
苯密度/（kg/m^3）	815	803.9	792.5	780.3	768.9
甲苯密度/（kg/m^3）	810	800.2	790.3	780.3	770.0

表 3-8　液体表面张力

温度/℃	80	90	100	110	120
苯表面张力/（mN/m）	21.27	20.06	18.85	17.66	16.49
甲苯表面张力/（mN/m）	21.69	20.59	19.94	18.41	17.31

表 3-9　液体黏度

温度/℃	80	90	100	110	120
苯黏度/（mPa·s）	0.308	0.279	0.255	0.233	0.215
甲苯黏度/（mPa·s）	0.311	0.286	0.264	0.254	0.228

表 3-10　液体的汽化热

温度/℃	80	90	100	110	120
苯汽化热/（kJ/kg）	394.1	386.9	379.3	371.5	363.2
甲苯汽化热/（kJ/kg）	379.9	373.8	367.6	361.2	354.6

3.7.2　精馏塔工艺设计计算

1. 物料衡算

1）原料液及塔底、塔顶产品组成

$$x_F = \frac{30\%/78.11}{30\%/78.11 + 70\%/92.13} = 0.3358$$

$$x_D = \frac{97\%/78.11}{97\%/78.11 + 3\%/92.13} = 0.9744$$

$$x_W = \frac{2\% / 78.11}{2\% / 78.11 + 98\% / 92.13} = 0.023\,51$$

2）原料液及塔顶、塔底产品的平均摩尔质量

$$M_F = 0.3358 \times 78.11 + (1 - 0.3358) \times 92.13 = 87.42(\text{kg/kmol})$$
$$M_D = 0.9744 \times 78.11 + (1 - 0.9744) \times 92.13 = 78.47(\text{kg/kmol})$$
$$M_W = 0.023\,51 \times 78.11 + (1 - 0.023\,51) \times 92.13 = 91.80(\text{kg/kmol})$$

原料液流量　$F = \dfrac{7 \times 10^7}{87.42 \times 300 \times 24} = 111.21(\text{kmol/h})$

3）物料衡算

总物料衡算：$F=D+W=111.21\text{kmol/h}$

易挥发组分物料衡算：$Fx_F=Dx_D+Wx_W$

即　$111.21 \times 0.3358 = 0.9744D + 0.023\,51W$

解得　$W = 74.69\text{kmol/h}$，$D = 36.52\text{kmol/h}$

由公式 $\alpha = \dfrac{y_A / y_B}{x_A / x_B}$ 计算 α，得 $\alpha = 2.46$，平衡线方程为 $y = \dfrac{2.46x}{1 + 1.46x}$。

2. 进料线方程确定

苯的汽化热为 382.34kJ/kg，甲苯的汽化热为 370.08kJ/kg，计算进料板上混合物的平均汽化热

$$r_m = 0.3358 \times 382.34 \times 78.11 + (1 - 0.3358) \times 370.08 \times 92.13 = 32\,674.74\ (\text{kJ/kg})$$

由 t-x-y 图查出进料组成 x_F=0.3358 时溶液泡点为 96℃，因此平均温度为 58℃，该温度下苯和甲苯的比热容均为 1.86kJ/(kg·℃)，故原料液的平均比热容

$$c_p = 1.86 \times 78.11 \times 0.3358 + 1.86 \times 92.13 \times (1 - 0.3358) = 162.61[\text{kJ/(kg·℃)}]$$

进料热状况参数：$q = \dfrac{c_p \Delta t + r_m}{r_m} = 1.378$

q 线方程：$y = \dfrac{q}{q-1}x - \dfrac{x_F}{q-1} = 3.65x - 0.89$

由 q 线方程与平衡线交点得 x_q、y_q

$$\begin{cases} y = 3.65x - 0.89 \\ y = \dfrac{2.46x}{1 + 1.46x} \end{cases} \quad 得 \begin{cases} x_q = 0.419 \\ y_q = 0.639 \end{cases}$$

$$R_{min} = \frac{x_d - y_q}{y_q - x_q} = \frac{0.9744 - 0.639}{0.639 - 0.419} = 1.52$$

实际回流比选择最小回流比的 1.5 倍，所以，$R=1.5R_{min}=2.28$。

3. 求精馏塔的气液相负荷

$$L = RD = 83.27\ (\text{kmol/h})$$

$$V = (R+1)D = 3.28 \times 36.52 = 119.79\ (\text{kmol/h})$$

$$L' = L + qF = 83.27 + 111.21 \times 1.378 = 236.52\ (\text{kmol/h})$$

$$V' = V + (q-1)F = 119.79 + 0.378 \times 111.21 = 161.83\ (\text{kmol/h})$$

4. 操作线方程

精馏段操作线

$$y_{n+1} = \frac{R}{R+1}x_n + \frac{x_D}{R+1} = \frac{2.28}{2.28+1}x_n + \frac{0.9744}{2.28+1} = 0.695x_n + 0.297$$

提馏段操作线

$$y_{m+1} = \frac{L'}{V'}x_m - \frac{W}{V'}x_m = \frac{236.52}{161.83}x_m - \frac{74.69 \times 0.023\,51}{161.83} = 1.46x_m - 0.01$$

5. 用逐板法计算理论板数

$$y_1 = x_D = 0.9744$$

$$y_1 = \frac{2.46x_1}{1+1.46x_1} \Rightarrow x_1 = 0.94$$

$$y_2 = 0.695x_1 + 0.297 \Rightarrow y_2 = 0.95$$

$$\Rightarrow x_2 = 0.89 \Rightarrow y_3 = 0.9156 \Rightarrow x_3 = 0.82 \Rightarrow y_4 = 0.8669$$

$$\Rightarrow x_4 = 0.73 \Rightarrow y_5 = 0.8044 \Rightarrow x_5 = 0.63 \Rightarrow y_6 = 0.7349 \Rightarrow x_6 = 0.53 \Rightarrow y_7 = 0.6654$$

$$\Rightarrow x_7 = 0.45 \Rightarrow y_8 = 0.6098 \Rightarrow x_8 = 0.39 \Rightarrow y_9 = 0.5681$$

$$\Rightarrow x_9 = 0.35 \Rightarrow y_{10} = 0.5403 \rightarrow x_{10} = 0.32 < 0.3358 = x_F$$

所以第 10 层理论板是加料板，精馏段所需要理论板层数为 9。

$$x_1' = x_{10} = 0.32 \Rightarrow y_2' = 0.4572 \Rightarrow x_2' = 0.26 \Rightarrow y_3' = 0.3696$$

$$\Rightarrow x_3' = 0.19 \Rightarrow y_4' = 0.2674 \Rightarrow x_4' = 0.13 \Rightarrow y_5' = 0.1798$$

$$\Rightarrow x_5' = 0.08 \Rightarrow y_6' = 0.1068 \Rightarrow x_6' = 0.046 \Rightarrow y_7' = 0.0572$$

$$\Rightarrow x_7' = 0.024 \Rightarrow y_8' = 0.025\,04 \Rightarrow x_8' = 0.01 < x_w = 0.023\,51$$

所以，提馏段所需要理论板层数为 7（不含再沸器），总理论板数为 N_T=16（不含再沸器），其中第 10 层板为进料板。

6. 实际板数的求取

由苯与甲苯不同温度下平衡组成作出的相图可知 x_W=0.0235 对应的温度为塔底温度，查得 t_W=110℃，由 x_D=0.9744 查得塔顶温度 t_D=81.4℃，全塔平均温度为

95.7℃。

查得 95.7°C 苯的黏度为 0.265mPa·s，甲苯的黏度为 0.273mPa·s，所以，进料板液体的平均黏度：$\mu_L = \dfrac{0.265+0.273}{2} = 0.269(\text{mPa}\cdot\text{s})$。

由经验式 $E_T = 0.49(\alpha\mu_L)^{-0.245}$，可得 $E_T = 0.49\times(2.46\times0.269)^{-0.245} = 0.542$。

精馏段实际板层数：9/0.542≈17，提馏段实际板层数：7/0.542≈13。

3.7.3 精馏塔的工艺条件及有关物性数据的计算

1. 进料温度的计算

查苯-甲苯气液平衡数据得 $t_F = 96℃$，$t_W = 110℃$，$t_D = 81.4℃$

精馏段平均温度：$t_{m1} = \dfrac{t_D + t_F}{2} = 88.7℃$

提馏段平均温度：$t_{m2} = \dfrac{t_F + t_W}{2} = 103℃$

2. 操作压强的计算

塔顶压强 $p_D = 101.3\text{kPa}$，设每层塔板压强Δp=0.7kPa

进料板压强：$p_F = 101.3 + 17\times0.7 = 113.2(\text{kPa})$

塔底压强：$p_W = 101.3 + 30\times0.7 = 122.3(\text{kPa})$

精馏段平均操作压力：$p_{m1} = \dfrac{101.3+113.2}{2} = 107.25(\text{kPa})$

提馏段平均操作压力：$p_{m2} = \dfrac{113.2+122.3}{2} = 117.75(\text{kPa})$

3. 平均摩尔质量的计算

塔顶：$x_D = y_1 = 0.9744$，$x_1 = 0.94$

$$M_{VDm} = 0.9744\times78.1 + (1-0.9744)\times92.13 = 78.47(\text{kg/mol})$$

$$M_{LDm} = 0.94\times78.11 + (1-0.94)\times92.13 = 78.95(\text{kg/mol})$$

进料板：$x_F = 0.32$，$y_F = 0.54$

$$M_{VFm} = 0.54\times78.11 + (1-0.54)\times92.13 = 84.56(\text{kg/mol})$$

$$M_{LFm} = 0.32\times78.11 + (1-0.32)\times92.13 = 87.64(\text{kg/mol})$$

塔釜：$x_W = 0.01$，$y_W = 0.025$

$$M_{VWm} = 0.025\times78.1 + (1-0.025)\times92.13 = 91.78(\text{kg/mol})$$

$$M_{LWm} = 0.01\times78.11 + (1-0.01)\times92.13 = 91.99(\text{kg/mol})$$

精馏段平均摩尔质量：

$$M_{\mathrm{Vm1}}=\frac{78.47+84.56}{2}=81.515(\mathrm{kg/mol})$$

$$M_{\mathrm{Lm1}}=\frac{78.95+87.64}{2}=83.295(\mathrm{kg/mol})$$

提馏段平均摩尔质量：

$$M_{\mathrm{Vm2}}=\frac{84.56+91.78}{2}=88.17(\mathrm{kg/mol})$$

$$M_{\mathrm{Lm2}}=\frac{87.64+91.99}{2}=89.815(\mathrm{kg/mol})$$

4. 平均密度的计算

1）气相平均密度 ρ_{Vm} 的计算

由理想气体状态方程可知：

精馏段气相密度：$\rho_{\mathrm{Vm1}}=\dfrac{p_{\mathrm{m1}}M_{\mathrm{Vm1}}}{RT_{\mathrm{m1}}}=\dfrac{107.25\times 81.515}{8.314\times(88.7+273.15)}=2.91(\mathrm{kg/m^3})$

提馏段气相密度：$\rho_{\mathrm{Vm2}}=\dfrac{p_{\mathrm{m2}}M_{\mathrm{Vm2}}}{RT_{\mathrm{m2}}}=\dfrac{117.75\times 88.17}{8.314\times(103+273.15)}=3.32(\mathrm{kg/m^3})$

2）液相平均密度 ρ_{Lm} 的计算

由式 $\dfrac{1}{\rho_{\mathrm{m}}}=\sum W_i/\rho_i=\dfrac{W_{\mathrm{A}}}{\rho_{\mathrm{A}}}+\dfrac{W_{\mathrm{B}}}{\rho_{\mathrm{B}}}$ 求相应液相密度。

当 $t_{\mathrm{F}}=96$ ℃时，用内插法求得下列数据：

$$\rho_{\mathrm{A}}=797.06\mathrm{kg/m^3}，\quad \rho_{\mathrm{B}}=794.26\mathrm{kg/m^3}$$

进料板液相的质量分数：$W_{\mathrm{A}}=\dfrac{0.32\times 78.11}{0.32\times 78.11+(1-0.32)\times 92.13}=0.29$

所以，$\rho_{\mathrm{LFm}}=\dfrac{1}{0.29/797.06+0.71/794.26}=795.07\rho_{\mathrm{B}}=795.07(\mathrm{kg/m^3})$

t_{D}=81.4℃时，用内插法求得，ρ_{A}=813.4kg/m³，ρ_{B}=808.6kg/m³。塔顶液相的质量分数 W_{A}=0.97，所以，$\rho_{\mathrm{LDm}}=\dfrac{1}{0.97/813.4+0.03/808.6}=813.3(\mathrm{kg/m^3})$。

t_{W}=110℃时，查表得 ρ_{A}=780.3kg/m³，ρ_{B}=780.3kg/m³，W_{A}=0.02，可求得

$$\rho_{\mathrm{LWm}}=\frac{1}{0.02/780.3+(1-0.02)/780.3}=780.3(\mathrm{kg/m^3})$$

所以，精馏段平均密度：$\rho_{\mathrm{Lm1}}=\dfrac{\rho_{\mathrm{LDm}}+\rho_{\mathrm{LFm}}}{2}=\dfrac{813.3+795.07}{2}$=804.185(kg/m³)

提馏段平均密度：$\rho_{\mathrm{Lm2}}=\dfrac{\rho_{\mathrm{LWm}}+\rho_{\mathrm{LFm}}}{2}=\dfrac{780.3+795.07}{2}=787.685(\mathrm{kg/m^3})$

5. 液体平均表面张力的计算

液体表面张力计算公式：$\sigma_{Lm}=\sum x_i\sigma_i$ 。

$t_F=96$ ℃时，查表用内插法得$\sigma_{LA}=19.33\text{mN/m}$，$\sigma_{LB}=20.2\text{mN/m}$

$$\sigma_{LFm}=0.3358\times19.33+(1-0.3358)\times20.2=19.91(\text{mN/m})$$

$t_D=81.4$ ℃时，用内插法得$\sigma_{LA}=21.1\text{mN/m}$，$\sigma_{LB}=21.54\text{mN/m}$

$$\sigma_{LDm}=0.9744\times21.1+(1-0.9744)\times21.54=21.11(\text{mN/m})$$

$t_W=110$ ℃时，查表得$\sigma_{LA}=17.66\text{mN/m}$，$\sigma_{LB}=18.41\text{mN/m}$

$$\sigma_{LWm}=0.0235\times17.66+(1-0.0235)\times18.41=18.39(\text{mN/m})$$

精馏段平均表面张力：$\sigma_{Lm1}=\dfrac{19.91+21.11}{2}=20.51(\text{mN/m})$

提馏段平均表面张力：$\sigma_{Lm2}=\dfrac{19.91+18.39}{2}=19.15(\text{mN/m})$

6. 液体平均黏度的计算

液相平均黏度计算公式：$\lg\mu_{Lm}=\sum x_i\lg\mu_i$

塔顶：$t_D=81.4$ ℃时，查表用内插法求得$\mu_A=0.304\text{mPa}\cdot\text{s}$，$\mu_B=0.308\text{mPa}\cdot\text{s}$

$$\lg\mu_{LDm}=0.9744\lg0.304+(1-0.9744)\lg0.308,\ \mu_{LDm}=0.304\text{mPa}\cdot\text{s}$$

塔底：$t_W=110$℃时，查表得$\mu_A=0.233\text{mPa}\cdot\text{s}$，$\mu_B=0.254\text{mPa}\cdot\text{s}$

$$\lg\mu_{LWm}=0.0235\lg0.233+(1-0.0235)\lg0.254,\ \mu_{LWm}=0.253\text{mPa}\cdot\text{s}$$

进料板：$t_F=96$℃时，查表可得$\mu_A=0.265\text{mPa}\cdot\text{s}$，$\mu_B=0.273\text{mPa}\cdot\text{s}$

$$\lg\mu_{LFm}=0.3358\lg0.265+(1-0.3358)\lg0.273,\ \mu_{LFm}=0.270\text{mPa}\cdot\text{s}$$

精馏段液相平均黏度：$\mu_{Lm1}=\dfrac{0.304+0.270}{2}=0.287(\text{mPa}\cdot\text{s})$

提馏段液相平均黏度：$\mu_{Lm2}=\dfrac{0.270+0.253}{2}=0.262(\text{mPa}\cdot\text{s})$

3.7.4 精馏塔主体尺寸的计算

1. 塔径的计算

精馏段气液相体积流率分别为

$$V_{S1}=\frac{VM_{Vm1}}{3600\rho_{Vm1}}=\frac{119.79\times81.515}{3600\times2.91}=0.932(\text{m}^3/\text{s})$$

$$L_{S1}=\frac{LM_{Lm1}}{3600\rho_{Lm1}}=\frac{83.27\times 83.295}{3600\times 804.185}=0.002\ 39(m^3/s)$$

提馏段气液相体积流率分别为

$$V_{S2}=\frac{V'M_{Vm2}}{3600\rho_{Vm2}}=\frac{161.38\times 88.17}{3600\times 3.32}=1.194(m^3/s)$$

$$L_{S2}=\frac{L'M_{Lm2}}{3600\rho_{Lm2}}=\frac{236.52\times 89.815}{3600\times 787.685}=0.007\ 49(m^3/s)$$

1）精馏段塔径的计算

$u_{max}=C\sqrt{\dfrac{\rho_L-\rho_V}{\rho_V}}$， $C=C_{20}\left(\dfrac{\sigma_L}{20}\right)^{0.2}$， C_{20} 查图 3-2 可得，其中

$$F_{L1V1}=\frac{L_{S1}}{V_{S1}}\left(\frac{\rho_{Lm1}}{\rho_{Vm1}}\right)^{1/2}=\frac{0.002\ 39}{0.932}\times\left(\frac{804.185}{2.91}\right)^{1/2}=0.0426$$

选板间距 $H_T=0.45m$，取板上液层高度 $h_L=0.06m$，故 $H_T-h_L=0.45-0.06=0.39(m)$，以 F_{L1V1} 为横坐标查图 3-2 得 $C_{20}=0.085$。所以，$C=C_{20}\left(\dfrac{\sigma_{Lm1}}{20}\right)^{0.2}=0.085\times\left(\dfrac{20.51}{20}\right)^{0.2}=0.085$，$u_{max}=0.085\times\sqrt{\dfrac{804.185-2.91}{2.91}}=1.41(m/s)$。取安全系数为 0.7，则空塔速度为 $u=0.7u_{max}=0.7\times 1.41=0.987(m/s)$。

塔径 $D=\sqrt{\dfrac{4V_{S1}}{\pi u}}=\sqrt{\dfrac{4\times 0.932}{3.14\times 0.987}}=1.097(m)$，按标准塔径圆整为 $D=1.2m$。

2）提馏段塔径的计算

查图的横坐标为 $F_{L2V2}=\dfrac{L_{S2}}{V_{S2}}\left(\dfrac{\rho_{Lm2}}{\rho_{Vm2}}\right)^{1/2}=\dfrac{0.007\ 49}{1.194}\times\left(\dfrac{787.685}{3.32}\right)^{1/2}=0.0966$

取板间距 $H_T=0.45m$，板上液层高度 $h_L=0.06m$，$H_T-h_L=0.45-0.06=0.39(m)$，查图得 $C_{20}=0.08$。所以，$C=C_{20}\left(\dfrac{\sigma_{LM2}}{20}\right)^{0.2}=0.08\times\left(\dfrac{19.15}{20}\right)^{0.2}=0.079$，$u_{max}=0.079\times\sqrt{\dfrac{787.685-3.32}{3.32}}=1.214(m/s)$。取安全系数为 0.7，则空塔速度为 $u=0.7u_{max}=0.7\times 1.214=0.849(m/s)$。

塔径 $D=\sqrt{\dfrac{4V_{S2}}{\pi u}}=\sqrt{\dfrac{4\times 1.194}{3.14\times 0.849}}=1.338(m)$，按标准塔径圆整为 $D=1.4m$。

塔截面积：$A_T=\dfrac{\pi}{4}D^2=\dfrac{3.14}{4}\times 1.4^2=1.54(m^2)$，实际空塔气速为 $u=\dfrac{V_{S1}}{A_T}=\dfrac{0.932}{1.54}=$

0.605(m/s)。

2. 精馏塔的有效高度的计算

精馏塔的有效高度

$$Z_{精} = (N_{精} - 1) \times H_{T} = (17 - 1) \times 0.45 = 7.2(\text{m})$$

提馏段的有效高度

$$Z_{提} = (N_{提} - 1) \times H_{T} = (13 - 1) \times 0.45 = 5.4(\text{m})$$

设置两个人孔，每个高度为 0.8m，故精馏塔的有效高度为

$$Z = Z_{精} + Z_{提} + 0.45 + 0.8 \times 2 = 14.65(\text{m})$$

3.7.5 塔板主要工艺尺寸的计算

1. 溢流装置的计算

因塔径 D=1.4m，可采用单溢流、弓形降液管、凹形受液盘及平直堰，不设进口堰。

各项计算如下：

1）溢流堰长 l_{W} 的计算

取堰长 l_{W} 为 0.66D，即 $l_{W} = 0.66 \times 1.4 = 0.924(\text{m})$ 。

2）溢流堰堰高 h_{W} 的计算

$h_{W} = h_{L} - h_{OW}$, 堰上液层高度 h_{OW} 为

$$h_{OW} = 2.84 \times 10^{-3} \cdot E\left(\frac{L_{h}}{l_{W}}\right)^{2/3}$$

取 E=1，则

$$h_{OW} = 2.84 \times 10^{-3} \times 1 \times \left(\frac{3600 \times 0.0029}{0.924}\right)^{2/3} = 0.0126(\text{m})$$

取板上清液层高度 $h_{L} = 60\text{mm}$, 故

$$h_{W} = h_{L} - h_{OW} = 0.06 - 0.0126 = 0.0474(\text{m})$$

3）降液管的宽度 W_{d} 和降液管的面积 A_{f} 的计算

由 $\frac{l_{W}}{D} = 0.66$ ，查图 3-7 得 $\frac{W_{d}}{D} = 0.124, \frac{A_{f}}{A_{T}} = 0.0722$, 故

$$W_d = 0.124D = 0.124 \times 1.4 = 0.1736(\text{m})$$

$$A_f = 0.0722A_T = 0.0722 \times 1.539 = 0.1111(\text{m})$$

计算液体在降液管中停留时间：$\theta_1 = \dfrac{A_f H_T}{L_{h1}} = \dfrac{0.111 \times 0.45}{0.002\,39} = 20.89(\text{s}) > 5\text{s}$，故降液管设计合理，所夹带气体可以释放出。

4）降液管底隙高度 h_o 的计算

取液体通过降液管底隙的流速 u_o' 为 0.11m/s，则

$$h_o = \frac{L_{S1}}{l_W u_o'} = \frac{0.002\,39}{0.924 \times 0.11} = 0.0235(\text{m})$$

$$h_{W1} - h_{o1} = 0.0474 - 0.0235 = 0.0239(\text{m}) > 0.006\text{m}$$

降液管低隙高度比溢流堰高度低 0.006m，保证降液管底液封，故降液管底隙高度设计合理。选用凹形受液盘，深度 $h_W' = 50\text{mm}$。

2. 浮阀数目、浮阀排列及塔板布置

取阀孔动能因数 $F_o = 10$，由 $F_o = u_o\sqrt{\rho_V}$ 可求阀孔气速 u_o

$$u_o = \frac{F_o}{\sqrt{\rho_V}} = \frac{10}{\sqrt{2.91}} = 5.86(\text{m/s})$$

每层塔板上浮阀个数

$$N = \frac{V_S}{\dfrac{\pi}{4}d_o^2 u_o} = \frac{0.932}{\dfrac{\pi}{4}(0.039)^2 \times 5.86} \approx 133$$

取边缘区宽度 $W_c = 0.035\text{m}$，泡沫区宽度 $W_S = 0.065\text{m}$。开孔区面积计算，即

$$A_a = 2\left(x\sqrt{R^2 - x^2} + \frac{\pi}{180}R^2 \cdot \sin^{-1}\frac{x}{R}\right)$$

其中

$$R = \frac{D}{2} - W_c = \frac{1.4}{2} - 0.035 = 0.665(\text{m})$$

$$x = \frac{D}{2} - (W_d S W_S) = \frac{1.4}{2} - (0.1736 + 0.065) = 0.4614(\text{m})$$

故

$$A_{\rm a}=2\times\left[0.4614\sqrt{0.665^2-0.4614^2}+\frac{3.14\times0.665^2}{180}\cdot\sin^{-1}\left(\frac{0.4614}{0.665}\right)\right]=1.119(\rm m^2)$$

浮阀排列方式采用等腰三角形叉排，取同一横排的孔心距 t=75mm、t'=65mm，以等腰三角形叉形排列方式作图（以 CAD 作出），则设计条件下的阀孔气速为

$$u_{\rm o}=\frac{V_{\rm S}}{N\dfrac{\pi}{4}d_{\rm o}^2}=\frac{0.932}{133\times0.785\times(0.039)^2}=5.87(\rm m/s)$$

$$F_{\rm o}=5.87\times\sqrt{2.91}=10.013$$

所以阀孔动能因数变化不大，仍在 9～12 范围内。

塔板的开孔率$=\dfrac{u}{u_{\rm o}}=\dfrac{0.605}{5.87}\times100\%=10.31\%$，开孔率在 5%～15%范围内，符合要求。

3.7.6　塔板流体力学验算

1. 气相通过浮阀塔板的阻力

计算塔板阻力，即 $h_p=h_{\rm c}+h_{\rm l}+h_\sigma$。

干板阻力：$u_{\rm oc}=\sqrt[1.825]{\dfrac{73.1}{2.91}}=5.849(\rm m/s)$

$$u_{\rm o}\geqslant u_{\rm oc}，\quad h_{\rm c}=5.34\times\frac{(5.87)^2}{2\times9.8}\times\frac{2.91}{804.185}=0.0339(\rm m)$$

板上充气液层阻力：本设备分离苯和甲苯的混合液，即液相为碳氢化合物，可取充气系数 $\varepsilon_0=0.5$，$h_{\rm l}=\varepsilon_0h_{\rm L}=0.5\times0.06=0.03(\rm m)$。

液体表面张力造成的阻力：此阻力很小，可忽略不计，因此气体流经一层浮阀塔板的压降所对应的液柱高度为 $h_p=h_{\rm c}+h_{\rm l}=0.0339+0.03=0.0639(\rm m)$。

单板阻力：$\Delta p_p=h_p\rho_{\rm L}g=0.0639\times804.185\times9.8=503.597(\rm Pa)$

2. 淹塔

为了防止淹塔现象的发生，要求控制降液管中清液层高度

$$H_{\rm d}\leqslant\varphi(H_{\rm T}+h_{\rm W})，\quad H_{\rm d}=h_p+h_{\rm L}+h_{\rm d}$$

与气体通过塔板的压降相当的液柱高度 $h_p=0.0639\rm m$，液体通过降液管的压头

损失因不设进口堰，故 $h_d = 0.153\left(\dfrac{L_{S1}}{l_W h_o}\right)^2 = 0.153\times\left(\dfrac{0.002\,39}{0.924\times 0.0235}\right)^2 = 0.001\,85(\text{m})$，板上液层高度 $h_L = 60\text{mm}$，则 $H_d = 0.0639 + 0.06 + 0.001\,85 = 0.126(\text{m})$。取 $\varphi = 0.5$，已选定 $H_T = 0.45\text{m}$，$h_W = 0.0474\text{m}$，则 $\varphi(H_T + h_W) = 0.5\times(0.45 + 0.0474) = 0.2487(\text{m})$，可见 $H_d < \varphi(H_T + h_W)$，符合防止淹塔的要求。

3. 雾沫夹带

$$泛点率=\frac{V_S\sqrt{\dfrac{\rho_V}{\rho_L-\rho_V}}+1.36L_sZ_L}{KC_FA_b}\times 100\%$$

板上液体流径长度：$Z_L = D - 2W_d = 1.4 - 2\times 0.1736 = 1.053(\text{m})$

板上液流面积：$A_b = A_T - 2A_f = 1.54 - 2\times 0.111 = 1.318(\text{m}^2)$

苯和甲苯可按正常系统查表 3-2 取物性系数 K=1.0，由图 3-12 查得泛点负荷系数 C_F=0.126，代入计算泛点率

$$泛点率=\frac{0.932\sqrt{\dfrac{2.91}{804.185-2.91}}+1.36\times 0.002\,39\times 1.053}{1.0\times 0.126\times 1.318}\times 100\% = 35.88\%$$

对于大塔，为避免过量雾沫夹带，应控制泛点率不超过 80%，计算出的泛点率都在 80%以下，故雾沫夹带量能够满足 $e_V < 0.1$kg液/kg 气的要求。

3.7.7　塔板负荷性能图

1. 雾沫夹带线

$$泛点率=\frac{V_S\sqrt{\dfrac{\rho_V}{\rho_L-\rho_V}}+1.36L_SZ_L}{KC_FA_b}\times 100\%$$

对于一定的物系及一定的塔板结构，式中的 ρ_V、ρ_L、A_b、K、C_F、Z_L 均已知，相应于 $e_V = 0.1$ 的泛点率上限值也可确定，将各已知数代入上式，便得出 $V_S - L_S$ 的关系式，据此可作出负荷性能图中雾沫夹带线，按泛点率为 80%计算如下

$$\frac{V_S\sqrt{\dfrac{2.91}{804.185-2.91}}+1.36L_S\times 1.053}{0.126\times 1.318}\times 100\% = 0.80$$

$$0.060\,26V_S + 1.432L_S = 0.1329$$

整理得 $V_S = 2.205 - 23.764L_S$，故雾末夹带线为直线。

2. 液泛线

$$\varphi(H_T + h_W) = h_p + h_L + h_d = h_c + h_1 + h_\sigma + h_L + h_d$$

由此式确定液泛线，忽略式中 h_σ，整理得

$$\varphi(H_T + h_W) = 5.34\frac{\rho_V u_o^2}{2\rho_L g} + 0.153\left(\frac{L_S}{l_W h_o}\right)^2 + (1+\varepsilon_o)\left[h_W + \frac{2.84}{1000}E\left(\frac{3600L_S}{l_W}\right)^{2/3}\right]$$

因物系一定，塔板结构尺寸一定，则 H_T、h_W、h_o、l_W、ρ_V、ρ_L、ε_o、φ 等均为定值，而 $u_o = \dfrac{V_S}{\dfrac{\pi}{4}d_o^2 N}$。

因此，可将上式简化成 V_S 与 L_S 的关系式

$$V_S^2 = 4.554 - 8320.46L_S^2 - 27.046L_S^{2/3}$$

3. 液相负荷上限线

液体的最大流量应该保证在降液管中停留时间不低于 3～5s，求出上限液体流量 L_S 值，在 V_S-L_S 图上，液相上限线是一条与气相负荷性能无关的竖直线，取 $\theta = 5$s 为液体在降液管中停留时间的下限，则

$$L_{Smax} = \frac{A_f H_T}{5} = \frac{0.111 \times 0.45}{5} = 0.009\,99(\text{m}^3/\text{s})$$

4. 漏液线

对于 F_1 型重阀，因 $F_o < 5$ 时会发生严重漏液，故取 F_o=5。

$F_o = u_o\sqrt{\rho_V} = 5$，又 $V_S = \dfrac{\pi}{4}d_o^2 N u_o$，则

$$V_{Smin} = \frac{\pi}{4}d_o^2 N \frac{5}{\sqrt{\rho_V}} = \frac{\pi}{4} \times 0.039^2 \times 133 \times \frac{5}{\sqrt{2.91}} = 0.465(\text{m}^3/\text{s})$$

5. 液相负荷下限线

取堰上液层高度 $h_{OW} = 0.006$m 作为液相负荷下限条件，依 h_{OW} 的计算式算出 L_S 的下限值，作出液相负荷下限线，该线为与气相流量无关的竖直线。

$\dfrac{2.84}{1000}E\left(\dfrac{3600L_S}{l_W}\right)^{2/3} = 0.006$，取 $E = 1.0$，则

$$L_{\min}=\left(\frac{0.006\times1000}{2.84}\right)^{3/2}\times\frac{l_{W}}{3600}=\left(\frac{0.006\times1000}{2.84\times1}\right)^{3/2}\times\frac{0.924}{3600}=0.000\ 788(\mathrm{m^3/s})$$

可作出塔板负荷性能，如图 3-21 所示。

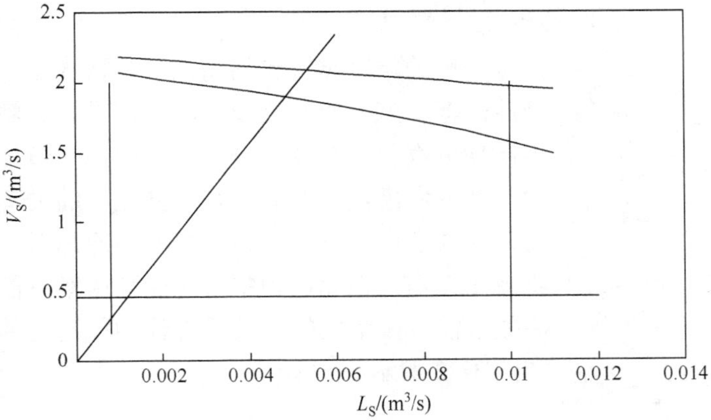

图 3-21　浮阀板精馏塔工艺设计实例塔板负荷性能图

由塔板负荷性能图可以看出，在任务规定的气液负荷下的操作点，处在适宜操作区内的适中位置。塔板的气相负荷上限完全由雾沫夹带线控制，操作下限由漏液控制。按照固定的气液比，由图可以查出气相负荷上限为 $V_{\mathrm{Smax}}=1.88\mathrm{m^3/s}$，气相负荷下限 $V_{\mathrm{Smin}}=0.465\mathrm{m^3/s}$。所以，操作弹性 $=\dfrac{1.88}{0.465}=4.04$。

3.8　筛板精馏塔工艺设计实例

3.8.1　设计任务

乙酸乙酯是一种用途广泛的精细化工产品，具有优异的溶解性、快干性，用途广泛，是一种非常重要的有机化工原料和极好的工业溶剂。其主要用途有：作为工业溶剂，用于涂料、黏合剂、乙基纤维素、人造革、油毡着色剂、人造纤维等产品中；作为黏合剂，用于印刷油墨、人造珍珠的生产；作为提取剂，用于医药、有机酸等产品的生产；作为香料原料，用于菠萝、香蕉、草莓等水果香精和威士忌、奶油等香料的主要原料。

乙酸丁酯广泛用于聚氯酯漆、丙烯酸树脂漆、硝基漆、过氧乙烯漆等稀释剂；在日光灯生产中作荧光粉黏合剂的溶剂；在涂饰剂生产中作溶剂；在医药工业中可作生产红霉素的有机溶剂；还用作樟脑、矿油、油脂、合成树脂、天然及合成橡胶、照相软片、香料等的良好溶剂。

本设计主要是针对乙酸乙酯-乙酸丁酯二元液体混合物系的分离，由于分离要求非常高，因此，选用精馏操作来实现该任务。根据对工业生产中各种常见板式塔的特点进行分析和设计任务的要求，本设计选用筛板精馏塔。

一般的精馏装置包括精馏塔、再沸器、冷凝器、釜液冷却器、产品冷却器及回流泵等设备。精馏的原理是多次部分汽化与多次部分冷凝，因此在设计和操作过程中，充分考虑热量的利用是经济生产的关键。一般情况下，热量自塔釜输入，由冷凝器和冷却器中的冷却介质将余热带走。在此过程中，热能利用率很低，如何选用高效节能、投资低的工艺是设计的关键。具体设计步骤如图 3-22 所示。

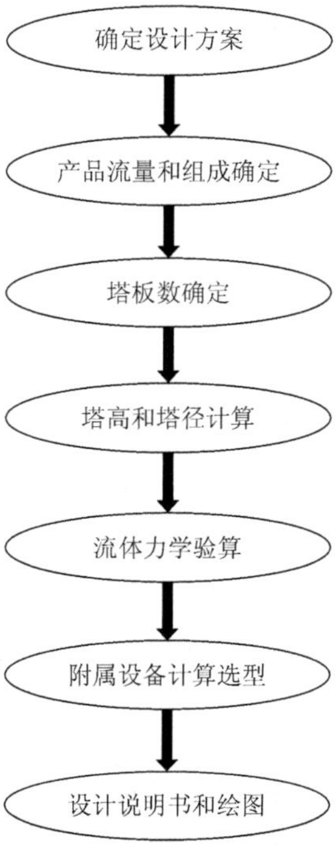

图 3-22　设计步骤

3.8.2　精馏塔工艺设计计算

1. 产品流量和组成的确定

已知：原料液的质量组成为 0.3，乙酸乙酯和乙酸丁酯的摩尔质量分别为 $M_A = 88.11$kg/kmol 和 $M_B = 116.16$ kg/kmol。

原料液的摩尔分率和流量分别为

$$x_F = \frac{w_F/M_A}{w_F/M_A + (1-w_F)/M_B} = \frac{0.300/88.11}{0.300/88.11 + 0.700/116.16} = 0.361$$

$$F = \frac{\frac{7.2\times10^6}{300\times24}\times30\%}{88.11} + \frac{\frac{7.2\times10^6}{300\times24}\times70\%}{116.16} = 9.431(\text{kmol/h})$$

所以原料液的平均摩尔质量

$$M_F = M_A x_F + M_B(1-x_F) = 106.03(\text{kg/kmol})$$

由物料衡算知

$$F = D + W \qquad ①$$

$$Fx_F = Dx_D + Wx_W \qquad ②$$

同时，已知乙酸乙酯的塔顶回收率和乙酸丁酯的塔釜回收率分别为

$$\frac{Dx_D}{Fx_F} = 95\% \qquad ③$$

$$\frac{W(1-x_W)}{F(1-x_F)} = 97\% \qquad ④$$

由式①②③④可得 D=3.415kmol/h，$x_D = 0.947$，W=6.016kmol/h，$x_W = 0.0283$。

2. 塔板数的确定

根据常压下乙酸乙酯-乙酸丁酯的溶液平衡数据，绘制 t-x-y 曲线（图 3-23）。

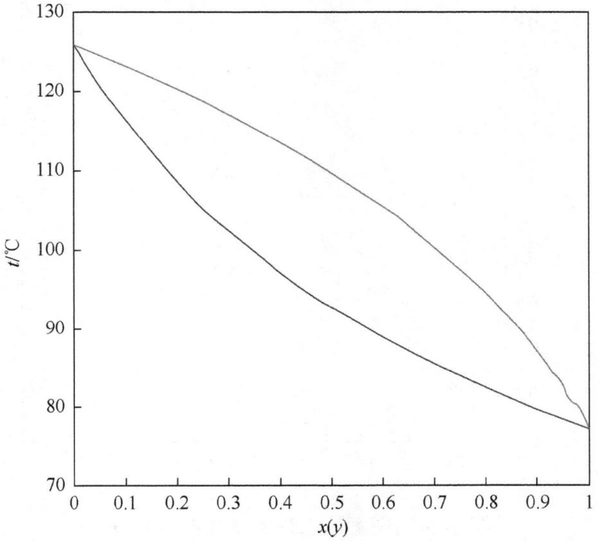

图 3-23　常压下乙酸乙酯-乙酸丁酯的 t-x-y 曲线

1）进料线方程的确定

当 x_F=0.361 时，由乙酸乙酯-乙酸丁酯的相图，查得溶液的泡点温度为 99.20℃，查得泡点温度下乙酸乙酯和乙酸丁酯的汽化热分别为 3.233×10^4kJ/kmol 和 3.679×10^4kJ/kmol，平均汽化热 $r_m = r_1x_F + r_2(1-x_F) = 3.514\times10^4$kJ/kg 。

平均温度 t_m=79.6℃下，乙酸乙酯和乙酸丁酯比热容分别为 c_{p1}=198.3 kJ/(kmol·K) 和 c_{p2}=246.3 kJ/(kmol·K)，可算得混合液体比热容

$$c_p = c_{p1}\times x_F + c_{p2}\times(1-x_F) = 228.972\text{kJ/(kmol}\cdot\text{K)}$$

所以，$q = \dfrac{c_p\Delta t + r_m}{r_m} = 1.255$，$q$ 线方程为 y=4.922x−1.416。

2）操作线方程的确定

已知回流比 R=6.8，精馏段操作线方程

$$y_{n+1} = \frac{R}{R+1}x_n - \frac{x_D}{R+1} = \frac{6.8}{6.8+1}x_n + \frac{0.947}{6.8+1}$$

简化为

$$y_{n+1} = 0.872x_n + 0.121$$

3）理论板数的求解

由图 3-24 可知，总理论板数为 5，第 3 块板为进料板，精馏段理论板数为 2，提馏段理论板数为 3（包括蒸馏釜）。

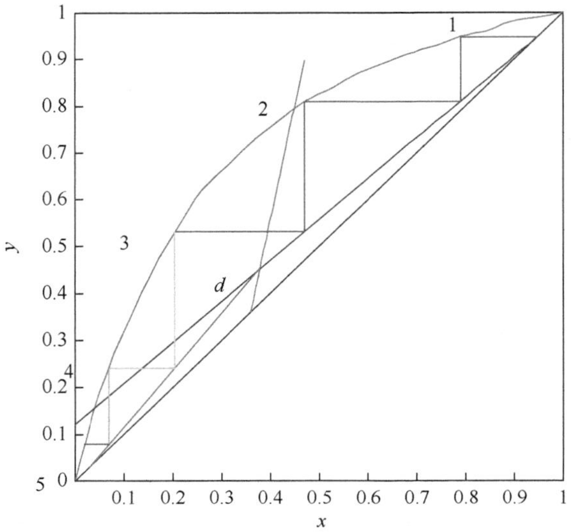

图 3-24　图解法求理论塔板数图解法

4）全塔效率的估算

用奥康奈尔（O’Conenell）法对全塔效率进行估算，根据乙酸乙酯-乙酸丁酯的相平衡数据可以查得

$$y_1 = x_D = 0.947,\quad x_1 = 0.783,\quad t_1 = 83.03℃（塔顶第一块板）$$

$$y_F = 0.721,\quad x_F = 0.361,\quad t_F = 99.20℃（加料板）$$

$$y_W = 0.108,\quad x_W = 0.0283,\quad t_W = 122.94℃（塔底）$$

由公式 $\alpha = \dfrac{y(x-1)}{x(y-1)}$，可以求得 $\alpha_1 = 4.952$，$\alpha_F = 4.574$，$\alpha_W = 4.157$。平均相对挥发度 $\alpha = \sqrt[3]{\alpha_1\alpha_F\alpha_W}$=4.549，全塔的平均温度 $t=\dfrac{t_1+t_W}{2}$=102.99（℃）。在 102.99℃下，μ_1=0.2mPa·s，μ_2=0.3mPa·s。平均组成：$x = \dfrac{0.783+0.361+0.0283}{3} = 0.391$。

根据公式 $\mu_{Lm} = \sum x_i\mu_i$，得

$$\mu_{Lm} = 0.391\times0.2 + (1-0.391)\times0.3 = 0.261(\text{mPa}\cdot\text{s})$$

由奥康奈尔关联式可得全塔效率

$$E_T = 0.49(0.261\times 4.549)^{-0.245} = 0.47$$

5）实际板数的求取

精馏段实际板数 $N_1 = \dfrac{2}{0.47} = 4.2 \approx 5$，提馏段实际板数 $N_2 = \dfrac{3}{0.47} - 1 = 5.4 \approx 6$（不包括再沸器），全塔一共需要实际塔板数 $N = N_1 + N_2 = 11$（不包括再沸器）。

3.8.3　精馏塔的工艺条件及有关物性数据的计算

1. 操作温度的计算

塔顶第一块板温度 $t_1 = 83.03$℃，进料板温度 $t_F = 99.20$℃，塔釜温度 t_W=122.94℃，精馏段平均温度 t_m=91.12℃，提馏段平均温度 $t'_m = 111.07$℃。

2. 操作压强的计算

塔顶压强 p_1=101.3kPa，取每层塔板压降 Δp=0.7kPa，进料板压强 p_F=101.325+5×0.7=104.825（kPa），塔底压强 p_W=101.325+11×0.7=109.025（kPa），精馏段平均操作压力 $p = 103.025$kPa，提馏段平均操作压力 $p' = 106.975$kPa。

3. 平均摩尔质量的计算

精馏段平均温度 $t_m = 91.12$ ℃下的组成：$x_m = 0.545$，$y_m = 0.849$

$$M_V = 0.849\times 88.11 + (1-0.849)\times 116.16 = 92.35(\text{kg/mol})$$

$$M_L = 0.545\times 88.11 + (1-0.545)\times 116.16 = 100.87(\text{kg/mol})$$

提馏段平均温度 $t'_m = 111.07$ ℃下的组成：$x'_m = 0.168$，$y'_m = 0.465$

$$M'_V = 0.465\times 88.11 + (1-0.465)\times 116.16 = 103.19(\text{kg/mol})$$

$$M'_L = 0.168\times 88.11 + (1-0.168)\times 116.16 = 111.48(\text{kg/mol})$$

4. 平均密度的计算

据理想气体状态方程计算，即

精馏段气相密度

$$\rho_V = \frac{p_V M_V}{RT_V} = \frac{103.025\times 92.35}{8.314\times(91.12+273.15)} = 3.143(\text{kg/m}^3)$$

提馏段气相密度

$$\rho'_V = \frac{p' M'_V}{RT'} = \frac{106.975\times 103.19}{8.314\times(111.07+273.15)} = 3.453(\text{kg/m}^3)$$

精馏段平均温度 $t_m = 91.12$ ℃时，$\rho_1 = 810\text{kg/m}^3$，$\rho_2 = 805.25\text{kg/m}^3$

$$w_1=\frac{0.545\times 88.11}{0.545\times 88.11+(1-0.545)\times 116.16}=0.476$$

$$\rho_L=1/\left(\frac{0.476}{810}+\frac{0.524}{805.25}\right)=807.505(\text{kg/m}^3)$$

提馏段平均温度 $t'_m=111.07$ ℃，$\rho'_1=780.50\text{kg/m}^3$，$\rho'_2=782.75\text{kg/m}^3$

$$w'_1=\frac{0.168\times 88.11}{0.168\times 88.11+(1-0.168)\times 116.16}=0.133$$

$$\rho_L=1/\left(\frac{0.133}{810}+\frac{0.867}{805.25}\right)=782.451(\text{kg/m}^3)$$

5. 液体平均表面张力的计算

液体表面张力 $\sigma_{Lm}=\sum x_i\sigma_i$，由 $t_m=91.12$ ℃，查手册得 $\sigma_1=15.5\text{mN/m}$，$\sigma_2=16.6\text{mN/m}$，精馏段平均表面张力 $\sigma=16.00\text{mN/m}$。由 $t'_m=111.07$ ℃，查手册得 $\sigma'_1=13.15\text{mN/m}$，$\sigma'_2=14.56\text{mN/m}$，提馏段平均表面张力 $\sigma'=14.32\text{mN/m}$。

6. 液体平均黏度的计算

精馏段液相平均黏度的计算，由 $t_m=91.12$ ℃，$\mu_1=0.242\text{mPa}\cdot\text{s}$，$\mu_2=0.360\text{mPa}\cdot\text{s}$，可得 $\mu_m=0.296\text{mPa}\cdot\text{s}$。提馏段液相平均黏度的计算，由 $t'_m=111.07$ ℃，查手册得 $\mu'_1=0.188\text{mPa}\cdot\text{s}$，$\mu'_2=0.278\text{mPa}\cdot\text{s}$，所以，$\mu'_m=0.267\text{mPa}\cdot\text{s}$。

计算所得的基本物性数据见表 3-11。

表 3-11 基本物性数据

名称	精馏段	提馏段
平均温度/℃	91.12	111.07
平均压力/kPa	103.025	106.925
液体平均摩尔质量/（kg/mol）	100.87	111.48
气体平均摩尔质量/（kg/mol）	92.35	103.19
气相平均密度/（kg/m^3）	3.143	3.453
液相平均密度/（kg/m^3）	807.505	782.451
平均表面张力/（mN/m）	16.00	14.32
平均黏度/（mPa·s）	0.296	0.267

3.8.4 精馏塔主体尺寸的计算

1. 塔径的计算

精馏段的气、液相体积流率为

$$V_S=\frac{VM_V}{3600\rho_V}=\frac{(6.8+1)\times3.415\times92.35}{3600\times3.143}=0.217(m^3/s)$$

$$L_S=\frac{LM_{L1}}{3600\rho_{L1}}=\frac{6.8\times3.415\times100.87}{3600\times807.505}=0.000\,806(m^3/s)$$

提馏段的气、液相体积流率为

$$V_S'=\frac{V'M_V'}{3600\rho_V'}=\frac{[(6.8+1)\times3.415+(1.255-1)\times9.431]\times103.17}{3600\times3.453}=0.241(m^3/s)$$

$$L_S'=\frac{L'M_{L1}'}{3600\rho_{L1}'}=\frac{(6.8\times3.415+1.255\times9.431)\times111.448}{3600\times782.451}=0.001\,39(m^3/s)$$

1）精馏段塔径的计算

首先计算 $F_{L,V}=\frac{L_h}{V_h}\left(\frac{\rho_L}{\rho_V}\right)^{1/2}=0.059$，选板间距 $H_T=0.35m$，取板上液层高度 $h_L=0.05m$，$H_T-h_L=0.30m$，而 $C_{20}=0.06$，$C=C_{20}\left(\frac{\sigma_L}{20}\right)^{0.2}=0.0574$，计算 $u_{max}=C\sqrt{\frac{\rho_L-\rho_V}{\rho_V}}=0.918m/s$。取安全系数为 0.7，则空塔速率 $u=0.7u_{max}=0.642m/s$。因此，塔径 $D=\sqrt{\frac{4V_s}{\pi u}}=0.656m$。

2）提馏段塔径的计算

首先计算 $F_{L,V}'=\frac{L_h'}{V_h'}\left(\frac{\rho_L'}{\rho_V'}\right)^{1/2}=0.057$，选板间距 $H_T=0.35m$，取板上液层高度 $h_L=0.05m$，$H_T-h_L=0.30m$，而 $C_{20}'=0.057$，$C'=C_{20}'\left(\frac{\sigma_L'}{20}\right)^{0.2}=0.0533$，计算 $u_{max}'=0.801m/s$。取安全系数为 0.7，则空塔速度 $u'=0.7u_{max}'=0.561m/s$。因此，塔径 $D'=\sqrt{\frac{4V_S'}{\pi u'}}=0.740m$。

精馏段和提馏段塔径都按标准塔径圆整为 0.7m。塔截面积为 $A_T=\frac{\pi}{4}D^2=0.3848m^2$，实际空塔气速 $u=\frac{V_S}{A_T}=0.566m/s$，$u'=\frac{V_S'}{A_T}=0.631m/s$。

2. 精馏塔有效高度的计算

精馏塔有效高度的计算公式为 $Z=H_P+(N-2-S)H_T+SH_T'+H_F+H_W$，已知实际塔板数为 N=11，板间距为 0.35m，精馏段提馏段各开一人孔，则人孔的数目 S 为 2。取人孔两板之间的间距为 0.8m，则塔顶空间 $H_P=0.65m$，塔底空间

$H_W = 1.5\text{m}$，进料板空间高度 $H_F = 0.65\text{m}$，那么，全塔高度为 6.85m。

3.8.5 塔板主要工艺尺寸的计算

1. 溢流装置计算

由于塔径 D=0.7m，故可采用单溢流、弓形降液管，选用平直堰，不设进口堰。取堰长 l_W 为 0.7D，即 $l_W = 0.7 \times 0.7 = 0.49(\text{m})$。溢流堰堰高 $h_W = h_L - h_{OW}$，取 E=1.0，则

$$h_{OW} = 2.84 \times 10^{-3} \times E\left(\frac{L_h}{l_W}\right)^{2/3} = 0.009\,26(\text{m})$$

取板上清液层高度 $h_L = 50\text{mm}$，故 $h_W = 0.0407\text{m}$，$h'_W = 0.0366\text{m}$。由 $\frac{l_W}{D} = 0.7$，查图 3-7 得 $\frac{W_d}{D} = 0.15$，$\frac{A_f}{A_T} = 0.09$，故降液管的宽度 $W_d = 0.15D = 0.105\text{m}$，降液管的面积 $A_f = 0.09A_T = 0.035\text{m}^2$。计算液体在降液管中停留时间

$$\theta = \frac{3600A_f H_T}{L_S} = \frac{3600 \times 0.035 \times 0.35}{0.000\,806 \times 3600} = 15.2(\text{s}) > 5\text{s}$$

$$\theta' = \frac{3600A'_f H_T}{L'_S} = \frac{3600 \times 0.035 \times 0.35}{0.001\,39 \times 3600} = 8.8(\text{s}) > 5\text{s}$$

降液管底隙高度 h_o=h_W–0.006=0.0401m，$h'_o = h'_W - 0.006 = 0.0366 - 0.006 = 0.0360$（m）。

2. 筛孔数目、筛孔排列及塔板布置

本设计塔径 D=0.7m，因 $D \leqslant 800\text{mm}$，故塔板采用整块式。取安定区宽度 $W_s = 0.04\text{m}$，取边缘区宽度 $W_c = 0.03\text{m}$。开孔区面积

$$A_a = 2\left(x\sqrt{r^2 - x^2} + \frac{\pi}{180}r^2 \cdot \sin^{-1}\frac{x}{r}\right)$$

其中

$$x = \frac{D}{2} - (W_d + W_s) = \frac{0.7}{2} - (0.105 + 0.04) = 0.205(\text{m})$$

$$r = \frac{D}{2} - W_c = \frac{0.7}{2} - 0.03 = 0.32(\text{m})$$

因此，开孔区面积为 A_a=0.2431 m^2。

本设计研究的物系基本上没有腐蚀性，可选用 $\delta = 3\text{mm}$ 碳钢板，取筛孔直径 $d_o = 8\text{mm}$，筛孔按正三角形排列，取筛孔的中心距 $t = 3d_o = 24\text{mm}$，开孔率

$\varphi = A_o / A_a = 0.907\left(\dfrac{d_o}{t}\right)^2 = 10.08\%$，开孔区面积 $A_o = \varphi A_a = 0.0245\text{m}^2$，气体通过筛孔的气速 $u_o = V_S / A_o = \dfrac{0.217}{0.0245} = 8.86$（m/s），$u_o' = V_S' / A_o = \dfrac{0.241}{0.0245} = 9.84$（m/s）。

因此，开孔个数 $n = \dfrac{A_o}{\dfrac{\pi}{4}d_o^2} = \dfrac{0.0245}{\dfrac{3.14}{4} \times 0.008^2} = 488$。

3.8.6　塔板流体力学验算

1. 单板阻力

1）精馏段单板阻力

$d_o / \delta = 8/3 = 2.67$，由图 3-13 查得 $C_o = 0.75$，则干板阻力 $h_c = 0.051\left(\dfrac{8.847}{0.75}\right)^2 \times \left(\dfrac{3.143}{807.505}\right)$=0.0276m 液柱。$u_a = \dfrac{V_S}{A_T - A_f} = 0.620\text{m/s}$，$F_o = 1.099$，查设计手册得气体通过液层的阻力 $h_l = 0.045\text{m}$ 液柱。液体表面张力的阻力 $h_\sigma = \dfrac{4\sigma_m}{\rho_{L1} g d_o}$=0.01 m液柱。气体通过每层塔板的液柱高度 $h_p = h_c + h_l + h_\sigma$=0.0736m 液柱。气体通过每层塔板的压降 $\Delta p = \rho h_p g = 583.06\text{Pa} < 700\text{Pa}$，所设计的塔板的塔板压降在估算范围之内。

2）提馏段单板阻力

取 $d_o / \delta = 8/4 = 2$，可查史密斯关联图得 $C_o = 0.75$，则干板阻力 $h_c' = 0.051 \times \left(\dfrac{9.907}{0.75}\right)^2 \times \left(\dfrac{3.428}{782.451}\right)$=0.0386m液柱。$u_a' = \dfrac{V_S'}{A_T - A_f} = \dfrac{0.241}{0.3848 - 0.035} = 0.689(\text{m/s})$，$F_o = 0.689\sqrt{3.453} = 1.096$，查设计手册得 h_l'=0.045m 液柱。液体表面张力的阻力 $h_\sigma' = \dfrac{4\sigma'}{\rho' g d_o} = 0.000\ 93\text{m}$液柱。气体通过每层塔板的液柱高度 $h_p = h_c + h_l + h_\sigma =$ 0.0849m 液柱。气体通过每层塔板的压降 $\Delta p' = \rho h_p g = 651.58\text{Pa} < 700\text{Pa}$。因此，计算结果在设计允许范围之内。

2. 液面落差

对于筛板塔，液面落差很小，且本例的塔径和液流量均不大，故可忽略液面落差的影响。

3. 雾沫夹带

$h_f = 2.5h_L = 2.5 \times 0.05 = 0.125(\text{m})$，雾沫夹带量 $e_V = \dfrac{5.7 \times 10^{-6}}{\sigma_m}\left(\dfrac{u_a}{H_T - h_f}\right)^{3.2} =$

0.009 13(kg/kg)<0.1kg/kg。同理，提馏段的雾沫夹带量e_V' =0.0143(kg/kg)< 0.1kg/kg。

4. 漏液

对筛板塔，漏液点气速

$$u_{o,min}=4.4C_o\sqrt{(0.0056+0.13h_L-h_\sigma)\rho_{L1}/\rho_{V1}}=5.57\text{m/s}$$

实际孔速$u_o=8.847\text{m/s}>u_{o,min}$。同理，提馏段的漏液点气速$u'_{o,min}=5.25\text{m/s}$，而$u_o'=9.716\text{m/s}>u'_{o,min}$，故稳定系数$K=\dfrac{u_o}{u_{o,min}}=\dfrac{8.847}{5.57}=1.6>1.5$。同理，提馏段的稳定系数$K'=1.9>1.5$。所以，设计的塔板上不存在明显漏液。

5. 液泛

乙酸乙酯-乙酸丁酯体系属于一般物系，取$\varphi=0.5$，所以精馏段$\varphi(H_T+h_W)=$ 0.156 m，提馏段$\varphi(H_T+h_W')=0.155\text{m}$。而$H_d=h_p+h_L+h_d$，板上不设进口堰

$$h_d=0.153(u_0')^2=0.000\ 979\text{m液柱}$$

$$H_d=0.0736+0.05+0.000\ 979=0.125(\text{m液柱})$$

精馏段降液管内液层高$H_d\leqslant\varphi(H_T+h_W)$，可以防止塔内发生液泛。提馏段$h_d'=0.000\ 979\text{m}$液柱，$H_d'=0.136\text{m}$液柱，精馏段降液管内液层高$H_d'\leqslant\varphi(H_T+h_W')$，可以防止塔内发生液泛。

3.8.7 塔板负荷性能图

1. 精馏段塔板负荷性能图

1）漏液线

精馏塔的漏液线由$u_{o,min}=4.4C_o\sqrt{(0.0056+0.13h_L-h_\sigma)\rho_{L1}/\rho_{V1}}$计算，其中$u_{o,min}=\dfrac{V_{Smin}}{A_o}$，$h_L=h_W+h_{OW}$，$h_{OW}=\dfrac{2.84}{1000}E\left(\dfrac{L_h}{l_W}\right)^{\frac{2}{3}}$，可以得出

$$V_{Smin}=4.4\times C_oA_o\sqrt{\frac{\left[0.0056+0.13\left(h_W+\dfrac{2.84}{1000}(L_h/0.49)\right)-h_\sigma\right]\rho_L}{\rho_V}}$$

$$=1.297\sqrt{0.009\ 891-0.1395L_S^{2/3}}$$

根据此式可以作出漏液线，如图 3-25 中线 1 所示。

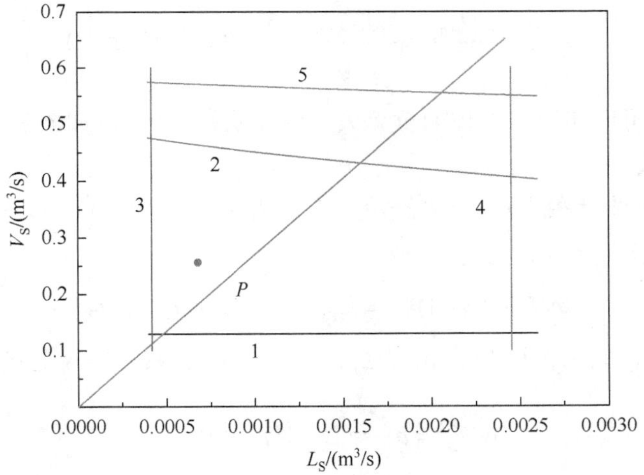

图 3-25　筛板精馏塔工艺设计实例精馏段塔板负荷性能图

2）液沫夹带线

以 $e_V = 0.1$kg液/kg气为液沫夹带的界限，$e_V = \dfrac{5.7\times10^{-6}}{\sigma_m}\times\left(\dfrac{u_a}{H_T - h_f}\right)^{3.2} = 0.1$，

其中，$h_W = 0.0407\text{m}$，$h_{OW} = \dfrac{2.84}{1000}\times1\times\left(\dfrac{3600L_S}{0.49}\right)^{\frac{2}{3}} = 1.073L_S^{\frac{2}{3}}$，$h_f = 2.5h_L = 2.5\times(h_W + h_{OW}) = 0.1018 + 2.683L_S^{\frac{2}{3}}$，$H_T - h_f = 0.35 - 0.1018 - 2.683L_S^{\frac{2}{3}} = 0.2482 - 2.683L_S^{\frac{2}{3}}$，

$u_a = \dfrac{V_S}{A_T - A_f} = 2.859V_S$。

整理得 $V_S = 0.5054 - 5.464L_S^{2/3}$，根据此式可以作出雾沫夹带线，如图 3-25 中线 2 所示。

3）液相负荷下限线

对于平直堰，取堰上液层高度 $h_{OW} = 0.006\text{m}$ 作为最小液体负荷标准。此时

$$h_{OW} = \frac{2.84}{1000}E\left(\frac{3600L_S}{l_W}\right)^{2/3} = 0.006\text{m}$$

取 E=1，则

$$L_{S\min} = \left(\frac{0.006\times1000}{2.84}\right)^{3/2}\frac{0.49}{3600} = 0.000\,418(\text{m}^3/\text{s})$$

根据此式可以作出与气体流量无关的液相负荷下限线，如图 3-25 中线 3 所示。

4）液相负荷上限线

以 θ=5s 作为液体在降液管中停留时间的下限，因此，$\theta = \dfrac{A_f H_T}{L_S} = 5\text{s}$，则

$$L_{\mathrm{Smax}}=\frac{A_{\mathrm{f}}H_{\mathrm{T}}}{\theta}=\frac{0.035\times0.35}{5}=0.002\,45(\mathrm{m}^3/\mathrm{s})$$

根据此式可以作出与气体流量无关的液相负荷上限线，如图 3-25 中线 4 所示。

5）液泛线

令 $H_{\mathrm{d}}=\varphi(H_{\mathrm{T}}+h_{\mathrm{W}})$，由 $H_{\mathrm{d}}=h_p+h_{\mathrm{L}}+h_{\mathrm{d}}$，$h_p=h_{\mathrm{c}}+h_1+h_\sigma$，$h_1=0.045$，$h_{\mathrm{L}}=h_{\mathrm{W}}+h_{\mathrm{OW}}$ 联立得

$$\varphi H_{\mathrm{T}}+(\varphi-1)h_{\mathrm{W}}=h_{\mathrm{OW}}+h_{\mathrm{c}}+h_{\mathrm{d}}+h_\sigma+0.045$$

若忽略 h_σ，将 h_{OW} 与 L_{S}，h_{d} 与 L_{s}，h_{c} 与 V_{S} 的关系式代入上式，并整理得

$$a'V_{\mathrm{S}}^2=b'-c'L_{\mathrm{S}}^2-d'L_{\mathrm{S}}^{\frac{2}{3}}+0.045$$

其中

$$a'=\frac{0.051}{(A_{\mathrm{o}}c_{\mathrm{o}})^2}\left(\frac{\rho_{\mathrm{V1}}}{\rho_{\mathrm{L1}}}\right)\frac{0.051}{(0.1009\times0.2431\times0.75)^2}\times\left(\frac{3.143}{807.505}\right)=0.5865$$

$$b'=\varphi H_{\mathrm{T}}+(\varphi-1)h_{\mathrm{W}}=0.5\times0.35+(0.5-1)\times0.0407=0.1547$$

$$c'=0.153/(l_{\mathrm{W}}h_{\mathrm{o}})^2=\frac{0.153}{(0.49\times0.0401)^2}=396.288$$

$$d'=2.84\times10^{-3}E\left(\frac{3600}{l_{\mathrm{W}}}\right)^{\frac{2}{3}}=2.84\times10^{-3}\times1\times\left(\frac{3600}{0.49}\right)^{\frac{2}{3}}=1.073$$

整理得

$$0.5865V_{\mathrm{S}}^2=0.1997-396.288L_{\mathrm{S}}^2-1.073L_{\mathrm{S}}^{\frac{2}{3}}$$

根据此式可以作出液泛线，如图 3-25 中线 5 所示。

由塔板负荷性能图 3-25 可知，塔的操作弹性为 3.6，弹性较大，设计结果满足任务要求。

2. 提馏段塔板负荷性能图

1）漏液线

提馏段的漏液线由 $u_{\mathrm{o,min}}=4.4C_{\mathrm{o}}\sqrt{(0.0056+0.13h_{\mathrm{L}}-h_\sigma)\rho_{\mathrm{L1}}/\rho_{\mathrm{V1}}}$ 计算得

$$V'_{\mathrm{Smin}}=1.297\sqrt{0.009\,891-0.1395L'^{2/3}_{\mathrm{S}}}$$

根据此式可以作出漏液线，如图 3-26 中线 1 所示。

2）液沫夹带线

方法同精馏段液沫夹带线计算，得出 $V'_{\mathrm{S}}=0.5085-5.277L_{\mathrm{S}}^{\frac{2}{3}}$，根据此式可以作出雾沫夹带线，如图 3-26 中线 2 所示。

3）液相负荷下限线

对于平直堰，取堰上液层高度 $h'_{OW}=0.006\text{m}$ 作为最小液体负荷标准。由 $h'_{OW}=\dfrac{2.84}{1000}E\left(\dfrac{3600L'_S}{l'_W}\right)^{\frac{2}{3}}=0.006\text{m}$，取 E=1，则 $L'_{S\min}=0.000\,418\text{m}^3/\text{s}$，根据此式可以作出与气体流量无关的垂直液相负荷下限线，如图 3-26 中线 3 所示。

4）液相负荷上限线

方法同精馏段液相负荷上限线计算，可得出 $L'_{S\min}=\dfrac{A_f\times H_T}{\theta}=\dfrac{0.035\times0.35}{5}=0.002\,45(\text{m}^3/\text{s})$，根据此式可以作出与气体流量无关的垂直液相负荷上限线，如图 3-26 中线 4 所示。

5）液泛线

方法同精馏段液泛线计算，整理得 $0.665V_S^2=0.2017-491.693L_S'^2-1.073L_S'^{\frac{2}{3}}$，根据此式可以作出液泛线，如图 3-26 中线 5 所示。

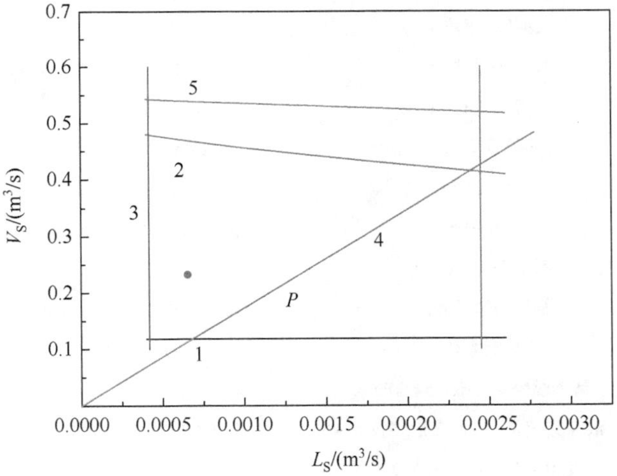

图 3-26　筛板精馏塔工艺设计实例提馏段塔板负荷性能图

由塔板负荷性能图可知，塔的操作弹性为 3.4，弹性较大，设计结果满足任务要求。筛板塔设计计算结果汇总表见表 3-12。

表 3-12　筛板塔设计计算结果

序号	项目	精馏段	提馏段
1	平均温度/℃	91.12	111.07
3	平均压力/kPa	103.075	106.925
5	气相流量/（m^3/s）	0.217	0.241

续表

序号	项目	精馏段	提馏段
7	液相流量/（m^3/s）	0.000 806	0.001 39
9	实际塔板数	11	
10	有效段高度/m	6.85	
11	精馏塔塔径/m	0.7	
12	板间距/m	0.35	
13	溢流形式	单溢流	
14	降液管形式	弓形	
15	堰长/m	0.49	
16	堰高/m	0.040 7	
17	板上液层高度/m	0.05	0.05
19	堰上液层高度/m	0.009 30	0.013 4
21	降液管底隙高度/m	0.040 1	0.036 6
23	安定区宽度/m	0.04	
24	边缘区宽度/m	0.03	
25	开孔区面积/m^2	0.243 1	
26	筛孔直径/m	0.008	
27	筛孔数目	488	
28	孔中心距/m	0.024	
29	开孔率/%	10.09	
30	空塔气速/（m/s）	0.566	0.631
31	筛孔气速/（m/s）	8.847	9.825
32	稳定系数	1.59	1.85
33	精馏段每层塔板压降/kPa	0.583	0.651
34	液沫夹带量/（kg 液/kg 气）	0.009 13	0.014 3
35	液相负荷上限/（m^3/s）	0.002 45	0.002 45
36	液相负荷下限/（m^3/s）	0.000 418	0.000 418
37	操作弹性	3.6	3.4

3.8.8 附属设备设计

1. 接管

1）进料管

在 60℃时， $\rho_1 = 851\text{kg/m}^3$，$\rho_2 = 840\text{kg/m}^3$，$w_1$=0.3，$\rho_L = 1/\left(\dfrac{0.3}{851}+\dfrac{0.7}{840}\right)=$

843.27(kg/m³)，而进料量 $L=\dfrac{1000}{3600\times843.27}=0.000\,33(\mathrm{m^3/s})$，根据 $D=\sqrt{\dfrac{4V_S}{\pi u_F}}$，且取 $u_F=1.6\mathrm{m/s}$ 时，进料管直径 d=16mm，因此，可选择进料管 ϕ22mm×3mm 冷轧无缝钢管，此时管内液体流速为 1.6m/s。

2）回流管

在 78.57℃时，ρ_1=830kg/m³，ρ_2=820kg/m³，$w_1=\dfrac{0.947\times88.11}{0.947\times88.11+(1-0.947)\times116.16}=$0.9313，液体平均密度 $\rho_{Lm}=1/\left(\dfrac{0.9313}{830}+\dfrac{0.0687}{820}\right)$=829.31(kg/m³)。$L=\dfrac{RD\bar{M}_D}{3600\times843.27}=$0.000 697(m³/s)，根据 $D=\sqrt{\dfrac{4V_S}{\pi u_F}}$，且取 u=1.6m/s 时，回流管直径 d=23.6mm。因此，可选择回流管 ϕ30mm×3mm 冷轧无缝钢管，此时管内液体流速为 1.54m/s。

3）塔顶蒸汽出口管

由前面计算可知，塔顶 $\rho_{sv}=\dfrac{pM}{RT}=\dfrac{109.025\times89.597}{8.314\times(83.03+273.15)}=3.065$（kg/m³），而塔顶上升蒸汽的体积流量 $V=\dfrac{(R+1)DM_D}{\rho}=0.216\mathrm{m^3/s}$，取适当流速 u=25m/s，则塔顶蒸汽出口管直径 d=105mm。因此，可选择进料管 ϕ110mm×3mm 冷轧无缝钢管，此时管内蒸汽流速为 25.43m/s。

4）塔底出料管

在 122.94℃时，ρ_1=765.5kg/m³，ρ_2=772.5kg/m³，x_W=0.0283，计算 w_1=0.0216，ρ_L=772.3kg/m³，$L=\dfrac{W\bar{M}}{\rho}=0.000\,25\mathrm{m^3/s}$，取适当流速 u=0.5m/s 时，塔底出料管直径 d=25mm。因此，可选择进料管 ϕ30mm×3mm 冷轧无缝钢管，此时管内液体流速为 0.55m/s。

5）塔顶蒸汽出料管

塔顶 $t=125.2$ ℃时，$y=0.0283$，$M=115.36\mathrm{kg/kmol}$，可知 $\rho=\dfrac{pM}{RT}$=3.798kg/m³，塔顶上升蒸汽的体积流量 $V=\dfrac{[(R+1)D+(q-1)F]M}{\rho}=0.245\mathrm{m^3/s}$。取适当流速 u=25m/s，则塔顶蒸气出料管直径 d=112mm。因此，可选择进料管 ϕ120mm×3mm 冷轧无缝钢管，此时管内液体流速为 24m/s。

2. 换热器的计算

1）塔顶冷凝器设计

已知塔顶有机蒸气从温度 $T_1=83.03$ ℃冷却到 $T_2=78.56$ ℃，其平均温度为

$\overline{T}=80.8$ ℃，80.8℃下有机液体的比热容数据见表 3-13。

表 3-13　80.8℃下有机液体的比热容

名称	乙酸乙酯	乙酸丁酯
c_p/[kJ/(mol·K)]	198	248
r/(kJ/mol)	32.23	36.79

由表 3-13，得平均比热容

$$\overline{c_p}=0.947\times198+(1-0.947)\times248=200.65[\text{kJ/(mol}\cdot\text{K)}]$$

$$\overline{r}=0.947\times32.23+(1-0.947)\times36.79=32.47(\text{kJ/mol})$$

冷却水的入口温度为 20℃，出口温度为 30℃，故其定性温度 $t=(20+30)/2=25$ ℃，25℃下水的物性参数见表 3-14。

表 3-14　20℃下水的物性参数

ρ / (kg/m^3)	c_p /[kJ/ (kg·℃)]	μ / (mPa·s)	λ /[W/ (m·℃)]
997	4.1785	0.9028	0.6082

换热器总换热量 $Q=V\overline{r}+V\overline{Mc_p}(T_1-T_2)=246.92\text{kW}$，若忽略换热器的热损失，冷却水的流量 $W_c=\dfrac{Q}{c_{p,c}(t_2-t_1)}=5.91\text{kg/s}$。

先按理想逆流传热温差进行计算，对逆流传热温差进行校正

$$\Delta t'_m=\frac{\Delta t_2-\Delta t_1}{\ln\dfrac{\Delta t_2}{\Delta t_1}}=\frac{(83.03-78.56)-(30-20)}{\ln\dfrac{83.03-78.56}{30-20}}=55.75\,(℃)$$

参照列管式换热器中 K 的大致范围，根据两流体的具体情况，初步选定总传热系数 K=300W/(m^2·℃)，于是换热器传热面积可初步算出 $S=\dfrac{Q}{K\Delta t_m}=\dfrac{246\,920}{300\times55.75}=14.76(\text{m}^2)$，取安全系数为 0.8，则需要换热器面积为 $S=\dfrac{S}{0.8}=\dfrac{14.76}{0.8}=18.46(\text{m}^2)$。

（1）管径与管内的流速。目前我国列管式换热器系列标准中，所采用的无缝钢管规格多为 ϕ19mm×2mm 和 ϕ25mm×2.5mm 两种。在此选择 ϕ25mm×2.5mm 传热管，取管内流速 u=0.5m/s。

（2）管程数与传热管数。根据传热管内径及管内流速来确定单程传热管数

$N_S = \dfrac{V}{\dfrac{\pi}{4}d_i^2 u_i} = 23.61 \approx 24$（根），按此计算换热管长度 $L = \dfrac{S}{\pi d_o n} = 9.8$（m）。可知换热管过长，易用多管程结构。工程上常用的有 1500mm、2000mm、3000mm、4500mm、6000mm、9000mm，现取 l=6000mm，则管程数 $N_p=L/l=1.65$，取 2。则所需换热管总数 $N=N_pN_S=2\times24=48$（根）。管内流速核算，$u = \dfrac{4V_S}{\pi d_i^2 N_S} = 0.792\text{(m/s)} \approx 0.8\text{(m/s)}$，符合要求。

（3）传热管排布。换热管在管板上可按正三角形、正方形直列和正方形错列排列。正三角形排列较紧凑，管外流体湍动程度高，传热分系数大；正方形排列管外清洁方便。本换热器采用正三角形排列，管间距 32mm，则横过管束中心线的管数 $n_c = 1.1\sqrt{N} = 1.1\times\sqrt{48} \approx 8$（根）。

（4）壳体内径。对于多管程结构，壳体内径 $D = 1.05\times P_t \times \sqrt{\dfrac{N}{\eta}} = 1.05\times32\times\sqrt{\dfrac{48}{0.75}} = 269\text{(mm)}$，圆整后 D=300mm。其中 η 是管板利用率，对于三角形排列四管程为 0.6～0.8。根据上述计算数据，参照 JB/T 4715—1992《固定管板式换热器型式与基本参数》，选出适合的换热器类型，结果见表 3-15。

表 3-15　换热器型号及参数表

项目	结果	项目	结果
壳径/mm	300	管子尺寸	ϕ 25mm×2.5mm
公称压力/kPa	1.6	管长/m	6
计算换热面积/m^2	21.4	管子总数	48
管程数	2	管子排列方式	正三角形
壳程数	1	折流挡板形式	弓形

那么，所选换热器标准换热面积 $S_{标} = N_p \pi d_o l N_S = 37.43\text{(m}^2)$，可以满足换热要求。

取 $u = 10\text{m/s}$，壳程进出口接管管径 $d = \sqrt{\dfrac{4V}{\pi u}} = 166\text{(mm)}$，取壳程进出口接管管径为 166mm。取 u=1m/s，管程进出口接管管径 d=96mm，取管程进出口接管管径为 96mm。

2）塔底再沸器的选型

（1）确定总换热量。塔底再沸器进口有机混合物由 T_1=122.94℃加热到 T_2=

122.94℃的饱和蒸气，其中纯组分的汽化热 r_1=32.23kJ/kmol，r_2=36.79kJ/kmol，则乙酸乙酯和乙酸丁酯混合物的汽化潜热 $r_m = \sum_{i=1}^{2} x_i r_i = 36.66\times10^3$ kJ/kmol，换热器总换热量 $Q = V'r_m = 295.74$kJ/s。

（2）计算两流体的平均温度差。按逆流传热温差进行计算

$$\Delta t'_m = \frac{\Delta t_2 - \Delta t_1}{\ln\dfrac{\Delta t_2}{\Delta t_1}} = 22.53\ (℃)$$

（3）确定传热面积。参照列管式换热器中 K 的大致范围，根据两流体的具体情况，初步选定总传热系数 K=500W/（m^2·℃），换热器的传热面积可初步确定 $S = \dfrac{Q}{K\Delta t_m} = 26.25\text{m}^2$。取安全系数为 0.8，则换热面积 $S' = \dfrac{S}{0.8} = 32.8\text{m}^2$。根据上述计算数据，参照 JB/T 4715—1992《固定管板式换热器 型式与基本参数》，选出适合的换热器类型，结果见表 3-16。

表 3-16　换热器型号及参数表

项目	结果	项目	结果
壳径/mm	400	管子尺寸	ϕ 25mm×2.5mm
公称压力/kPa	1.6	管长/m	4.5
计算换热面积/m^2	33.8	管子总数	96
管程数	1	管子排列方式	正三角形
壳程数	1	折流挡板形式	弓形

3）塔顶产品冷却器选型

塔顶冷却器将产品由 t_1=78.56℃冷却到 t_2=40℃，其平均温度 $\bar{t} = \dfrac{t_1 + t_2}{2} = 59.28$（℃），59.28℃下有机液体的比热容值见表 3-17。

表 3-17　59.28℃下有机液体的比热容值

名称	乙酸乙酯	乙酸丁酯
c_p /[kJ/(mol·K)]	188	234

由表 3-17，得平均比热容

$$\overline{c_p} = 0.9472\times188 + (1-0.9472)\times234 = 190.44[\text{kJ/(mol·K)}]$$

热负荷

$Q=W\times\overline{c_p}\times(t_2-t_1)=D\times\overline{c_p}\times(T_1-T_2)=3.415\times190.44\times(78.56-40)=69\,660(\text{W})$

两流体的平均温度差计算，先按理想逆流传热温差进行计算，对逆流传热温差进行校正。

$$\Delta t'_{\text{m}}=\frac{\Delta t_2-\Delta t_1}{\ln\dfrac{\Delta t_2}{\Delta t_1}}=\frac{(78.56-30)-(40-20)}{\ln\dfrac{78.56-30}{40-20}}=32.196(℃)$$

$$R=\frac{T_1-T_2}{t_2-t_1}=\frac{78.56-40}{30-20}=3.856$$

$$P=\frac{t_2-t_1}{T_1-t_1}=\frac{30-20}{78.56-20}=0.259$$

由 R 和 P 查温度校正系数图，假设为单壳程，温度校正系数 $\varphi_{\Delta t}=0.85>0.8$，所以要选用单壳程。因此，校正后的温度为 $\Delta t_{\text{m}}=\Delta t'_{\text{m}}\varphi_{\Delta t}=27.367$ ℃。

参照列管式换热器中 K 范围，根据两流体的具体情况，初步选定总传热系数 K=500W/（m^2·℃），换热器的传热面积可初步确定，$S=\dfrac{Q}{K\Delta t_{\text{m}}}=0.579(\text{m}^2)$。取安全系数为 0.8，可得换热面积 $S'=\dfrac{S}{0.8}=0.724\text{m}^2$。

根据上述计算数据，参照 JB/T4715—1992《固定管板式换热器 型式与基本参数》，选出适合的换热器类型，结果见表 3-18。

表 3-18　换热器型号及参数表

项目	结果	项目	结果
壳径/mm	273	管子尺寸	ϕ 25mm×2.5mm
公称压力/kPa	1.6	管长/m	1.5
计算换热面积/m^2	3.5	管子总数	32
管程数	2	管子排列方式	正三角形
壳程数	1	折流挡板形式	弓形

4）塔底产品冷却器选型

将产品由 $t'_1=123.5$ ℃冷却到 $t'_2=40$ ℃，$\overline{t'}=\dfrac{t'_1+t'_2}{2}=81.75$ ℃。

81.75℃下有机液体的比热容值见表 3-19。由表 3-19，得平均比热容

$$\overline{c_p}=0.0284\times199+(1-0.0284)\times249.5=248.07[\text{kJ}/(\text{mol}\cdot\text{K})]$$

$$Q=W\times\overline{c_p}\times(T_1-T_2)=3.415\times248.07\times(123.5-40)=34\,615.14(\text{W})$$

先按理想逆流传热温差进行计算，对逆流传热温差进行校正。

表 3-19　81.75℃下有机液体的比热容值

名称	乙酸乙酯	乙酸丁酯
c_p /[kJ / (mol·K)]	199	249.5

$$\Delta t'_{\mathrm{m}}=\frac{\Delta t_2-\Delta t_1}{\ln\dfrac{\Delta t_2}{\Delta t_1}}=\frac{(123.5-30)-(40-20)}{\ln\dfrac{123.5-30}{40-20}}=47.66\,(^{\circ}\mathrm{C})$$

$$R=\frac{T_1-T_2}{t_2-t_1}=\frac{123.5-40}{30-20}=8.35$$

$$P=\frac{t_2-t_1}{T_1-t_1}=\frac{30-20}{123.5-20}=0.097$$

由 R 和 P 查温度校正系数图，假设为单壳程，温度校正系数为 $\varphi_{\Delta t}=0.975>0.8$，可行，所以要选用单壳程。校正后的温度 $\Delta t_{\mathrm{m}}=\Delta t'_{\mathrm{m}}\varphi_{\Delta t}=46.47$ ℃。

参照列管式换热器中 K 的大致范围，根据两流体的具体情况，初步选定总传热系数 K=450 W/（$\mathrm{m}^2\cdot$℃），于是换热器的传热面积可初步确定，$S=\dfrac{Q}{K\Delta t_{\mathrm{m}}}=1.66\mathrm{m}^2$（表 3-20）。

表 3-20　换热器型号及参数表

项目	结果	项目	结果
壳径/mm	273	管子尺寸	ϕ 25mm×2.5mm
公称压力/kPa	1.6	管长/m	1.5
计算换热面积/m^2	3.5	管子总数	32
管程数	2	管子排列方式	正三角形
壳程数	1	折流挡板形式	弓形

3. 储罐的选择

根据设计任务，查阅《化工工艺设计手册》，最终选择容器的类型为卧式无折边球形封头容器，公称容积为 25m^3，公称直径为 2400mm，长度为 5200mm。

4. 离心泵的选择

1）进料泵的选择

原料液的流量 $W=\dfrac{7200\times10^3}{300\times24}=1000(\mathrm{kg/h})$，查表得 60℃时乙酸乙酯的密度

$\rho_1 = 850\text{kg/m}^3$，乙酸丁酯的密度 $\rho_2 = 840\text{kg/m}^3$。由 $\dfrac{1}{\rho_m} = \dfrac{w_a}{\rho_1} + \dfrac{w_b}{\rho_2}$ 得，$\rho_m = 843.17\text{kg/m}^3$，所以原料液的体积流量 $V_S = \dfrac{1000}{843.17} = 1.186(\text{m}^3/\text{h})$。进料板高度为 2.25m，选择 50Y-60 油泵。查 60℃的 T_c、P_c 和 T_b，根据 Gomez-Thodos 方程计算得 p_{V1}=18.87kPa，p_{V2}=47.44kPa。取安全系数 H_{f0-1}=0.5m，则 $H_g = \dfrac{101325 - 37130}{843.17 \times 9.81} - 2.3 - 0.5 = 4.96$（m）。

2）回流泵的选择

L =23.22kmol/h，$\rho = 826.513\text{kg/m}^3$，$M$=88.475kg/kmol，所以，$L_S = \dfrac{LM}{\rho} = 2.49\text{m}^3/\text{h}$，泵的扬程 H =5.95m。可选用 50Y-60 油泵为回流泵。

3.8.9　工艺流程图

本设计的带控制点工艺流程图如图 3-27 所示。

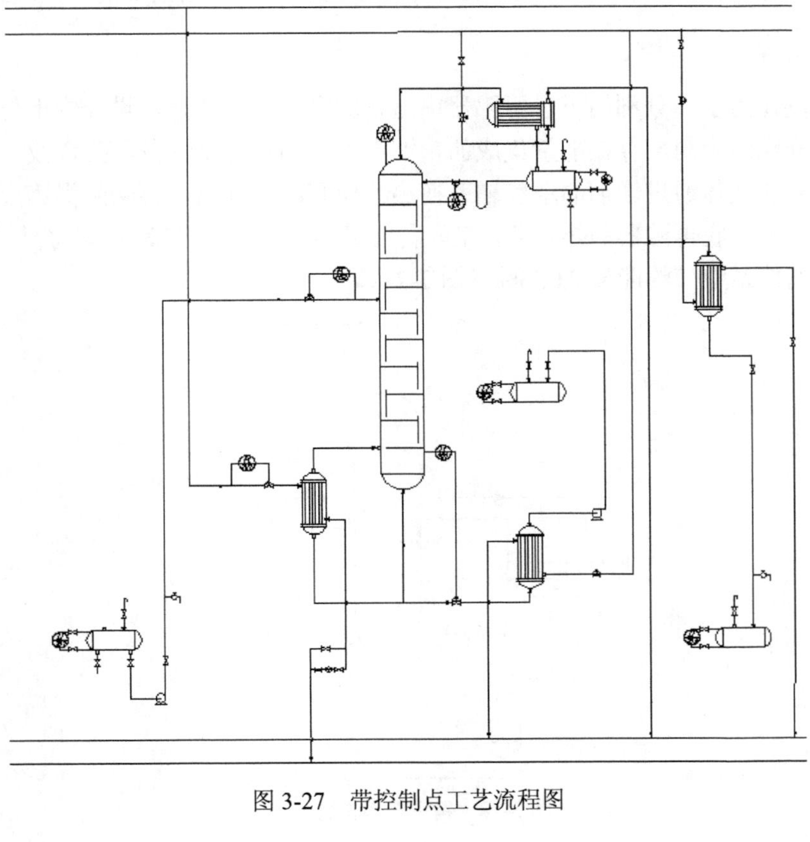

图 3-27　带控制点工艺流程图

3.8.10　精馏塔的节能设计

在化工生产过程中，分离是非常重要的一个过程单元，它直接决定了最终产品的质量和收率，在工业生产中占主导地位的分离方法就是精馏，精馏是利用混合物中各组分挥发度的不同，利用能量交换和气液间传质进行分离的单元操作，具有独特的优势。据估计，化工过程中 40%～70%的能耗用于分离，而精馏能耗又占其中的 95%。同时精馏在热力学上是低效的耗能过程，有极高的热力学不可逆性。因此，在当今世界能源日益短缺的情况下，对精馏过程的节能研究就显得十分重要，它的每一个进展都会带来巨大的经济效益和社会效益。

精馏塔的节能优化目标是在产品满足质量指标的情况下，能耗最小。但影响精馏操作的因素很多，研究时，人们提出了一系列的方法来降低精馏装置的能耗，这其中包括：采用高效规整填料代替普通板式塔或低效填料，改善再沸器或冷凝器的换热效果，改变精馏塔进料状态或进料位置，增设中间再沸器或冷凝器，应用热泵技术，采用多效精馏和特殊精馏技术，改变多塔精馏过程的流程，降低回流比，改变塔的操作压力等。在本设计中主要对以下三个精馏节能方案进行讨论。

1. 方案 A

本设计为了充分利用塔釜再沸器中出来的剩余蒸气热量，设计中把传统塔从进料处分成两个内部存在能量集成的精馏塔，分别称为精馏段和提馏段。把从精馏段下来的液体通过增加的塔底辅助换热器使其温度升高，再回到提馏段，这样大大减少了塔底再沸器的热负荷，充分利用了蒸气的剩余热量，节约了生产成本，在本分离体系中节约能量 21.33%（图 3-28）。

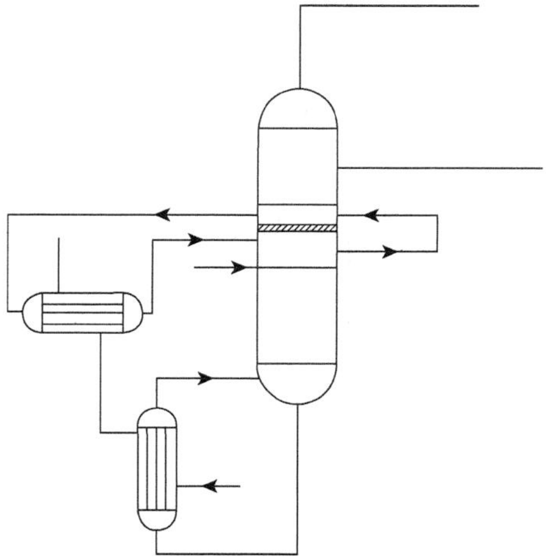

图 3-28　精馏塔节能方案 A

1）物性的确定

进料板有机蒸气由 t_1=83.32℃加热到 t_2=95.2℃，$\bar{t}=\dfrac{t_1+t_2}{2}=89.26$ ℃。

根据平均温度查得 x=0.562，$\overline{c_p}=0.562\times 204+(1-0.562)\times 254=225.9$[kJ / (mol·K)]（表 3-21）。

表 3-21　89.26 ℃下有机液体的比热容值

名称	乙酸乙酯	乙酸丁酯
c_p / [kJ / (mol·K)]	204	254

2）计算节省热负荷

节省的热量 $Q=V\times\overline{c_p}\times(t_2-t_1)=23.222\times 225.9\times(95.2-83.32)=62\,321(\text{W})$，占原来塔釜热负荷 Q=289kW 的 21.56%。

2. 方案 B

热泵精馏技术的论证（参照专利，专利号 200910022126.8），该装置在原有精馏塔的基础上，新增预热器、压缩机、辅再沸器、后冷器、液体缓冲罐和阀门等设备，将这些设备通过管道与精馏塔塔顶蒸汽和塔底液体管路连接，构成开式热泵系统；所述的热泵精馏节能改造方法可通过阀门进行合适切换，从而使精馏塔可工作在正常的精馏模式，也可按照需要工作在热泵精馏模式，从而达到节能的目的。但由于本次分离体系为乙酸乙酯和乙酸丁酯，精馏塔塔顶和塔釜温差为 39℃，而且由于普通列管式换热器的温差不大于 50℃，从换热器出来的温度应在 80℃左右，而从塔顶出来的混合物温度为 83℃，因此考虑到成本问题和热量利用能力，热泵技术在分离乙酸乙酯和乙酸丁酯体系中不合适。

为此本设计参考有关文献总结出热泵精馏技术适用的范围：对于塔顶产品不适合直接压缩而塔釜产品汽化后再压缩可行的物系特别适用；可用于常压或加压下、塔底和塔顶温差小于 20℃、塔釜液干净无毒的精馏过程。采用该流程是否经济合算，要使用优化设计程序计算后作出评价。

3. 方案 C

精馏过程所涉及的塔、换热器及各种管道等设备设施其材质的导热系数都比较高，若其处于北方较寒冷地区，不对其采取保温隔热措施，则会造成大量热量消耗，因此应在涉及的设备及管道上采取保温隔热措施来减少热消耗。本设计采用普通型泡沫石棉进行管道的保温。

第4章 填料吸收塔工艺设计

4.1 概 述

在化工生产中，经常要处理各种原料、中间产物、粗产品。这些物料几乎都是混合物，而且大部分都是均相物系，往往不能满足生产要求，需要把它们分离成为较纯净的物质。为了实现这种分离，常利用均相混合物系中不同组分的某种性质差异，使其中的某一组分（或几种组分）在分离设备所提供的两相的物系界面上，通过充分的接触，从某一相转移到另一相，其他组分仍保留在原物系中，从而实现分离。这种分离是物质在相际间的转移过程，即物质传递过程，也是化工生产中的单元操作。吸收、蒸馏、干燥、萃取等都是这种以物质分离为目的的单元操作。

吸收是用来分离气体混合物的，是利用混合气体中各组分在吸收剂（又称溶剂）中溶解度的差异而实现分离的操作。在吸收过程中，混合气体与合适的液体吸收剂在吸收设备中充分接触，气体中的一个或几个易溶组分（溶质，又称吸收质）溶解于吸收剂中形成溶液，不能溶解的组分（惰性气体）仍保留在气相中，这样混合气体就实现了分离。

吸收作为一种重要的物质分离操作，被广泛地应用在化工、石化等工业生产过程中。通过吸收可以回收混合气体中的有用组分，例如，用液态烃吸收石油裂解气中的己烯和丙烯，用洗油吸收焦炉煤气中的芳烃物质，用硫酸处理焦炉气以回收其中的氨等；还可以通过吸收除去混合气体中的有害成分使其净化，例如，用水或碱液除去合成氨原料气中的二氧化碳，用丙酮除去石油裂解气中的乙炔，以及除去工业废气中的二氧化硫、硫化氢有害物质等。有时还通过吸收来直接生产化工产品，例如，用水吸收二氧化氮以制取硝酸，用水吸收氯化氢以制取盐酸，用水吸收甲醛以制取福尔马林溶液等。

吸收剂将混合气体中溶质组分吸收后所得到的溶液是混合溶液，在生产中常需要使溶质从吸收后的溶液中重新释放出来，实现最终分离，而液相的吸收剂又可再生重新使用。这种使溶质组分从溶液中脱出的过程称为解吸（又称脱吸），是吸收的逆过程，也是一种通过相际间传质而实现物质分离的单元操作。在化工生产中，吸收和解吸是常用的联合操作，共同构成了一个完整的工艺流程。由于吸收的基本理论、计算内容和方法同样适用于解吸，所以解吸塔的设计完全可以按照吸收塔的设计过程和方法进行。

可用于吸收操作的设备种类很多，如填料吸收塔、板式塔、喷洒塔等，工业上较多使用填料吸收塔。适用于吸收操作的设备同样适用于脱吸操作，目前脱吸设备也多用填料吸收塔。填料吸收塔的结构简单，压降低，填料易用耐腐蚀材料制造，尤其近年来国内外对填料的研究与开发较快，一些性能优良的新型填料不断涌现，对大型填料的理论与应用研究也不断深入，所以填料吸收塔的应用前景将更加广阔。

4.2　设计方案的确定

4.2.1　装置流程的确定

气液吸收装置的流程主要有以下几种。

（1）并流操作。气液两相均从塔顶流向塔底，此即并流操作，如图 4-1（a）所示。并流操作的特点是，系统不受液流限制，可提高操作气速，以提高生产能力。并流操作通常用于以下情况：当吸收过程的平衡曲线较平坦时，流向对推动力影响不大；易溶气体的吸收或处理的气体不需吸收很完全；吸收剂用量特别大，逆流操作易引起液泛。

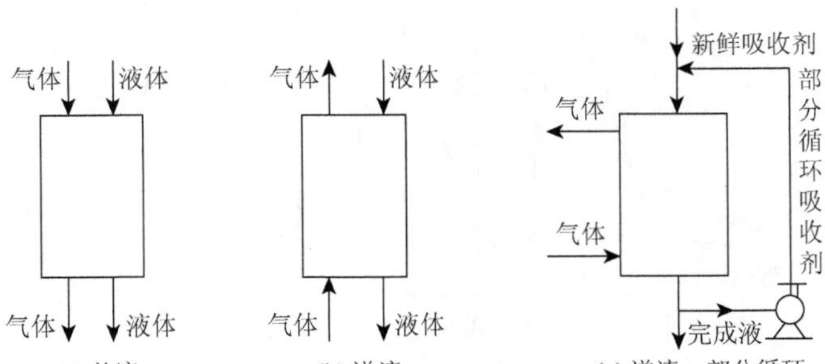

(a) 并流　(b) 逆流　(c) 逆流，部分循环

图 4-1　单塔吸收塔的流程

（2）逆流操作。气相自塔底进入由塔顶排出，液相自塔顶进入由塔底排出，此即逆流操作，如图 4-1（b）所示。逆流操作的特点是，传质平均推动力大，传质速率快，分离效率高，吸收剂利用率高。工业生产中多采用逆流操作。

（3）吸收剂部分再循环操作。在逆流操作系统中，用泵将吸收塔排出液体的一部分冷却后与补充的新鲜吸收剂一同送回塔内，即为部分再循环操作，如图 4-1（c）所示。其通常用于以下情况：当吸收剂用量较小，为提高塔的液体喷淋密度；对于非等温吸收过程，为控制塔内的温升，需取出一部分热量。该流程特别适于相平衡常数 m 值很小的情况，通过吸收液的部分再循环，提高吸收剂的使用效率。

应予指出，吸收剂部分再循环操作较逆流操作的平均推动力要低，且需设置循环泵，操作费用增加。

（4）多塔串联操作。若设计的填料层高度过大，或由于所处理物料等原因需经常清理填料，为便于维修，可把填料层分装在几个串联的塔内，每个吸收塔通过的吸收剂和气体量都相等，即为多塔串联操作，如图 4-2（a）所示。在该操作中，因塔内需留出较大空间，输液、喷淋、支承板等辅助装置增加，使设备投资加大。

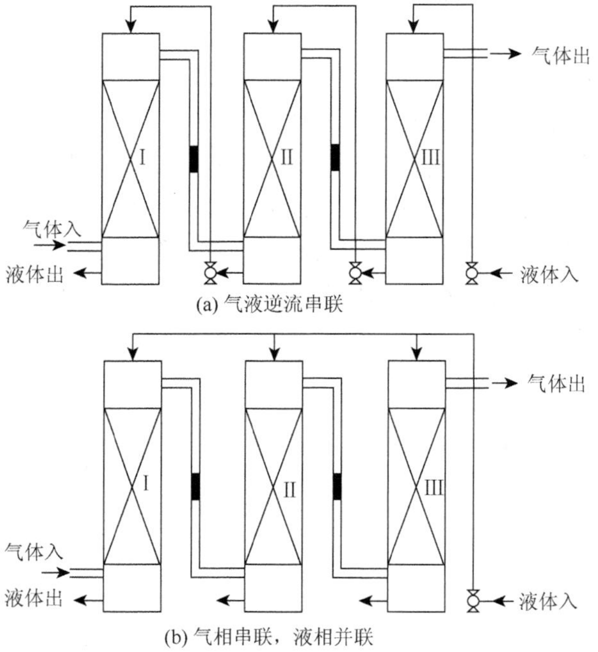

图 4-2　多塔吸收塔的流程

（5）串联-并联混合操作。若吸收过程处理的液量很大，如果用通常的流程，则液体在塔内的喷淋密度过大，操作气速势必很小（否则易引起塔的液泛），塔的生产能力很低。实际生产中可采用气相作串联、液相作并联的混合流程，如图 4-2（b）所示；若吸收过程处理的液量不大而气相流量很大时，可采用液相作串联、气相作并联的混合流程。总之，在实际应用中，应根据生产任务、工艺特点，结合各种流程的优缺点选择适宜的流程布置。

4.2.2　吸收剂的选择

吸收操作是气、液两相之间接触的传质过程，为使分离气体混合物进行得既有效又经济，选择适宜的吸收剂是关键。对吸收剂的选择，一般遵循以下原则。

（1）对所吸收的组分有尽可能大的溶解度。选用溶解度大的吸收剂，可大大降低吸收剂用量，吸收剂的循环量、再生处理量都随之减小，这意味着日常操作费用的降低。在吸收剂同样用量情况下，完成一定的分离任务，选用溶解度大的吸收剂，则可减小吸收设备的尺寸，从而降低设备费用。

（2）对所要分离出的溶质气体要有较好的吸收选择性。吸收剂的这种吸收选择性意味着对溶质气体的溶解度尽量大，对其他组分（惰性气体）尽量不溶解。这样可提高脱吸后溶质气体的纯度，也有利于吸收剂的再生处理，对有用的惰性气体还可减小溶解损失。

（3）不易挥发，即要有较低的蒸气压。这可以减少吸收剂的挥发损失，也可以防止在气体中引入新的杂质。

（4）吸收后的吸收剂易再生。溶质在溶剂中的溶解度应对温度的变化比较敏感，即不仅在低温时溶解度大，平衡分压要小，且随温度升高，溶解度应迅速减小。这样，被吸收的溶质解吸容易，溶剂再生方便。

（5）操作温度下吸收剂的黏度要小。这样可以改善塔内流动状况，从而提高吸收速度。同时还有助于降低泵的功耗，有助于减少传热、传质的阻力。

（6）其他。所选择的吸收剂还要求不易起泡，腐蚀性小，化学稳定性好，无毒，不易燃，来源广，价格低等。

实际上要选同一种能满足上述所有要求的吸收剂是很困难的，因此要从高效性、经济性、安全性等多方面全面评价后才能选定。实际生产中，往往不是用纯溶剂作为吸收剂，而是用稀溶液为溶剂，如用稀氨水吸收混合气体中的氨。此时，应选择一个合适的吸收剂进口浓度，若所选吸收剂进口浓度过高，将使吸收过程的推动力减小，增加吸收塔的高度；若选择的进口浓度过低，则增加液相产品的浓缩费用，或增加吸收剂的再生费用。因此需通过多方案的计算和比较才能最后确定吸收剂的进口浓度。

4.2.3　吸收剂再生方法选择

常用的吸收剂再生方法有以下几种。

（1）加热解吸再生。通过升高吸附剂温度，使吸附物脱附，吸附剂得到再生。

（2）降压或真空解吸再生。吸附过程与气相压力有关，压力高时，吸附进行得快；当压力降低时，脱附占优势。因此，通过降低操作压力可使吸附剂得到再生。

（3）置换再生。选择合适的气体（脱附剂），将吸附质置换与吹脱出来。这种方法需要加一道工序，即脱附剂的再脱附。

（4）溶剂萃取。选择合适的溶剂，使吸附质在该溶剂中的溶解性能远大于吸附剂对吸附质的吸附作用，将吸附质溶解下来，再进行适当的干燥便可恢复吸附能力。

设计过程中，要根据体系的特点和要求选择适合的方法对溶剂进行再生。

4.2.4　塔设备的选择

吸收塔设备分填料吸收塔和板式塔，下面是对两者各自优缺点的比较。

（1）填料吸收塔操作范围较小，对于液体负荷的变化特别敏感。当液体负荷较小时，填料表面不能很好地润湿，传质效果急剧下降；当液体负荷过大时，容易产生液泛。板式塔具有较大的操作范围。

（2）填料吸收塔不宜处理含固体悬浮物的物料，而某些类型的板式塔（如大孔径穿流板塔）可以有效地处理这种物系。另外，板式塔的清洗也比填料吸收塔方便。

（3）当气液接触过程中需要冷却以移除反应热或溶解热时，填料吸收塔因涉及液体均匀分布问题而使结构复杂化，板式塔可方便地在塔板上安装冷却盘管。

（4）板式塔的设计比较准确可靠，安全系数较小。

（5）填料吸收塔直径可以很小，在塔径不大时，填料吸收塔因结构简单而造价便宜。板式塔直径一般不小于 0.6m。

（6）填料吸收塔适用于易起泡物系和腐蚀性物系，因填料对泡沫有限制和破碎的作用，可以采用瓷质填料。

（7）对热敏性物系宜采用填料吸收塔，因为填料吸收塔内的滞液量比板式塔少，物料在塔内的停留时间相对短。

（8）填料吸收塔的压降比板式塔的小，因而对真空操作更为适宜。

在化工设计中，需要根据实际的操作条件和分离物系的特点对塔设备进行选择。因板式塔的设计已在第 3 章中介绍，本章仅对填料吸收塔进行详细讲解。

4.3　填料吸收塔的工艺设计

4.3.1　概述

1. 填料吸收塔设计的基本原则

1）满足指定的分离要求

在设计任务书中，给定的条件往往只有混合气体的处理量和溶质组分的入塔浓度，吸收剂与溶质组分的相平衡关系也要由设计者确定。分离要求通常有两种表达方式。当吸收分离目的是除去混合气体中的有害物质时，则直接规定吸收后气体中有害溶质的残留浓度，即出塔浓度。当吸收分离的目的是回收混合气体中有用物质时，通常规定溶质的回收率。设计计算出的塔高、塔径、吸收剂用量等，以及所选择的流程、吸收剂、填料、附属设备等，最终目的还是要实现分离要求。

2）经济上合理

在满足分离要求的前提下，填料吸收塔的设计还应保证在经济上尽量合理。吸收操作的费用可分为两部分：①一次性设备费用，包括塔体、填料、泵、风机及其他附属设备的费用；②日常性操作费用，这主要由吸收、解吸流体流动的耗能费用和吸收剂损失费用组成。填料吸收塔设计的每一个环节几乎都影响着这两种费用，而这两种费用往往又不能统一，所以在设计的每个步骤中都要通过优化，使设备和操作的总费用保持在较低的合理范围内。

3）安全、易修

生产安全，安装、检修、维护方便，排除故障容易。

2. 填料吸收塔设计的内容和步骤

（1）找出气液平衡关系。可根据任务书给定的气液物料系统和温度压力条件查阅一些手册或专著。本章第 4.3.3 节列有一些数据和曲线，可供查阅。如尚无合适数据可供选用时，则应由试验来决定。

（2）决定吸收剂用量、部分循环量或气体消耗量。

（3）选择填料。

（4）计算塔径和填料层高度。

（5）进行阻力计算，选用风机、泵等设备。

（6）一些塔内辅助装置的选定与计算，包括液体喷淋装置、填料支承装置、液体再分布装置及气液进出口装置等。

4.3.2　塔填料的选择

塔填料（简称填料）是填料吸收塔中气液接触的基本构件，其性能的优劣是决定填料吸收塔操作性能优劣的主要因素，因此，塔填料的选择是填料吸收塔设计的重要环节。填料的选用应包括：填料材质的选择、填料类型的选择、填料规格和装填方式的确定。关于填料的选用在第 4.4.1 节中有详细介绍，在此不再详述。

4.3.3　平衡关系

有关填料吸收塔的许多计算，如塔径、填料层高度、溶剂用量等，都要用到气液平衡关系。有些气液平衡关系可根据设计书中给定（或选定）的气液物料系统和操作条件（温度、压力等），查阅一些手册或专著。本节选摘了一些常用物系的相关数据和曲线，可供设计时使用。如无可靠数据供选用时，应通过试验来确定。

1. 气体在液体中的溶解度

在恒定温度和压力下，使一定量的溶剂与混合气体接触，溶质通过相界面向液相转移，直至液相中溶质达到饱和，浓度不再增加。此时溶质的溶解速度与其从液相中的逸出速度相等，宏观的传质过程停止。这种状态称为气液相平衡，所对应的溶质浓度称为平衡浓度或饱和浓度。用平衡时两相浓度所描绘出的关系曲线称为平衡曲线，实际也是溶解度曲线，一般都是根据试验结果做出。平衡浓度的大小由物系、温度、压力及溶质在气相中的浓度决定。

总压不高（不超过 5×10^5Pa），在恒定温度下的稀溶液体系往往适用亨利定律，即稀溶液上方溶质气体的平衡分压与该溶质在液相中的浓度之间存在如下关系

$$p_i^* = Ex_i \tag{4-1}$$

式中，p_i^*——溶质在气相中的平衡分压，kPa；

x_i——溶质在液相中的摩尔分率；

E——亨利系数，单位与压强单位一致，其数值随物系的物性和温度而异。

式（4-1）是亨利定律的一种表示形式，亨利系数 E 反映了溶质的溶解能力，E 值越大，其溶解度越小。所以在同一溶剂中，难溶气体的 E 值很大，而易溶气体的 E 值很小。一般说来，温度升高则 E 值增大，这也意味着气体溶解度随温度升高而减小。

若溶质在液相和气相的摩尔分率分别用 x 及 y 表示，则平衡关系又可写成

$$y_i^* = mx_i \tag{4-2}$$

式中，x_i——液相中溶质的摩尔分率；

y_i^*——与该液相呈平衡的气相中溶质的摩尔分率；

m——相平衡常数，又称分配系数，无因次。

式（4-2）也是亨利定律的一种表示形式，m 也是由试验结果计算出来的数值。对于一定物系，它是温度和压强的函数。m 值的大小同样也可比较不同气体溶解度大小，m 值越大，表明该气体的溶解度越小。$m=\dfrac{E}{p}$，其中 p 为气体混合物的总压。

当气液平衡关系服从亨利定律时，其平衡关系常用一定温度下亨利系数的数值来表示。表 4-1 列出了某些气体在水中的亨利系数值，可供查用。必须注意，在溶质气体分压不超过 101.3kPa 时，亨利系数常为一不变的定值（在一定温度下）。

当气体分压大于 101.3kPa 时，亨利系数常随溶质气体分压的大小而变，往往只在一段狭窄的气体分压范围内才保持不变。因此，在列出较高气体分压下的亨利系数时，除了指明温度外尚需注明其压力，应用此值时，一般只能在指明压力 ±101.3kPa 的范围内作为一不变的定值。当表中列出的亨利系数值未注明压力条件时，只能在小于 101.3kPa 的气体分压范围内应用。

表 4-1 某些气体在水中的亨利系数（括号内为内插值）

气体	$E/（\times10^{-5}kPa）$															
	0℃	5℃	10℃	15℃	20℃	25℃	30℃	35℃	40℃	45℃	50℃	60℃	70℃	80℃	90℃	100℃
氦	130.7		127.6		126.3		125.6		122.6		116.5					
氢	58.65	61.59	64.43	66.96	69.19	91.62	73.85	75.17	76.08	76.99	77.49	77.49	77.09	76.48	76.08	75.47
氮	53.59	60.48	67.67	74.76	81.45	87.62	93.6	99.78	105.4	110.4	114.5	121.6	126.6	127.6	127.6	127.6
空气	73.76	19.13	55.61	61.49	67.26	72.94	78.1	83.37	88.13	92.28	95.83	102.3	106.4	108.4	109.4	108.4
一氧化碳	35.66	40.11	44.77	49.54	54.3	57.75	62.81	66.76	70.50	73.85	77.09	83.17	85.60	85.60	85.70	85.70
氧	25.83	29.48	33.13	36.87	40.62	44.37	48.12	51.36	54.20	57.03	59.56	63.72	67.16	69.60	70.81	71.00
甲烷	22.69	26.24	30.09	34.14	39.09	41.84	45.48	49.23	52.68	55.82	58.45	63.41	67.47	69.09	70.10	71.00
一氧化氮	17.12	19.55	22.08	24.51	26.74	29.07	31.4	33.53	35.66	37.68	39.51	42.34	44.37	45.38	45.79	45.99
乙烷	12.76	15.7	19.15	22.89	26.64	30.59	34.64	38.8	12.85	46.90	50.65	57.23	63.11	66.96	69.59	70.10
乙烯	5.59	6.61	7.78	9.07	10.33	11.55	12.87									
丙烯		(3.70)	(4.52)	(5.30)	(6.08)											
臭氧	0.97	2.21	2.51	2.92	3.81	4.63	3.06	8.29	12.16		27.76					
氧化亚氮		1.19	1.43	1.68	2.01	2.28	2.62	3.06			2.87					
二氧化碳	0.74	0.89	1.05	1.24	1.44	1.66	1.88	3.12	2.36	2.60		3.45				
乙炔	0.73	0.85	0.97	1.09	1.23	1.35	1.48									
硫化氢	0.27	0.32	0.37	0.43	0.49	0.55	0.62	0.68	0.75	0.82	0.90	1.04	1.21	1.37	1.46	1.50
溴	0.022	0.028	0.037	0.075	0.06	0.07	0.092		0.47		0.19	0.25	0.33	0.41		

当溶液浓度较高时（如溶解度大的气体）一般不遵循亨利定律，如氨、氯、二氧化硫等在水中即是如此。为满足生产的需要，常常通过试验测定气液相间的平衡数据，分别列表或标绘成图，以备实际应用。表 4-2～表 4-7 中列出一些较常用气体系统的平衡数据。

表 4-2　氨在水中的溶解度（括号内为外插值）

kg NH_3/100kg H_2O	X/（×10^2）	NH_3 的平衡分压/（×1.013×10^5Pa）							
		0℃	10℃	20℃	25℃	30℃	40℃	50℃	60℃
100	51.4	1.25							
90	48.8	1.03							
80	45.8	0.837	1.30	1.91			4.34		
70	42.5	0.658	1.03	1.54			3.63		
60	38.8	0.500	0.790	1.24			2.80		
50	34.6	0.362	0.578	0.903			2.00		
40	29.7	0.250	0.396	0.618		0.946	1.40		
30	24.1	0.157	0.250	0.392		0.597	0.911		
25	20.9	0.118	0.190	0.298		0.463	0.708	0.09	
20	17.5	0.084 2	0.136	0.218		0.342	0.520	0.784	1.10
15	13.7	0.056 2	0.092 2	0.150		0.236	0.359	0.533	0.767
10	9.57	0.033 0	0.055 0	0.091 6		0.145	0.220	0.325	0.475
7.5	7.35	0.023 3	0.039 3	0.065 8		0.105	0.158	0.236	0.343
5	5.02	0.014 7	0.025 1	0.041 7		0.067 1	0.101	0.151	0.217
4	4.06		1.021 2	0.032 8		0.052 8	0.08	0.120	0.170
3	3.08		0.014 9	0.023 9	0.030 9	0.038 9	0.059 2	0.088 3	0.124
2.5	2.58			0.019 7	0.025 5	0.032 1	(0.045 9)	(0.073 3)	0.101
2	2.07			0.015 8	0.020 1	0.025 4	(0.039 5)	(0.058 6)	0.080 3
1.6	1.66				0.015 8	0.020 1	(0.031 7)	(0.046 7)	0.064 1
1.2	1.25				0.012 0	0.015	(0.024 1)	(0.035 1)	0.047 8
1	1.05				0.009 74		(0.020 3)	(0.029 2)	0.039 7
0.5	0.526				0.004 47				

表 4-3　氨水系统亨利系数

温度/℃	0	10	20	30	40	50	60
E/kPa	27.35	46.60	76.99	122.57	192.47	285.67	425.46

表 4-4　二氧化硫在水中的溶解度

kg SO_2/100kg H_2O	X/（×10^3）	SO_2 的平衡分压/（×1.013×10^5Pa）							
		0℃	7℃	10℃	15℃	20℃	30℃	40℃	50℃
20	53.3	0.850	0.865						
15	40.5	0.624	0.838	0.955					
10	27.4	0.405	0.549	0.624	0.746	0.918			

续表

kg SO_2/100kg H_2O	X/（$\times 10^3$）	SO_2的平衡分压/（$\times 1.013\times 10^5$Pa）							
		0℃	7℃	10℃	15℃	20℃	30℃	40℃	50℃
7.5	20.7	0.300	0.404	0.459	0.551	0.680	0.905		
5.01	13.9	0.195	0.261	0.297	0.355	0.422	0.595	0.875	
2.5	6.98	0.090 8	0.121	0.138	0.167	0.212	0.284	0.424	0.603
1.5	4.20	0.050 0	0.067 1	0.077 6	0.093 4	0.121	0.164	0.245	0.350
1	2.80	0.030 7	0.040 8	0.048 7	0.057 9	0.077 6	0.104	0.159	0.226
0.7	1.96	0.020 0	0.027 1	0.031 1	0.036 8	0.051 3	0.068 4	0.115	0.153
0.5	1.40	0.013 0	0.017 8	0.020 5	0.025 3	0.034 2	0.047 4	0.075 0	0.108
0.3	0.843	0.006 71	0.009 08	0.010 4	0.013 2	0.018 6	0.025 9		
0.2	0.562	0.003 68	0.004 87	0.006 05	0.007 50	0.011 2	0.015 5		0.040 8
0.15	0.422	0.002 50	0.003 42	0.004 08	0.005 00	0.007 63	0.010 7	0.017 0	0.026 3
0.1	0.281	0.001 58	0.001 97	0.002 30	0.002 90	0.004 21	0.006 18	0.009 87	0.015 8
0.05	0.141	0.000 789	0.000 921	0.000 987	0.001 05	0.001 58	0.002 24	0.003 68	0.006 18
0.02	0.056 2	0.000 392	0.000 395	0.000 395	0.000 395	0.000 658	0.000 789	0.001 05	0.001 71

表 4-5　二氧化碳在水中的溶解度

总压/MPa	溶解度/（kg CO_2/100kg H_2O）								
	12℃	18℃	25℃	31.04℃	35℃	40℃	50℃	75℃	100℃
2.53		3.86		2.80	2.56	2.30	1.92	1.35	1.06
5.07	7.03	6.33	5.38	4.77	4.39	4.02	3.41	2.49	2.01
7.6	7.18	6.69	6.17	5.80	5.51	5.10	4.45	3.37	2.82
10.13	7.27	6.72	6.28	5.97	5.76	5.50	5.07	4.07	3.49
151.95	7.59	7.07		6.25	6.03	5.81	5.47	4.86	4.49
20.26				6.48	6.29	6.28	5.76	5.27	5.08
30.39	7.86	7.35					6.20	5.83	5.84
40.52	8.12	7.77	7.54	7.27	7.06	6.89	6.58	6.30	6.40
50.65				7.65	7.51	7.26			
70.91							7.58	7.43	7.61

表 4-6　二氧化碳的亨利系数

温度/℃	0	5	10	15	20	25	30	35	40	45	50	60
E/（$\times 10^2$）	0.74	0.89	1.05	1.24	1.44	1.66	1.88	2.12	2.36	2.60	2.87	3.45

注：E 的单位为 Pa，适用于公式 $p^*=Ex$。

表 4-7　二氧化硫在酸性亚硫酸钙溶液中的溶解度

15℃		25℃	
X①	Y②	X	Y
0	0	0	0
2.81×10^{-3}	0.33×10^{-2}	2.81×10^{-3}	1.26×10^{-2}
5.62×10^{-3}	1.33×10^{-2}	5.62×10^{-3}	2.7×10^{-2}
8.44×10^{-3}	2.7×10^{-2}	8.44×10^{-3}	5.55×10^{-2}
11.25×10^{-3}	5.26×10^{-2}	11.25×10^{-3}	8.75×10^{-2}
16.95×10^{-3}	10.14×10^{-2}	14.06×10^{-3}	13.43×10^{-2}

①X为溶液中溶质与溶剂的物质的量比，kmol SO_2/kmol H_2O。

②Y为混合气体中溶质与惰性气体的物质的量比，kmol SO_2/kmol 空气。

2. 非等温吸收时的平衡线

以上所讨论的内容，都假定在吸收过程中塔内温度不变，即为等温吸收过程。这只对气液浓度都不高（如吸收剂量远高于被吸收的气体量或气体溶解度很小时），或在吸收过程中散热很好，温度变化很小，或加装冷却器后能维持温度近似不变等情况才适用。但实际上，许多吸收过程如水吸收氯化氢气体，水吸收氨气及浓硫酸吸收水蒸气等，均产生大量热量，使塔内液体温度显著升高，这时温度变化对吸收过程的影响不能忽略。为区别起见，这种情况就称为非等温吸收。

已知气液平衡关系是温度的函数，温度升高时平衡线要上移，因此，在非等温吸收计算中应根据液相浓度和温度变化的情况定实际平衡线，再由实际平衡线定液气比（L/V）和操作线位置。当实际平衡线和操作线确定后，吸收塔的高度计算方法和等温吸收完全相同，所以关键问题是如何作出实际平衡线。

图 4-3 中实际平衡线的作法是：在液相浓度由塔顶 x_2 增加到塔底处 x_1，温度由 t_2 到 t_1 的范围内，先作出多条参考平衡线，每条平衡线都相当于某个液相温度。因此只要根据某个液相浓度 x，便可由式（4-3）或式（4-4）确定相应的液相温度 t，或由 t 再查出对应的气相平衡浓度 y^*（在某一 t 下根据 x 查出 y^*），由一系列的 x-t 或 x-y^*连接起来即可求出实际平衡线。例如，图 4-3 中可在 t_1=40℃和 t_2=10℃范围内，根据平衡数据先绘出氨水若干条参考平衡线，如 t''=30℃，t'=20℃，…，然后在 x_1 和 x_2 范围内取几个 x_i 值，求得几个对应的 t_i 值，这些 t_i 值如不在参考平衡线上，则可在图上用内插法标绘，即可确定各点（t_i，x_i）的位置。通过 t 求出对应的 y^*值，也可确定各点的位置，最后将 a、b、c 等各点相连即为实际平衡线。

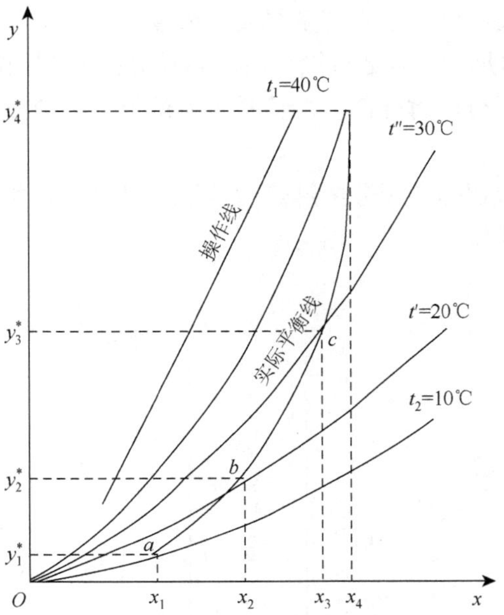

图 4-3　非等温吸收时实际平衡线的确定

$$t = t_2 + H_{\mathrm{dm}} \frac{x - x_2}{c} \tag{4-3}$$

用式（4-3）可由微分溶解热计算温度

$$t = t_2 + \frac{V(y - y_2)}{Lc}\left[H_{\mathrm{i2}} + (1 - x_2)\frac{H_{\mathrm{i2}} - H_{\mathrm{i}}}{x_2 - x}\right] \tag{4-4}$$

用式（4-4）可由积分溶解热计算温度。

式中，t——液体温度，K；

c——液体的比热容，kJ/（kmol·K），设在不等温吸收时 c 值不随温度变化；

H_{dm}——微分溶解热的平均值，可按 x、x_2 分别算出 H_{d}、H_{d2}，然后取 H_{d} 和 H_{d2} 的平均值，kJ/kmol 溶质；

H_{i}——积分溶解热，kJ/kmol 溶液。

各物理量的下标 2 代表塔顶，不加下标代表塔内任一截面。

如以 1kmol 溶液为基准，积分溶解热是指 1kmol 溶质溶解于一定量溶剂 n kmol 中形成浓度为 $x\left(x = \dfrac{1}{n+1}\right)$ 的 1kmol 溶液时所放出（或吸入）的热量，以 H_{i} 表示。

微分溶解热是指 1kmol 溶质溶解于浓度为 x 的无限多量的溶液中（即在溶解前后溶液的浓度近似不变）所放出的热量，以 H_{dm} 表示，单位为 kJ/kmol 溶质。

在吸收过程中，如果所用的吸收剂量很大，浓度变化很小，可以认为符合这种情况，故此时所放出的热量可以通过微分溶解热计算；或者用微分溶解热的平均值，即取两个 x 值之下微分溶解热的平均值乘上所溶解的溶质量作为吸收过程中放出的热量。

各物系的微分溶解热和积分溶解热的数据，可查阅有关参考文献，这里列出图 4-4、图 4-5 供查用。

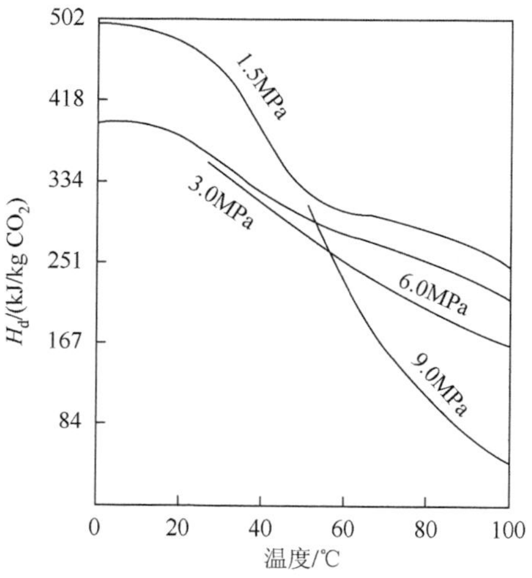

图 4-4　CO_2 在水中微分溶解热

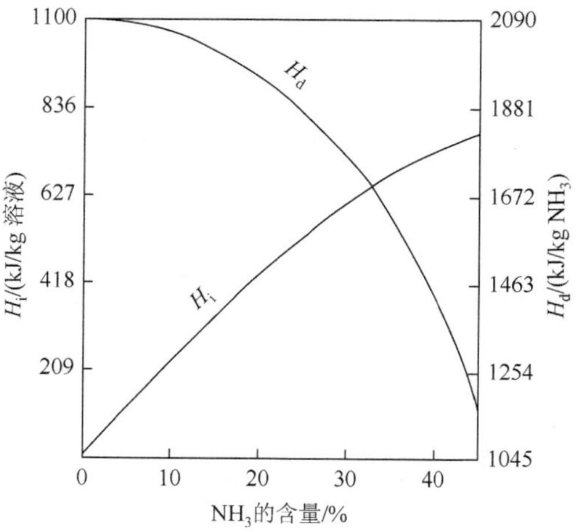

图 4-5　NH_3 在水溶液中的微分和积分溶解热

4.3.4　物料衡算与操作线方程

1. 物料衡算

下面以逆流操作的吸收塔为例进行说明，图 4-6 表示一个处于稳定操作状态下的逆流接触的吸收塔，对全塔进行物料衡算，有

$$V(Y_1 - Y_2) = L(X_1 - X_2) \tag{4-5}$$

式中，V——单位时间内通过吸收塔的惰性气体量，kmol/s；

L——单位时间内通过吸收塔的溶剂量，kmol/s；

Y_1、Y_2——分别为进塔、出塔气体中溶质组分的物质的量比，kmol 溶质/kmol 惰性气体；

X_1、X_2——分别为出塔、进塔液体中溶质组分的物质的量比，kmol 溶质/kmol 吸收剂。

下标 1 代表塔底，下标 2 代表塔顶。

式（4-5）即为全塔的物料衡算式。

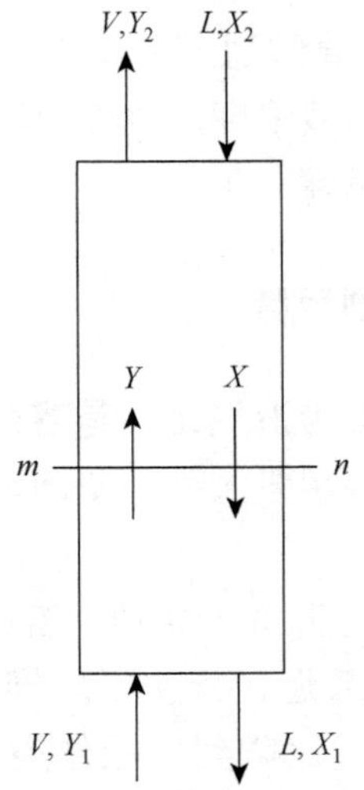

图 4-6　逆流吸收塔的物料衡算图

Y、X 分别为截面 mn 处气体中、液体中溶质组分的物质的量比，单位分别为 kmol 溶质/kmol 惰性气体、kmol 溶质/kmol 吸收剂

2. 操作线方程

若在任意塔截面与塔顶（或塔底）端面之间对溶质组分进行衡算，可得

$$VY + LX_2 = VY_2 + LX \quad 或 \quad VY + LX_1 = VY_1 + LX$$

即

$$Y = \frac{L}{V}X + \left(Y_2 - \frac{L}{V}X_2\right) \quad 或 \quad Y = \frac{L}{V}X + \left(Y_1 - \frac{L}{V}X_1\right) \tag{4-6}$$

式（4-6）为逆流吸收塔的操作线方程，它表示塔内任一截面上的气相浓度 Y 与液相浓度 X 之间呈直线关系。如图 4-7 中 BT 线所示，吸收操作线总是位于平

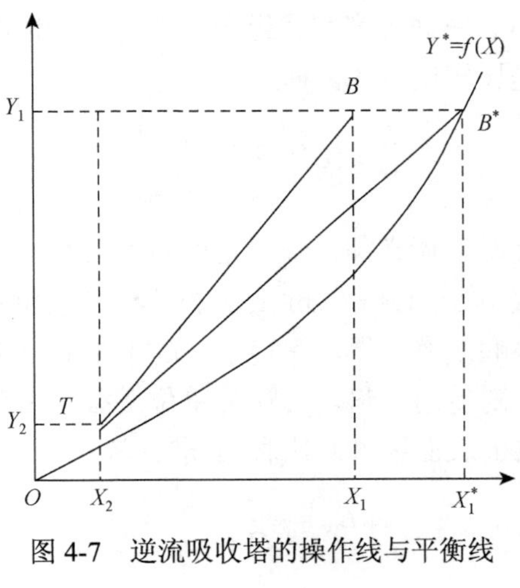

图 4-7　逆流吸收塔的操作线与平衡线

衡线的上方，斜率为 L/V，且此直线通过 B（X_1，Y_1）及 T（X_2，Y_2）两点。端点 B 代表塔底的情况，具有最大气液浓度，故称为浓端；端点 T 代表塔顶的情况，具有最小的气液浓度，故称为稀端。

4.3.5 最小吸收剂用量与吸收剂用量

吸收操作线的斜率 L/V，称为液气比，是溶剂与惰性气体摩尔流量的比值。它反映单位气体处理量的溶剂耗用量大小。要确定吸收剂用量 L，需要先建立最小液气比的概念。

如图 4-7 所示，当气体处理量 V 一定时，若减小吸收剂用量 L，液气比 L/V 也随之减小，操作线向平衡线靠近，传质平均推动力、传质速度都会降低，塔底液相浓度 X_1 增大。假如液气比降到使操作线与平衡线相交，如图中的 B^*T 线，则塔底送出的溶液浓度达到最大，而此时塔底的推动力已变为零，表示取得一定的吸收效果要用无限大的接触面积，该条件下的液气比称为最小液气比，它可用图解法求出。如果平衡曲线符合图 4-7 所示的一般情况，则需找到水平线 Y=Y_1 与平衡线的交点 B^*，从而读出 X_1^* 的数值，然后用下式计算最小液气比，即

$$\left(\frac{L}{V}\right)_{\min}=\frac{Y_1-Y_2}{X_1^*-X_2} \tag{4-7}$$

若平衡关系符合亨利定律，即 Y^*=mX，则可直接用下式计算出最小液气比，即

$$\left(\frac{L}{V}\right)_{\min}=\frac{Y_1-Y_2}{Y_1/m-X_2} \tag{4-8}$$

液气比大则操作费用高，液气比小则设备费用高，故应选择适宜的液气比，使两种费用之和为最小。根据生产实践经验，认为一般情况下取吸收剂用量为最小用量的 1.1～2.0 倍是比较适宜的，即

$$\frac{L}{V}=(1.1\sim2.0)\left(\frac{L}{V}\right)_{\min} \tag{4-9}$$

在确定吸收剂用量时，还必须保证一定的喷淋密度，使填料表面充分润湿，一般最小喷淋密度可取为 5～12m^3/（m^2·h），操作时的喷淋密度常远比此值大。最小喷淋密度也可由最小润湿率求得。润湿率（L_W）的定义为：单位填料层周边长度上的液体体积流量。对普通填料，可认为单位塔截面填料层的周边长度在数值上等于单位体积填料层的表面积（即比表面 a_t），故

$$L_W=\frac{L'A}{C}=\frac{L'}{a_t} \tag{4-10}$$

式中，L_W——润湿率，$m^3/(m\cdot h)$；

L'——喷淋密度，$m^3/(m^2\cdot h)$；

C——填料层周边长度，m；

A——塔截面，m^2；

a_t——填料的比表面积，m^2/m^3。

对于 75mm 以内的环形填料和板距 50mm 以内的栅板填料，最小润湿率应取 $0.08m^3/(m\cdot h)$；大于此条件的填料，最小润湿率则取 $0.12m^3/(m\cdot h)$。根据最小润湿率的数值，可求出最小喷淋密度。例如，采用 25mm 瓷拉西环时，由于 $a_t=190m^2/m^3$，因此，液体的喷淋密度至少要有 $0.08\times190=15.2$ $[m^3/(m^2\cdot h)]$，如果喷淋密度小于这个数值，则应采用更大的液气比或使液体在填料上进行再循环，以保证润湿率，但要注意操作推动力会因此而降低。

4.3.6　塔径的计算

1. 填料吸收塔液泛点的关联

填料吸收塔塔径的大小应根据生产能力与所选空塔气速来决定。首先用图 4-8 计算泛点空塔气速 u_F，然后选定操作空塔气速 u_0，u_0 通常应取在泛点气速 u_F 的 50%～85%范围内。一般填料吸收塔的操作气速为 0.2～1.0m/s。图 4-8 显示的是目前工程设计中所广泛采用的埃克特（Eckert）通用关联图，其可用来计算填料吸收塔的压降及泛点气速，此图所关联的参数比较全面，计算结果在一定范围内尚能符合实际情况。关联图的纵坐标为 $\frac{u_0{}^2\phi\psi}{g}\left(\frac{\rho_V}{\rho_L}\right)\mu_L^{0.2}$ 或 $\frac{u_F{}^2\phi\psi}{g}\left(\frac{\rho_V}{\rho_L}\right)\mu_L^{0.2}$，横坐标为 $\frac{w_L}{w_V}\left(\frac{\rho_V}{\rho_L}\right)^{\frac{1}{2}}$。

图中，最上方的三条线分别为两种规整填料（弦栅、整砌拉西环）及散装填料（如拉西环、弧鞍形填料、矩鞍形填料、鲍尔环等）的泛点线，对于其他填料，尚无可靠的填料因子数据。与泛点线相对应的纵坐标中的空塔气速 u_0 应为空塔泛点气速 u_F。使用此图时，可先按气液流量及密度算出图中横坐标的数值，如采用的是散装填料，则在散装填料泛点上读取相应的纵坐标值 $\frac{u_F{}^2\phi\psi}{g}\left(\frac{\rho_V}{\rho_L}\right)\mu_L^{0.2}$，再由已知的 ϕ、ψ、ρ_L、ρ_V 及 μ_L 值求出泛点气速 u_F。

使用图 4-8 中整砌拉西环泛点线时，纵轴中的 ϕ 值应改为整砌拉西环的干填料因子 a_t/ε^3 值。

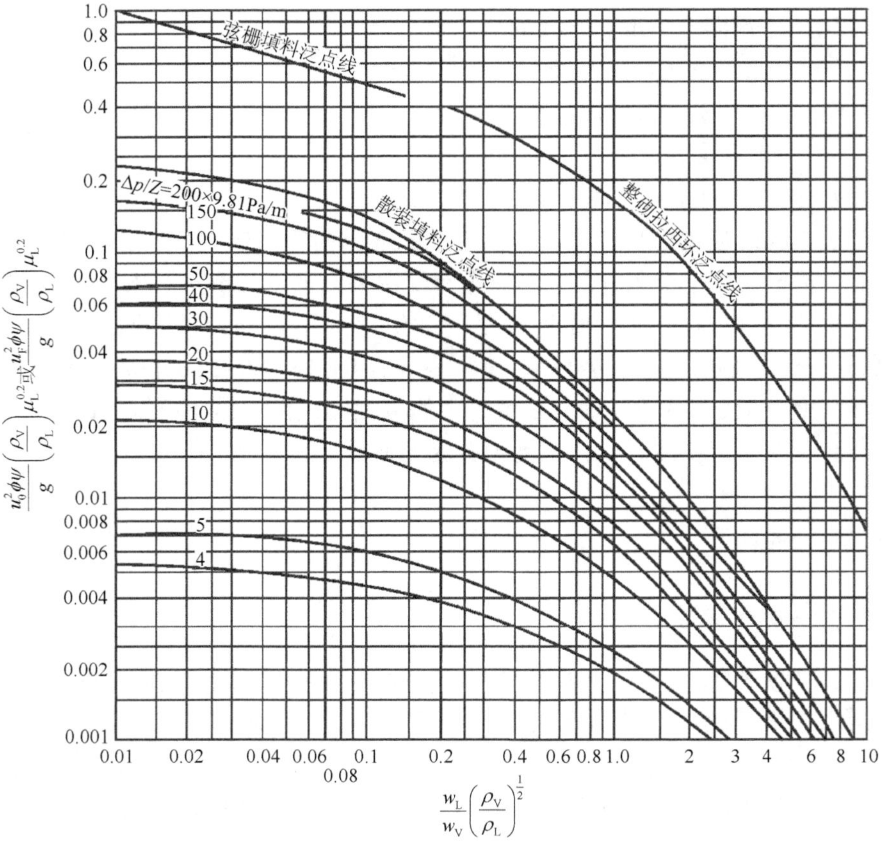

图 4-8　填料吸收塔泛点和压降的通用关联图［埃克特（Eckert）通用关联图］

u_0. 空塔气速（m/s）；u_F. 泛点气速（m/s）；g. 重力加速度（m^2/s）；ϕ. 填料因子（m^{-1}）；ψ. 液体密度校正系数，等于水的密度与液体密度之比（$\psi=\rho_{H_2O}/\rho_L$）；ρ_L、ρ_V. 分别为液体和气体的密度（kg/m^3）；μ_L. 液体的黏度（mPa·s）；w_L、w_V. 分别为液相和气相的质量流量（kg/s）

图 4-8 中，左下方线簇为散装填料层的等压降线，在设计中可根据规定的压降，求算出相应的空塔气速 u_0，反之，根据选定的空塔气速求压降。

2. 确定塔径

用上述方法确定了操作空塔气速 u_0 后，再由下式确定塔径

$$D=\sqrt{\frac{4V_S}{\pi u_0}} \tag{4-11}$$

式中，V_S——气体的体积流量，m^3/s；

D——塔径，m。

当计算出塔径 D 值不是整数时，应予以圆整，圆整的依据是符合加工要求及设备定型，以便于设备设计加工。根据国内《压力容器公称直径》标准（GB/T 9019—

2015），直径在 1m 以下时，间隔为 100mm（必要时 D 在 700mm 以下可用 50mm 为间隔）；直径在 1m 以上时，间隔为 200mm（必要时 D 在 2m 以下可用 100mm 为间隔）。最后，要对圆整后的塔径进行泛点率校核、填料规格校核和液体喷淋密度校核。

（1）泛点率校核。泛点率即空塔气速与泛点气速的比值，大多数情况下的泛点率取为 60%～80%。一般填料吸收塔的操作气速为 0.2～1.0m/s。

（2）填料规格校核。为使液体在填料中分布均匀，散装填料时，每个填料的尺寸不应大于塔径的 1/8。

（3）液体喷淋密度校核。如果喷淋密度过小，不能保证填料表面全部被润湿，则降低吸收效率。最小喷淋密度的计算已在 4.3.5 节中介绍。此外，如果喷淋密度过大，则易引起拦液，从而迫使可采用的气速过小。最大的喷淋密度等于最小喷淋密度的 4～6 倍。

4.3.7　填料层高度的计算

填料吸收塔的高度主要取决于填料层的高度，所以塔高计算实际上是对填料层高度的计算。低浓度气体（溶质含量低于 10%）吸收体系和高浓度气体（溶质含量超过 10%）吸收体系的填料层高度计算方法是一样的，这里仅介绍低浓度气体吸收体系的填料层高度的计算。

由于气液相总传质过程的总推动力有各种表示形式，如气相分压差（$p-p^*$）、液相浓度差（c^*-c）、气相物质的量浓度差（$y-y^*$）、液相物质的量浓度差（x^*-x）、气相摩尔比浓度差（$Y-Y^*$）、液相摩尔比浓度差（X^*-X）等，故填料层高度计算基本式也多种多样。这里仅用气相摩尔比浓度差（$Y-Y^*$）及其相对应的气相总体积吸收系数 $K_Y a$ 来讨论填料层高度的计算。其他形式的计算可参考相关教科书或参考书。

1. 计算填料层高度的基本表达式

计算填料层高度的基本表达式为

$$Z = \frac{V}{K_Y a \Omega}\int_{Y_2}^{Y_1}\frac{\mathrm{d}Y}{Y-Y^*} \tag{4-12}$$

式中，Z——填料层高度，m；

V——单位时间内通过吸收塔的惰性气体量，kmol/s；

$K_Y a$——气相总体积吸收系数，kmol/（$m^3 \cdot s$）；

Ω——塔截面积，m^2；

Y_1、Y_2——塔底与塔顶的气相物质的量比，kmol 溶质气体/kmol 惰性气体；

Y——塔内任一截面上的气相物质的量比，kmol/kmol；

Y^*——与塔内任一截面上液相组成 X 相平衡的气相物质的量比，kmol/kmol。

2. 传质单元数法计算填料层高度

计算填料层高度的常用方法有传质单元数法和等板高度法。下面主要介绍传质单元数法。

1）传质单元数与传质单元高度

令

$$H_{OG} = \frac{V}{K_Y a \Omega} \tag{4-13}$$

$$N_{OG} = \int_{Y_2}^{Y_1} \frac{dY}{Y - Y^*} \tag{4-14}$$

则填料层高度 Z 的基本计算式（4-12）可表示为

$$Z = H_{OG} N_{OG} \tag{4-15}$$

式中，H_{OG}——气相总传质单元高度，m；

N_{OG}——气相总传质单元数，无因次。

传质单元高度 H_{OG} 是由操作过程与工艺条件决定的，除去惰性气体的流率（V/Ω）外，就是气相总体积吸收系数 $K_Y a$。很显然，H_{OG} 反映了传质阻力（$1/K_Y$）的大小、填料性能的优劣及润湿性能的好坏。吸收过程的传质阻力越大，填料层的有效比表面积 a 越小，则每个传质单元所相当的填料层高度就越小。所以传质单元高度 H_{OG} 反映了吸收设备效能的高低。每种填料的传质单元高度变化幅度往往并不大，常用吸收设备的传质单元高度为 0.5～1.50m，具体数值需要由试验测定，有时也可从有关资料中查取或根据经验公式算出。

传质单元数 N_{OG} 所含变量只与气液相平衡及进出口气相浓度有关，所以若分离任务要求气相浓度变化越大（即 Y_2 越小），过程的平均推动力越小，则吸收分离难度越大，所需传质单元数就越多。所以传质单元数 N_{OG} 反映了吸收分离的难易程度。

2）传质单元数的计算

计算填料层高度的关键是求传质单元数，具体计算可根据气液平衡关系的不同情况而选用不同的方法。

（1）图解积分法。

此方法普遍适用于平衡关系的各种情况，更常用于平衡线为曲线的情况。它是直接根据定积分的几何意义而引申出的一种计算方法。

在积分式（4-14）的被积函数中有两个变量 Y、Y^*，二者之间存在相平衡关系。同时，在填料层任一截面上液相组成 X 与气相组成 Y 又存在操作关系。所以，有了相平衡方程和操作线方程，便可在 Y-X 图中画出平衡线和操作线。这样，在 Y_1 和 Y_2 间取若干 Y 值（包括 Y_1、Y_2 两端点），在操作线和平衡线间求出相对应的垂直距离（$Y-Y^*$），即为对应于任一截面上的传质推动力。然后求 1/（$Y-Y^*$）值，再在直角坐标系中将 1/（$Y-Y^*$）与 Y 的对应坐标进行标绘，所得函数曲线与 $Y=Y_1$、$Y=Y_2$ 及 1/（$Y-Y^*$）=0 三条直线之间所围成的面积，便为式（4-14）的定积分值，即气相总传质单元数 N_{OG}，如图 4-9 所示。除图解积分法外，也可用数值积分法，如用辛普森（Simpson）公式求。

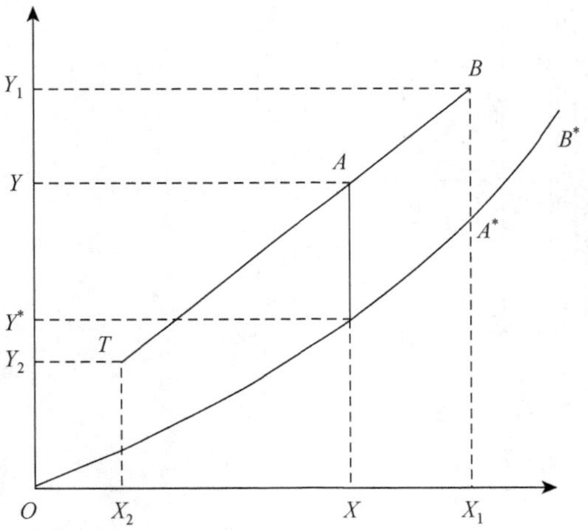

(a) 逆流吸收塔的平衡线和操作线

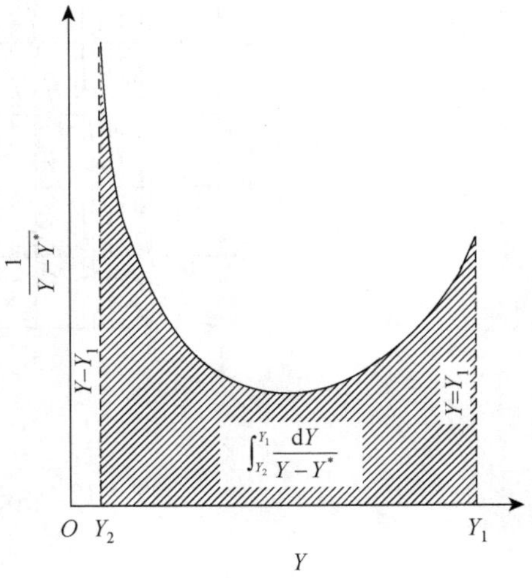

(b) 图解积分求 N_{OG}

图 4-9　图解积分法求 N_{OG}

（2）脱吸因数法。

此解吸方法适用于平衡线为直线时，其表达式为

$$N_{OG}=\frac{1}{1-S}\ln\left[(1-S)\frac{Y_1-Y_2^*}{Y_2-Y_2^*}+S\right] \tag{4-16}$$

式中，$S=\frac{mV}{L}=\frac{m}{L/V}$，称为脱吸因数，是平衡线斜率与操作线斜率的比值，无因次。

除用此式直接计算 N_{OG} 外，还可以以 S 为参数，标绘出 N_{OG} 与 $\frac{Y_1-Y_2^*}{Y_2-Y_2^*}$ 的函数关系，得到如图 4-10 所示的一组对应不同 S 值的曲线。若已知 V、L、Y_1、Y_2、X_2 及平衡线斜率 m 时，用此图可便捷地求出 N_{OG} 的值。需要注意的是，只有在 $\frac{Y_1-Y_2^*}{Y_2-Y_2^*}>20$ 及 $S\leqslant 0.75$ 的范围内使用该图时，读数才较为准确，否则误差较大，必要时还需用式（4-16）进行计算。

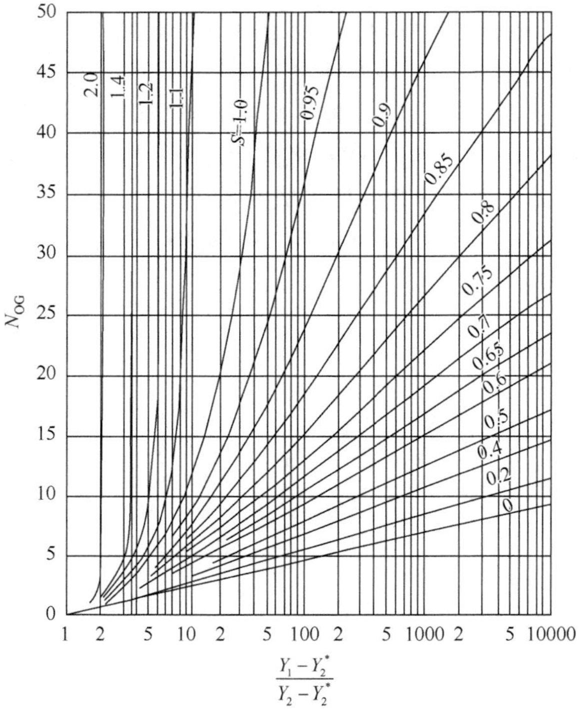

图 4-10　N_{OG}与$\frac{Y_1-Y_2^*}{Y_2-Y_2^*}$的关系图

（3）对数平均推动力法。

此种解吸方法适用于平衡线为直线时，其表达式为

$$N_{OG}=\frac{Y_1-Y_2}{\Delta Y_m} \tag{4-17}$$

其中

$$\Delta Y_m=\frac{\Delta Y_1-\Delta Y_2}{\ln\frac{\Delta Y_1}{\Delta Y_2}} \tag{4-18}$$

式中，$\Delta Y_1=Y_1-Y_1^*$，为塔底气相传质推动力，Y_1^*为与X_1成相平衡的气相物质的量比；$\Delta Y_2=Y_2-Y_2^*$，为塔顶气相传质推动力，Y_2^*为与X_2成相平衡的气相物质的量比。

当$\frac{1}{2}<\frac{\Delta Y_1}{\Delta Y_2}<2$时，式（4-17）中$\Delta Y_m$也可用算数平均推动力代替，而不会带来大的误差。

3）传质单元高度的计算

传质过程的影响因素十分复杂，对于不同的物系、不同的填料及不同的流动状况与操作条件，传质单元高度各不相同，迄今为止，尚无通用的计算方法和计算公式。目前，在进行设计时多选用一些准数关联式或经验公式进行计算，其中应用较为普遍的是修正的恩田（Onde）公式。

修正的恩田公式为

$$k_{\mathrm{G}}=0.237(\frac{U_{\mathrm{V}}}{a_{\mathrm{t}}\mu_{\mathrm{V}}})^{0.7}\left(\frac{\mu_{\mathrm{V}}}{\rho_{\mathrm{V}}D_{\mathrm{V}}}\right)^{\frac{1}{3}}\left(\frac{a_{\mathrm{t}}D_{\mathrm{V}}}{RT}\right) \tag{4-19}$$

$$k_{\mathrm{L}}=0.0095\left(\frac{U_{\mathrm{L}}}{a_{\mathrm{W}}\mu_{\mathrm{L}}}\right)^{\frac{2}{3}}\left(\frac{\mu_{\mathrm{L}}}{\rho_{\mathrm{L}}D_{\mathrm{L}}}\right)^{-\frac{1}{2}}\left(\frac{\mu_{\mathrm{L}}g}{\rho_{\mathrm{L}}}\right)^{\frac{1}{3}} \tag{4-20}$$

$$k_{\mathrm{G}}a=k_{\mathrm{G}}a_{\mathrm{W}}\psi^{1.1} \tag{4-21}$$

$$K_{\mathrm{L}}a=K_{\mathrm{L}}a_{\mathrm{W}}\psi^{0.4} \tag{4-22}$$

其中 a_{W} 和 a_{t} 的关系为

$$\frac{a_{\mathrm{W}}}{a_{\mathrm{t}}}=1-\exp\left\{-1.45\left(\frac{\sigma_{\mathrm{c}}}{\sigma_{\mathrm{L}}}\right)^{0.75}\left(\frac{U_{\mathrm{L}}}{a_{\mathrm{t}}\mu_{\mathrm{L}}}\right)^{0.1}\left(\frac{U_{\mathrm{L}}^{2}a_{\mathrm{t}}}{\rho_{\mathrm{L}}^{2}g}\right)^{-0.05}\left(\frac{U_{\mathrm{L}}^{2}}{\rho_{\mathrm{L}}\sigma_{\mathrm{V}}a_{\mathrm{t}}}\right)^{0.2}\right\} \tag{4-23}$$

式中，U_{V}、U_{L}——气体、液体的质量通量，kg/（$\mathrm{m}^2\cdot\mathrm{h}$）；

μ_{V}、μ_{L}——气体、液体的黏度，kg/（m·h）[1Pa·s=3600kg/（m·h）]；

ρ_{V}、ρ_{L}——气体、液体的密度，$\mathrm{kg/m^3}$；

D_{V}、D_{L}——溶质在气体、液体中的扩散系数，$\mathrm{m^2/s}$；

R——摩尔气体常量，8.314（$\mathrm{m^3\cdot kPa}$）/（kmol·K）；

T——系统温度，K；

a_{t}——填料的总比表面积，$\mathrm{m^2/m^3}$；

a_{W}——填料的润湿比表面积，$\mathrm{m^2/m^3}$；

g——重力加速度，$1.27\times10^8\mathrm{m/h}$；

σ_{L}——液体的表面张力，$\mathrm{kg/h^2}$；

σ_{c}——填料材质的临界表面张力，$\mathrm{kg/h^2}$，见表 4-8；

ψ——填料形状系数，见表 4-9。

表 4-8　常见材质的临界表面张力值

材质	碳	瓷	玻璃	聚丙烯	聚氯乙烯	钢	石蜡
表面张力/（dyn/cm*）	56	61	73	33	40	75	20

*1dyn/cm=12 960kg/h^2。

表 4-9　常见填料的形状系数

填料类型	球形	棒形	拉西环	弧鞍	开孔环
ψ 值	0.72	0.75	1	1.19	1.45

修正的恩田公式计算出 $k_G a$ 和 $k_L a$ 后，可按下式计算气相总传质单元高度 H_{OG}

$$H_{OG}=\frac{V}{K_Y a\Omega}=\frac{V}{K_G aP\Omega} \tag{4-24}$$

其中

$$K_G a=\frac{1}{\dfrac{1}{k_G a}+\dfrac{1}{Hk_L a}} \tag{4-25}$$

式中，H——溶解度系数，kmol/（$m^3\cdot kPa$）；

Ω——塔截面积，m^2。

应予指出，修正的恩田公式只适用于 $u\leqslant 0.5u_F$ 的情况，当 $u>0.5u_F$ 时，需按照下式进行校正，即

$$k'_G a=\left[1+9.5\left(\frac{u}{u_F}-0.5\right)^{1.4}\right]k_G a \tag{4-26}$$

$$k'_L a=\left[1+2.6\left(\frac{u}{u_F}-0.5\right)^{2.2}\right]k_L a \tag{4-27}$$

采用上述方法计算出填料层高度后，还应留出一定的安全系数。根据设计经验，填料层的设计高度一般为

$$Z'=(1.2\sim1.5)Z \tag{4-28}$$

式中，Z'——设计时的填料层高度，m；

Z——工艺计算得到的填料层高度，m。

3. 填料层的分段

液体沿填料层下流时，有逐渐向塔壁方向集中的趋势，形成壁流效应。壁流效应造成填料层中气液分布不均匀，使传质效率降低。因此，设计中，每隔一定的填料层高度，需要设置液体收集再分布装置，即将填料层分段。

对于散装填料，一般推荐的分段高度见表 4-10，表中 h/D 为分段高度与塔径之比，h_{max} 为允许的最大填料层高度。

表 4-10　散装填料分段高度推荐值

填料类型	h/D	h_{max}
拉西环	2.5	≤4m
矩鞍	5～8	≤6m
鲍尔环	5～10	≤6m
阶梯环	8～15	≤6m
环矩鞍	8～15	≤6m

4.3.8　填料层的阻力

在逆流操作的填料吸收塔内，液体从塔顶喷淋下来，依靠重力在填料表面作膜状流动，液膜与填料表面的摩擦及液膜与上升气体之间构成了液膜流动的阻力。由此所造成的气体通过填料层的压降是塔设计中的重要参数，该压降大小决定了塔的动力消耗。

图 4-8 是填料吸收塔泛点和压降的通用关联图，可以用来求气体通过填料层的压降。用通用关联图求压降，简便实用，计算结果的精确程度能满足工程实用的要求。目前在国际上也公认通用关联图是填料吸收塔流体力学性能的较好表达式。使用图 4-8 时，先根据有关参数，求出纵坐标和横坐标数值，再从图中读出相应曲线的第三参数值，即为气流通过每米填料层的压降。通用关联图只适用于各种散装填料，如拉西环、鲍尔环、鞍形填料等，计算规整填料的压降可采用阻力系数法。

4.4　填料吸收塔的结构设计

4.4.1　填料类型及选型

1. 几种典型填料

现代工业所用填料种类繁多，对填料的分类办法也不相同。按填料形状划分，有环形、鞍形和波纹形。按形体划分，可分为实体填料和网体填料两大类，其中实体填料主要包括常用的拉西环、鲍尔环、阶梯环等环形填料，矩鞍形、弧鞍形等鞍形填料及波纹填料等；网体填料则包括由丝网体制成的各种填料，如鞍形网、θ 环填料等。这里介绍一些工业中常用的典型填料，如图 4-11 所示。

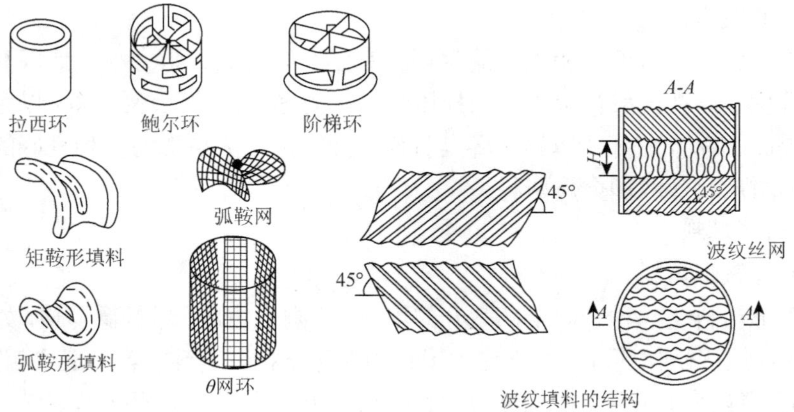

图 4-11　各种形状的填料

1）拉西环

拉西环是一种应用最早、最典型的填料。它的结构简单，制造容易，价格低廉，机械强度高，虽有明显缺点，但依然沿用至今。拉西环为高与外径相等的圆筒，常用的直径为 25～75mm，陶瓷环壁厚 2.5～9.5mm，金属环壁厚 0.8～1.6mm。由于它的结构不敞开，有效空隙率比实际空隙率小得多，故压降较大，内部润湿较困难，传质效果差，堆积时相邻填料之间容易形成线性接触，就易造成严重的沟流和向壁流现象。而且塔径越大，填料层越高，沟流及向壁流现象越严重，致使传质效率显著下降。再者，由于这种填料层的滞流液量大，气体流动阻力较高，流通量较低，因此已逐渐被其他新型填料所取代。

拉西环在塔内有两种装填方式，一种是乱堆，一种是整砌。乱堆装卸方便，但压降大，液体向壁偏流现象较严重。一般直径在 50mm 以下的拉西环用乱堆，直径在 50mm 以上的用整砌。填料整砌可降低阻力，可减轻液体向壁偏流的趋势。

拉西环的材质常用陶瓷，此外还有钢、石墨、塑料或有色金属。拉西环自 20 世纪出现以来，研究相当充分，性能数据齐全，故现在常用来作为比较其他填料性能的标准。

2）鲍尔环

鲍尔环是近年来国内外公认性能优良的一种填料，它是针对拉西环存在的一些主要缺点加以改进而出现的。

鲍尔环的结构是在普通拉西环的壁上开一层或两层长方形孔。开孔时，孔材不完全从环上断开，而是断开四边形的三条边，保留另一边，并使其开出舌状弯向环的中心，几乎在环中心对接起来。上下两层孔的位置是错开的。一般孔的面积为整个环壁的 35%左右。这样，气、液体可从一个个孔中流过，流通性能改善，对于同样的空隙率流动阻力大为降低，环的内表面积得以充分利用。另外，由于开孔后保留的舌片向中心弯去，所以液体的分布较为均匀，改进了拉西环使液体向壁偏流的缺点。

正因如此，与拉西环相比，鲍尔环具有生产能力大、阻力小、效率高、操作弹性大等优点。在一般情况下，同样压降时，处理量是拉西环的 50%以上，传质效率能提高 20%左右。所以鲍尔环是目前工业上用于大型塔的一种良好的填料。鲍尔环的材质有塑料和金属两种。

3）鞍形填料

（1）弧鞍形填料。

弧鞍形填料是一种表面全部敞开的填料，用陶瓷烧成，形状像马鞍，如图 4-11 所示，其性能优于拉西环。由于这种填料的对称结构，填料层容易造成相互重叠，填料表面不能充分利用，在流体力学和传质性能方面均不如矩鞍形填料，逐渐被后者代替。

（2）矩鞍形填料。

矩鞍形填料也是一种敞开式填料，多用陶瓷制造。其形状如图 4-11 所示，这种填料两面不对称，且大小不等，所以堆放时不会重叠，强度也较好。它的流体阻力小，处理物料能力大，传质效率高，比鲍尔环制造方便，是一种性能优良的填料。

4）阶梯环

阶梯环是近年来新发展的填料，形状如图 4-11 所示。阶梯环的材质多为金属或塑料，阶梯环圆筒部分的高度仅为直径的一半，圆筒一端有向外翻卷的喇叭口，其高度约为全高的 1/5。阶梯环与鲍尔环相似，环壁上开有窗孔，环内有两层十字形翅片，两层翅片交错 45°。这种填料由于形状不对称，在填料床层内减少了料环的相互重叠，增大了空隙率，同时填料的表面得以充分利用，因此可使压降降低，传质效率提高。

5）波纹填料

波纹填料是一种整砌结构的填料，目前有薄板及金属丝网型两种，其中后者如图 4-11 所示。波纹填料通道较均匀，所以气体阻力小，空塔气速可以比普通填料高几倍，空隙率和比表面积都较高（500～1500m^2/m^3），等板高度为 200～300mm，比一般填料小得多。波纹填料吸收塔操作性能稳定，传质效率不易受气速波动的影响，但清理较困难，不宜用于有固体析出、易结垢或液体黏度较大的物系。在塔中，波纹填料质量大、造价高，而且装卸不如乱堆方便。

波纹填料要安装正确，相邻两板反向叠靠，垂直排列组成盘，再一盘盘地装于塔中，盘与盘间波纹成 90°方向旋转排列，并紧密接触。这样才能保证液体分布均匀。盘与塔壁缝隙间要用其他物质塞紧，以保证盘在操作时不转动或浮动。由于波纹填料的液体分布性好，没有向壁偏流现象，所以可不设置液体再分布器，但要求液体初始分布均匀。

6）丝网填料

丝网填料是由丝网体做成的填料，有各种形状，如图 4-11 所示。由于丝网材料较为细薄，可做成较小尺寸，所以比表面积和空隙率大，阻力小，等板高度小，每层理论板的压降也小。此外，由于表面润湿性好，单位面积的持液量较大。这种填料价格昂贵，不适用于有腐蚀性及易结垢的物料，装填要求高，需松紧适当，上下均匀，拆修方便，但拆修后的填料大多不能再使用。这种填料多用于分离精度要求较高的场合。

7）栅板

栅板是由薄木板条、金属板或塑料板条排列而成，相邻两层垂直摆放，条与条之间留有空隙，有利于处理含固体颗粒的液体，阻力也小，但传质效果不如单个填料。

此外还有其他各种类型的填料。近年来，国内外都加强了对填料的研究与开发，开发力度很强，研究进展很快，各种性能优良的填料不断出现。

2. 填料的选型

填料吸收塔对填料的要求具体表现在如下几方面：

（1）比表面积 a_t 大。比表面积 a_t 是指单位堆积体积填料所具有的表面积，单位为 m^2/m^3。

（2）空隙率 ε 高。空隙率 ε 是指单位体积填料层所具有的空隙体积，其单位为 m^3/m^3。填料的空隙率大，气液通过能力大，且气体流动阻力小。

（3）填料尺寸的选择要适当。填料尺寸小，单位堆积体积内填料的数目增加，填料层的比表面积增大而空隙率减小，气体的流动阻力也相应增加。反之，若填料尺寸过大，在靠近塔壁处，填料与塔壁不能靠紧而留出的空隙过大，易使大量液体沿塔壁流下，因而使截面上液体分布严重不均匀。实践证明，塔径与填料外径的合适比值（简称径比）有限值，各种填料的径比下限为：拉西环 20～30；鲍尔环 10～15，最小不低于 8；鞍形填料 15。

此外，还要求填料的润湿性能好；单位体积填料的质量轻，造价低，并有足够的机械强度及能耐腐蚀等。

4.4.2　填料支承装置

填料支承结构应满足 3 个基本条件：

（1）使气液能顺利通过，对于普通填料吸收塔，支承件上的流体通过的自由截面应为塔截面的 50%以上，且应大于填料空隙率；此外，应考虑到装上填料后会将支承板的自由截面堵去一些，所以设计时应取尽可能大的自由截面，自由截面太小，在操作中会产生拦液现象，增加压降，降低效率，甚至形成液泛。

（2）要有足够的强度承受填料重量，并考虑填料孔隙中的持液重量，以及可能加于系统的压力波动、机械振动、温度波动等因素。

（3）要有一定的耐腐蚀性能。

较常用的支承结构是栅板，其由竖立的扁钢条构成，结构简单、制造方便。栅板可以制成整块的或分块的。一般直径小于 500mm 可制成整块的；直径在 600～800mm 时，可以分成两块；直径在 900～1200mm 时，分成三块；直径大于 1400mm 时，分成四块；使每块宽度在 300～400mm，以便通过塔的人孔装卸。

4.4.3　液体喷淋装置

液体喷淋装置又称液体分布装置。如果液体在塔截面上分布不良，则填料表面不能最大限度地润湿，将会产生沟流，从而降低了气液两相接触的有效传质面积，使传质速率减小。这就要求液体分布器能为填料层提供一个良好的液体初始分布，使填料层一开始就能得到均匀的喷淋点和均量的喷淋液。液体分布器的结构形式很多，目前常用的有以下几种。

1. 管式喷淋器

这是结构最简单的一种装置，有多种形式，这里仅介绍其中的弯管式和缺口式两种，分别如图 4-12（a）和（b）所示。喷口下面有圆形挡板，既可溅射起分散的液体，也可减轻液流对填料的直接冲击。这种喷淋器一般只用于塔径在 300mm 以下的塔。

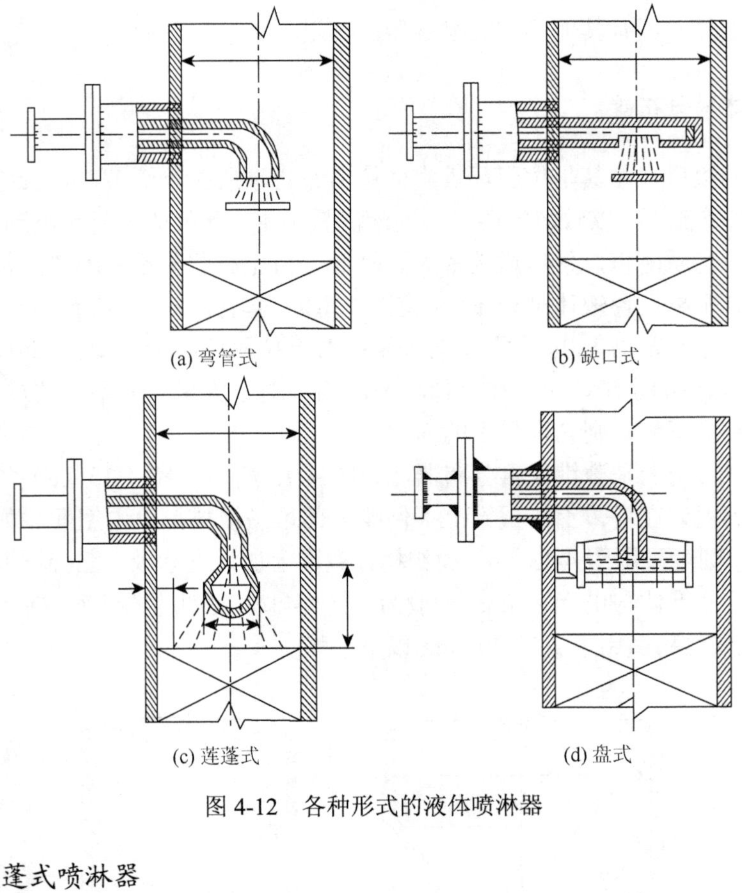

图 4-12　各种形式的液体喷淋器

2. 莲蓬式喷淋器

这是应用最普遍的一种喷淋装置，如图 4-12（c）所示。它的结构简单，安装方便，喷淋较均匀，但小孔容易堵塞，且液体的喷淋面积和分布受液体压头影响较大，所以适用于料液较清洁且压头变化不大的情况，一般适用于直径 600mm 以下的塔。

3. 盘式喷淋器

其结构如图 4-12（d）所示。液体通过进液管流到液体分布盘内，再由盘围板上边缘的齿隙式盘上的小筛孔流出，淋洒到填料上。盘式喷淋器的结构简单，液体通过时阻力较小，但加工较复杂。一般分布盘直径为塔径的 0.65～0.80。该装置一般适用于直径 800mm 以上的塔。

4. 多孔管式喷淋器

这种装置有多孔直管式和多孔盘管式两种。前者多用于直径 600mm 以下的塔，后者适用于直径为 600～1200mm 的塔。喷液孔均匀地开在管底部，直径为 3～6mm。

除此之外，还有其他形式的喷淋器，这里不再一一介绍。

4.4.4　液体再分布器

液体沿填料（尤其是拉西环等实体填料）自顶层往下流动时，会逐渐流向塔壁，再沿塔壁流下，以致填料层中心处液流量不足，此处的填料得不到有效润湿，减少了有效传质面积，使传质效率大为降低。为克服此种不良趋势，常在填料层内每隔一定距离设置液体再分布器，使液体重新均匀分布后再流到下一段填料中。

再分布器的距离 h_0 与塔径 D 的关系：对于拉西环，h_0=（2.5～3.0）D；对直径 400mm 以下的小塔，可用比上值较大的 h_0；对于大塔，h_0 不宜超过 6m；对于鲍尔环或鞍形填料，则允许更大的 h_0。

实际中常用的是截锥式再分布器，如图 4-13 所示。图 4-13（a）型是将截锥体焊（或搁置）在塔体上，截锥上下仍能全部堆满填料，不占空间。如需分段卸出填料时，则可采用图 4-13（b）型结构，截锥上加设支承板，截锥下要隔段距离再装填料。截锥体与塔壁夹角 α 一般为 35°～45°，截锥下端直径 D_l 可取塔径的 0.7～0.8。该结构适用于直径 800mm 以下的塔。

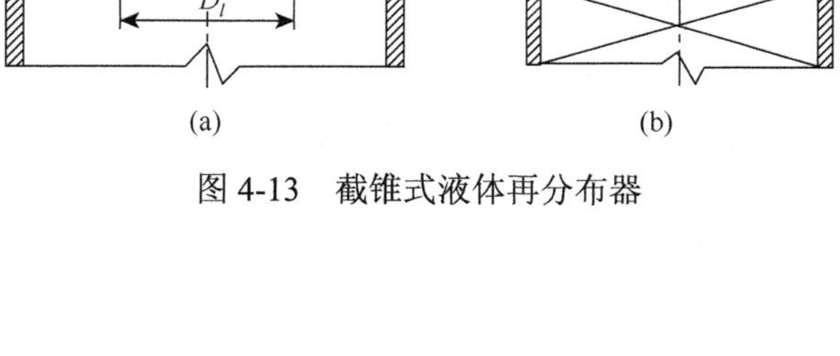

图 4-13　截锥式液体再分布器

4.4.5　填料吸收塔接管

1. 气体进、出口管

填料吸收塔的气体进口装置尽量使气体分散均匀，同时还能防止液体流入气体管路中。常用的办法是使进气管伸至塔的中心线位置，管端为向下的45°切口或向下的缺口。这样气体从切口或缺口处折转向上。由于这种进气管不能使气体分布均匀，所以只能用于直径在 500mm 以下的塔中。对于直径较大的塔，进气管的末端为向下的喇叭口，对于直径更大的塔，则应采取气体均布措施。

气体的出口装置既要保证气流畅通，又要能除去被气体夹带的液体雾滴。目前常用的除雾装置有折板除雾器和丝网除雾器。

2. 液体进、出口管

填料吸收塔的液体进口管多是直接通向喷淋装置，其结构需按喷淋装置的要求而定。液体的出口装置应该便于塔内液体的排放，不易堵塞，而且又能将塔设备的内部与外部大气相隔离。液体出口装置在负压操作的塔设备中必须另装液封装置，如倒 U 形管等。有时不另装液封装置而把塔的下部当作缓冲器用，即其中经常储有一定量的液体，并保持液面恒定。

除上述部件外，还有封头、管法兰、筒体等。合理选用或设计填料吸收塔的部件，对于保证塔的正常操作及良好性能是十分重要的。

4.5　填料吸收塔设计示例

【例题 4-1】

矿石焙烧炉送出的气体冷却到 25℃后送入填料吸收塔中，用 20℃清水洗涤以除去其中的 SO_2，入塔的炉气流量为 2400m^3/h，其中 SO_2 的摩尔分率为 0.05，要求 SO_2 的吸收率为 95%。吸收塔为常压操作，因该过程的液气比很大，吸收温度基本不变，可近似取为清水的温度。

试设计该填料吸收塔。

【设计计算】

1. 设计方案的确定

用水吸收 SO_2 属中等溶解度的吸收过程，为提高传质效率，选用逆流吸收流程。因用水作为吸收剂，且 SO_2 不作为产品，故采用纯溶剂。

2. 填料的选择

对于水吸收 SO_2 的过程，操作温度及操作压力较低，工业上通常选用塑料散装填料。在塑料散装填料中，塑料阶梯环填料的综合性能较好，故选用 D_N38 聚丙烯阶梯环填料。

3. 基础物性数据

1）液相物性数据

对低浓度吸收过程，溶液的物性数据可近似取纯水的物性数据。查手册可知，20℃时水的有关物性数据如下：

密度：$\rho_L=998.2\text{kg/m}^3$

黏度：$\mu_L=0.001\text{Pa}\cdot\text{s}=3.6\text{kg/(m}\cdot\text{h)}$

表面张力：$\sigma_L=72.6\text{dyn/cm}=940\,896\text{kg/h}^2$

SO_2 在水中的扩散系数：$D_L=1.47\times10^{-5}\text{cm}^2/\text{s}=5.29\times10^{-6}\text{m}^2/\text{h}$

2）气相物性数据

混合气体平均摩尔质量：$M_{\text{Vm}}=\sum y_iM_i=0.05\times64.06+0.95\times29=30.75(\text{kg/kmol})$

混合气体平均密度：$\rho_{\text{Vm}}=\dfrac{PM_{\text{Vm}}}{RT}=\dfrac{101.3\times30.75}{8.314\times298}=1.257(\text{kg/m}^3)$

混合气体的黏度可近似取为空气的黏度，查手册得 20℃空气的黏度为

$$\mu_V=1.85\times10^{-5}\text{Pa}\cdot\text{s}=0.065\text{kg/(m}\cdot\text{h)}$$

3）气液相平衡数据

查手册，常压下 20℃时，SO_2 在水中的亨利系数 $E=3.55\times10^3\text{kPa}$，相平衡常数 $m=\dfrac{E}{P}=\dfrac{3.55\times10^3}{101.3}=35.04$，得溶解度系数为

$$H=\frac{\rho_L}{EM_S}=\frac{998.2}{3.55\times10^3\times18.02}=0.0156[\text{kmol/(kPa}\cdot\text{m}^3)]$$

4. 物料衡算

进塔气相物质的量比：$Y_1=\dfrac{y_1}{1-y_1}=\dfrac{0.05}{1-0.05}=0.0526$

出塔气相物质的量比：$Y_1=Y_1(1-\varphi_A)=0.0526\times(1-0.95)=0.00263$

进塔惰性气相流量：$V=\dfrac{2400}{22.4}\times\dfrac{273}{273+25}(1-0.05)=93.25(\text{kmol/h})$

该过程属低浓度吸收，平衡关系为直线，对于纯溶剂吸收过程，进塔液相组成 $X_2=0$，由此得最小液气比为

$$\left(\frac{L}{V}\right)_{\min}=\frac{Y_1-Y_2}{Y_1/m-X_2}=\frac{0.0526-0.002\,63}{0.0526/35.04-0}=33.29$$

取操作液气比为

$$\frac{L}{V}=1.4\left(\frac{L}{V}\right)_{\min}=1.4\times33.29=46.61$$

$$L=46.61\times93.25=4346.38(\text{kmol/h})$$

$$V(Y_1-Y_2)=L(X_1-X_2)$$

$$X_1=\frac{93.25\times(0.0526-0.002\,63)}{4346.38}=0.0011$$

5. 填料吸收塔的工艺尺寸的计算

1）塔径的计算

采用 Eckert 通用关联图计算泛点气速。

气相质量流量：$\omega_{\text{V}}=2400\times1.257=3016.8(\text{kg/h})$

液相质量流量可近似按纯水计算，$\omega_{\text{L}}=4346.38\times18.02=78\,321.77(\text{kg/h})$

Eckert 关联图的横坐标 $\dfrac{w_{\text{L}}}{w_{\text{V}}}\left(\dfrac{\rho_{\text{V}}}{\rho_{\text{L}}}\right)^{0.5}=\dfrac{78\,321.77}{3016.8}\left(\dfrac{1.257}{998.2}\right)^{0.5}=0.921$，查图 4-8（最上方的三条线为两种规整填料及散装填料的泛点线）得

$\dfrac{u_{\text{F}}{}^2\phi_{\text{F}}\psi}{g}\left(\dfrac{\rho_{\text{V}}}{\rho_{\text{L}}}\right)\mu_{\text{L}}^{0.2}=0.023$（$u_{\text{F}}$ 为泛点气速，ψ=1，为液体密度校正系数）

又查相关资料得所使用的填料的泛点填料因子 $\phi_{\text{F}}=150\text{m}^{-1}$，由此得泛点气速为

$$u_{\text{F}}=\sqrt{\frac{0.023g\rho_{\text{L}}}{\phi_{\text{F}}\psi\rho_{\text{V}}\mu_{\text{L}}^{0.2}}}=\sqrt{\frac{0.023\times9.81\times998.2}{170\times1\times1.257\times1^{0.2}}}=1.027(\text{m/s})$$

取空塔气速为泛点气速的 70%（一般取 50%～85%），即

$u=0.7u_{\text{F}}=0.7\times1.027=0.719(\text{m/s})$（填料吸收塔气速一般为 0.2～1.0m/s）

由此得塔径 $D=\sqrt{\dfrac{4V_{\text{S}}}{\pi u}}=\sqrt{\dfrac{4\times2400/3600}{3.14\times0.719}}=1.087(\text{m})$，圆整塔径，取 D=1.2m。需要进行以下三项校核来确保所选直径合理。

（1）泛点率校核（泛点率为空塔气速与泛点气速之比，一般宜取为 60%～80%）：

$$u=\frac{2400/3600}{3.14/4\times1.2^2}=0.59(\text{m/s})$$

$$\frac{u}{u_{\text{F}}}=\frac{0.59}{1.027}\times100\%=57.45\%\ \text{（在允许范围内）}$$

（2）填料规格校核（为使液体在填料中分布均匀，每个散装填料的尺寸不应大于塔径的 1/8）：

$$\frac{D}{d}=\frac{1200}{38}=31.58>8 \text{（符合要求）}$$

（3）液体喷淋密度校核（要求求得的填料层润湿率要大于最小润湿率）：

对于直径不超过75mm的拉西环及其他填料，可取最小润湿率为 $0.08\text{m}^3/(\text{m}\cdot\text{h})$；对于直径大于 75mm 的环形填料，应取为 $0.12\text{m}^3/(\text{m}\cdot\text{h})$，此处取最小润湿率 $(L_\text{W})_{\min}=0.08\text{m}^3/(\text{m}\cdot\text{h})$。

查资料可知所使用填料的总比表面积为 $a_\text{t}=132.5\text{m}^2/\text{m}^3$，因此

$$U_{\min}=(L_\text{W})_{\min}a_\text{t}=0.08\times132.5=10.6[\text{m}^3/(\text{m}^2\cdot\text{h})]$$

$$U=\frac{78\,321.77/998.2}{3.14/4\times1.2^2}=69.41[\text{m}^3/(\text{m}^2\cdot\text{h})]>U_{\min} \text{（符合要求）}$$

经以上校核可知，填料吸收塔直径选用 D=1200mm 合理。

2）填料层高度的计算

$$Y_1^*=mX_1=35.04\times0.0011=0.0385$$

$$Y_2^*=mX_2=0$$

脱吸因数：$S=\dfrac{mV}{L}=\dfrac{35.04\times93.25}{4346.38}=0.752$

气相总传质单元数为

$$N_\text{OG}=\frac{1}{1-S}\ln\left[(1-S)\frac{Y_1-Y_2^*}{Y_2-Y_2^*}+S\right]$$

$$=\frac{1}{1-0.752}\ln\left[(1-0.752)\frac{0.0526-0}{0.002\,63-0}+0.752\right]=7.026$$

气相总传质单元高度采用修正的恩田关联式计算

$$\frac{a_\text{W}}{a_\text{t}}=1-\exp\left\{-1.45\left(\frac{\sigma_\text{c}}{\sigma_\text{L}}\right)^{0.75}\left(\frac{U_\text{L}}{a_\text{t}\mu_\text{L}}\right)^{0.1}\left(\frac{U_\text{L}^2a_\text{t}}{\rho_\text{L}^2g}\right)^{-0.05}\left(\frac{U_\text{L}^2}{\rho_\text{L}\sigma_\text{V}a_\text{t}}\right)^{0.2}\right\}$$

查表 4-8 知填料的临界表面张力值 $\sigma_\text{c}=33\text{dyn/cm}=427\,680\text{kg/h}^2$，液体质量通量为 $U_\text{L}=\dfrac{\omega_\text{L}}{\pi D^2/4}=\dfrac{78\,321.77}{3.14/4\times1.2^2}=69\,286.77[\text{kg}/(\text{m}^2\cdot\text{h})]$，由此得

$$\frac{a_\text{W}}{a_\text{t}}=1-\exp\left\{\begin{aligned}&-1.45\left(\frac{427\,680}{940\,896}\right)^{0.75}\left(\frac{69\,286.77}{132.5\times3.6}\right)^{0.1}\left(\frac{69\,286.77^2\times132.5}{998.2^2\times1.27\times10^8}\right)^{-0.05}\\&\times\left(\frac{69\,286.77^2}{998.2\times940\,896\times132.5}\right)^{0.2}\end{aligned}\right\}=0.592$$

气膜吸收系数由下式计算，$k_G = 0.237\left(\dfrac{U_V}{a_t\mu_V}\right)^{0.7}\left(\dfrac{\mu_V}{\rho_V D_V}\right)^{\frac{1}{3}}\left(\dfrac{a_t D_V}{RT}\right)$

其中，气体质量通量 $U_V = \dfrac{\omega_V}{\pi D^2/4} = \dfrac{2400\times1.257}{3.14/4\times1.2^2} = 2668.79[\mathrm{kg/(m^2\cdot h)}]$

$$k_G = 0.237\left(\frac{2668.79}{132.5\times0.065}\right)^{0.7}\left(\frac{0.065}{1.257\times0.039}\right)^{\frac{1}{3}}\left(\frac{132.5\times0.039}{8.314\times293}\right)$$
$$= 0.0336[\mathrm{kmol/(m^2\cdot h\cdot kPa)}]$$

液膜吸收系数由下式计算

$$k_L = 0.0095\left(\frac{U_L}{a_w\mu_L}\right)^{\frac{2}{3}}\left(\frac{\mu_L}{\rho_L D_L}\right)^{-\frac{1}{2}}\left(\frac{\mu_L\cdot g}{\rho_L}\right)^{\frac{1}{3}}$$
$$= 0.0095\left(\frac{69\,286.77}{0.592\times132.5\times3.6}\right)^{\frac{2}{3}}\left(\frac{3.6}{998.2\times5.29\times10^{-6}}\right)^{-\frac{1}{2}}\left(\frac{3.6\times1.27\times10^8}{998.2}\right)^{\frac{1}{3}}$$
$$= 1.009(\mathrm{m/h})$$

由 $k_G a = k_G a_W \psi^{1.1}$，$K_L a = K_L a_W \psi^{0.4}$（此处的 a 表示填料的有效比表面积），查表 4-9 得所用填料的形状系数为 $\psi = 1.45$，所以

$$k_G a = k_G a_W \psi^{1.1} = 0.0336\times(0.592\times132.5)\times1.45^{1.1} = 3.966[\mathrm{kmol/(m^3\cdot h\cdot kPa)}]$$
$$k_L a = k_L a_W \psi^{0.4} = 1.099\times(0.592\times132.5)\times1.45^{1.1} = 100.02(\mathrm{L/h})$$

因泛点率 $\dfrac{u}{u_F} = 57.45\% > 50\%$（上述公式仅适用于泛点率＜50%，当＞50%时需要校正），所以，需要用以下公式进行校正

$$k'_G a = \left[1 + 9.5\left(\frac{u}{u_F} - 0.5\right)^{1.4}\right]k_G a \quad k'_L a = \left[1 + 2.6\left(\frac{u}{u_F} - 0.5\right)^{2.2}\right]k_L a$$

可得

$$k'_G a = [1 + 9.5(0.5745 - 0.5)^{1.4}]\times3.966 = 4.959[\mathrm{kmol/(m^3\cdot h\cdot kPa)}]$$
$$k'_L a = [1 + 2.6(0.5745 - 0.5)^{2.2}]\times100.02 = 100.88(\mathrm{L/h})$$

则 $K_G a = \dfrac{1}{\dfrac{1}{k'_G a} + \dfrac{1}{H k'_L a}} = \dfrac{1}{\dfrac{1}{4.959} + \dfrac{1}{0.0156\times100.88}} = 1.195[\mathrm{kmol/(m^3\cdot h\cdot kPa)}]$

则 $H_{OG} = \dfrac{V}{K_Y a\Omega} = \dfrac{V}{K_G a P\Omega} = \dfrac{93.25}{1.195\times101.3\times0.785\times1.2^2} = 0.681(\mathrm{m})$

由 $Z = H_{OG} \cdot N_{OG} = 0.681 \times 7.062 = 4.809(\text{m})$，实际高度要留出一定的安全系数，一般取 1.2～1.5，由此得 $Z' = 1.25 \times 4.809 = 6.011(\text{m})$。

设计取填料层高度 $Z' = 6m$，查表 4-10（散装填料分段高度推荐值），对于阶梯环填料，$\frac{h}{D} = 8 \sim 15$，$h_{\max} = 6\text{m}$，取 $\frac{h}{D} = 8$，则 $h = 8 \times 1200 = 9600(\text{mm})$，因计算得填料层高度为 6000mm，故不需分段。

6. 填料层压降的计算

采用 Eckert 通用关联图计算填料层压降。横坐标 $\frac{w_L}{w_V}\left(\frac{\rho_V}{\rho_L}\right)^{0.5} = 0.921$；查相关资料得所使用的填料的压降填料因子 $\phi_P = 116m^{-1}$（注意区分填料的泛点填料因子和压降填料因子），纵坐标 $\frac{u^2\phi_P\psi}{g}\left(\frac{\rho_V}{\rho_L}\right)\mu_L^{0.2} = \frac{0.59^2 \times 116 \times 1}{9.81} \times \frac{1.257}{998.2} \times 1^{0.2} = 0.0052$（此处 u 为空塔气速）。查图 4-8 得（左下方线簇为散装填料层等压降线，根据空塔气速求压降）$\frac{\Delta P}{Z} = 107.91(\text{Pa/m})$。由此得填料层压降 $\Delta P = 107.91 \times 6 = 647.46(\text{Pa})$。

7. 液体分布器简要设计

1）液体分布器的选型

该吸收塔液相负荷较大，而气相负荷相对较低，故选用槽式液体分布器。

2）分布点密度的计算

按照 Eckert 建议值，$D \geqslant 1200$ 时，喷淋点密度为 42 点/m²，因该塔液相负荷较大，设计取喷淋点密度为 120 点/m²，则布液点数为 $n = \frac{\pi}{4}D^2 \times 120 = 0.785 \times 120 = 135.6(\text{点}) \approx 136(\text{点})$。

按分布点几何均匀与流量均匀的原则，进行布点设计。设计结果为：二级槽共设七道，在槽侧面开孔，槽宽度为 80mm，槽高度为 210mm，两槽中心矩为 160mm。分布点采用三角形排列，实际设计布点数为 n=132 点，布液点示意图如图 4-14 所示。

3）布液的计算

由 $L_S = \frac{\pi}{4}d_o^2 n\phi\sqrt{2g\Delta H}$，取 $\phi = 0.60\text{m}^{-1}$，$\Delta H = 160\text{mm}$，得

$$d_o = \left(\frac{4L_S}{\pi n\phi\sqrt{2g\Delta H}}\right)^{\frac{1}{2}} = \left(\frac{4 \times 78\,321.77/998.2 \times 3600}{3.14 \times 132 \times 0.6\sqrt{2 \times 9.81} \times 0.16}\right)^{\frac{1}{2}} = 0.014(\text{m})$$

设计取 $d_o = 14\text{mm}$ 。

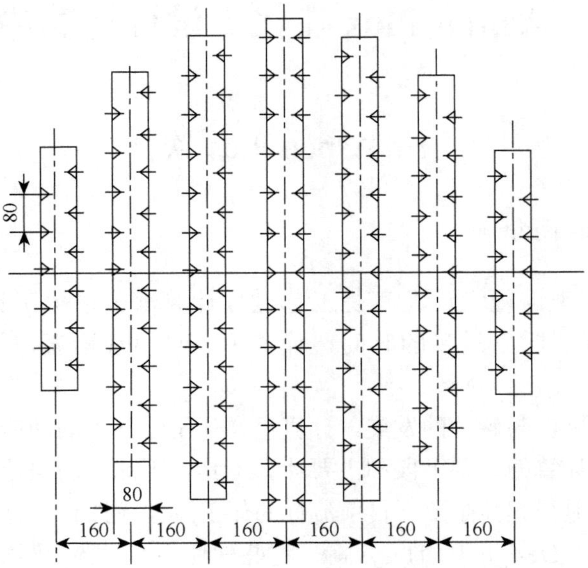

图 4-14　槽式液体分布器二级槽的布液点示意图（mm）

第 5 章　Aspen Plus 在化工设计计算中的应用

5.1　Aspen Plus 软件

5.1.1　Aspen Plus 简介

目前化工原理课程设计尤其是工艺过程计算部分以手工计算为主，大量的手工计算会耗费学生过多的时间，计算中一旦出现错误，往往会影响后续的设计。

随着计算机硬件与软件的发展，计算机在化工计算中的功能逐步从辅助计算工具发展为工艺计算的重要手段和主要计算工具。因此，加强计算机在化工设计计算中的应用就显得尤其必要。目前流行的化工流程模拟软件有 PRO/Ⅱ、Aspen Plus、ChemCAD、DesignⅡ、Hysys 等。这些软件各有优势，例如，ChemCAD 简单易学，但是数据库较小；Hysys 主要用于炼油设计，动态模拟是它的优势；Aspen Plus 数据库全面，计算精确。若将 Aspen Plus 应用于化工原理课程设计，可以有效解决物性难查找的问题，克服物料衡算和能量衡算中烦琐的计算，避免手算中常见的错误，有效提高学生计算的准确性和效率。

Aspen Plus 是一种广泛应用于化工过程的研究开发、设计和生产过程的控制、优化及技术改造等方面的性能优良的软件。该模拟系统是麻省理工学院于 20 世纪 70 年代后期研制开发的。由美国 Aspen 技术公司于 80 年代初推向市场，它用严格和最新的计算方法，进行单元和全过程的计算，为企业提供准确的单元操作模型，还可以评估已有装置的优化操作或新建、改建装置的优化设计。这套系统功能齐全，规模庞大，可应用于化工、炼油、石油化工、气体加工、煤炭、医药、冶金、环境保护、动力、节能和食品等许多工业领域。Aspen Plus 是基于流程图的过程稳态模拟软件。

该软件经过不断地改进、扩充和提高，已先后推出了十个版本，成为举世公认的标准大型流程模拟软件。全球各大化工、石化、炼油等过程工业制造企业及著名的工程公司都是 Aspen Plus 的用户。

Aspen Plus 主要由三块构成。

1. 物性数据库

Aspen Plus 具有一套完整的基于状态方程和活度系数方法的物性模型（共 105 种），其数据库包括 6000 多种纯组分的物性数据，Aspen Plus 拥有 Aspen CD 和

DIPPR（美国化工协会物性数据设计院的数据库）。Aspen Plus 还有部分专用数据库以满足电解质等特殊领域的应用。Aspen Plus 是唯一获准与 DECHEMA 数据库接口的软件。该数据库收集了世界上最完备的气液平衡和液液平衡数据，共计 25 万多套数据。用户也可以把自己的物性数据与 Aspen Plus 系统连接。

2. 单元操作模块

Aspen Plus 拥有一套完整的单元操作模型（约 50 种），各个模块可以单个计算也可以组合成一套完整的工艺。

3. 系统实现策略

系统实现策略主要包括数据输入、解决方法和结果输出。

5.1.2　Aspen Plus 主要功能

（1）对工艺过程进行严格的质量和能量平衡计算。
（2）可以预测物流的流率、组成及性质。
（3）可以预测操作条件、设备尺寸。
（4）可以减少装置设计时间并进行装置各种设计方案的比较。
（5）完善工艺条件。
（6）回归试验数据。

5.2　Aspen Plus 基本操作

运用 Aspen Plus 进行流程模拟的基本步骤如下。

5.2.1　启动 User Interface

从“开始/程序/所有程序/AspenTech/Aspen Plus 10.1-0（不同版本名称略有差别）/Aspen Plus User Interface”启动 Aspen Plus 的用户界面程序；选用“Local PC”作为缺省连接。

打开启动界面后如图 5-1 所示，有三个选项：Blank Simulation（空白模拟）、Template（系统模板）、Open an Existing Simulation（打开已有项目）。

一般选择 Template（系统模板），点击 OK，出现如图 5-2 所示对话框，这些缺省项目一般包括测量单位、物流组成等信息。用户可以使用公制或英制单位，也可以自行设定常用的单位，根据习惯一般选用 General with Metric Units。右下方的运行类型（Run Type）为用户提供了多种选择，具体选择依据见表 5-1。

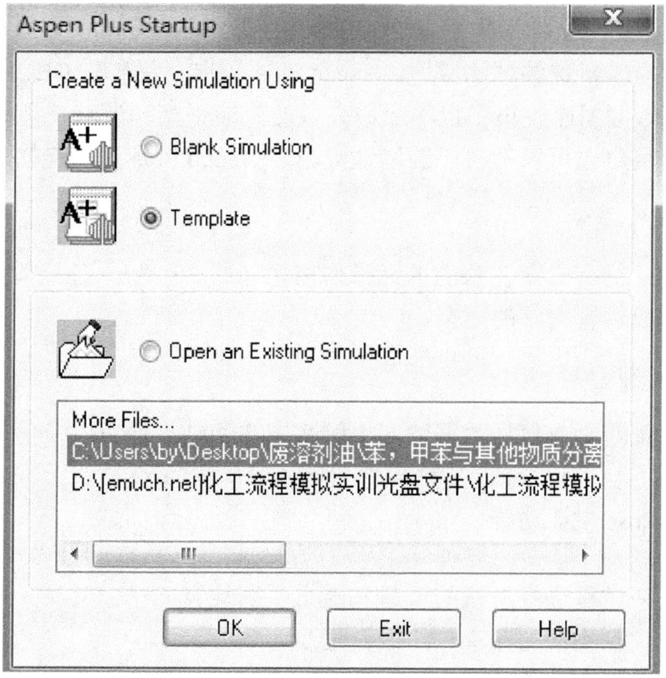

图 5-1　启动选项对话框

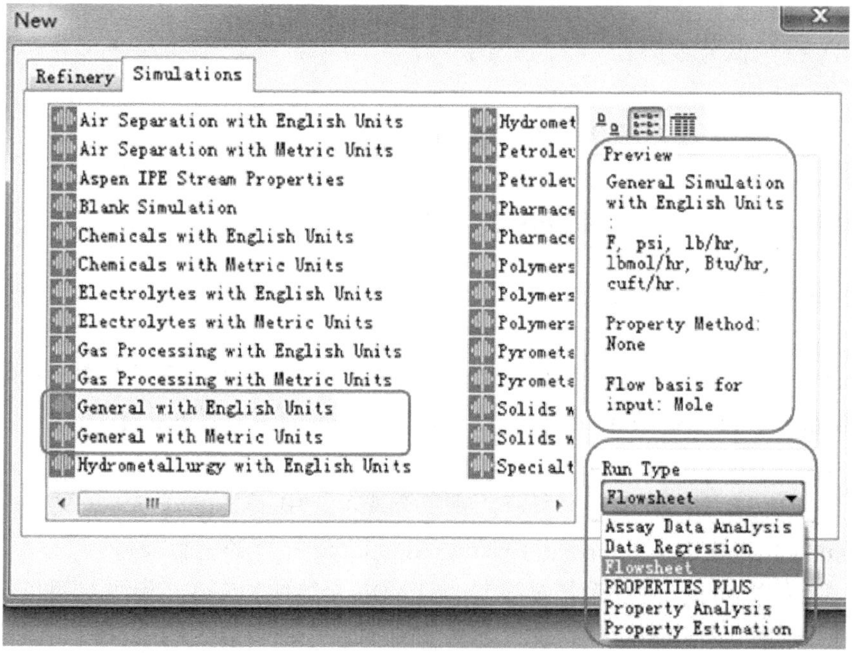

图 5-2　模块选择对话框

表 5-1　运行类型选择依据

运行类型	用途
Assay Data Analysis（化学数据分析）	一个独立的化验数据分析虚拟组分产生运行
Data Regression（数据拟合）	通过纯组分、气液平衡、液液平衡或者其他混合性质数据拟合物性模型参数
Flowsheet（流程模拟）	工艺流程模拟计算，同时可以进行化验数据分析/生产虚拟组分、物性分析、物性数据估算
PROPERTIES PLUS（物性包）	给第三方商业软件或自定义模拟提供物性包，需要单独购买版权
Property Analysis（物性分析）	不需要软件在同一个运行中执行流程模拟时，用 Property Analysis 生成一个物性表、PT 曲线、多相曲线图和其他物性报告；Property Analysis 可以含有物性估算和化验数据分析计算
Property Estimation（物性估计）	不需要软件在同一个运行中执行流程模拟时，用 Property Estimation 估算物性参数

一般默认选用 Flowsheet（流程模拟）。

5.2.2　进入用户界面

图 5-3 为 Aspen Plus 的用户界面，与其他常用办公软件的用户界面相似，主要是菜单栏、标题栏等内容，使用快捷方便。

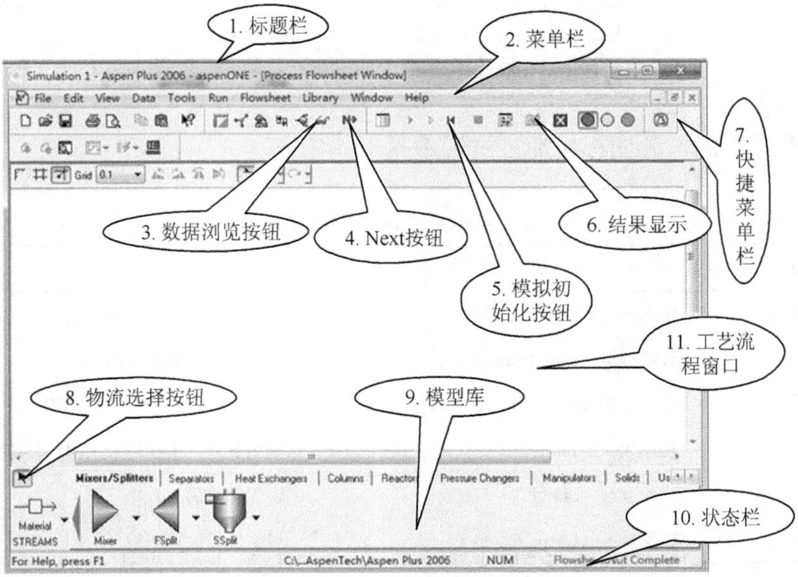

图 5-3　Aspen Plus 窗口

5.2.3　设定全局特性或者建立流程模拟

点击菜单栏中的 Data/Setup、或者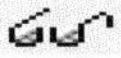，直接进入全局设定页面。

如图 5-4 所示，Data 下的常用选项主要有 Setup（设定）、Components（组分）、Properties（物性）、Flowsheet（流程图）、Streams（流股）、Blocks（模块），对应的快捷方式图标如图 5-5 所示。

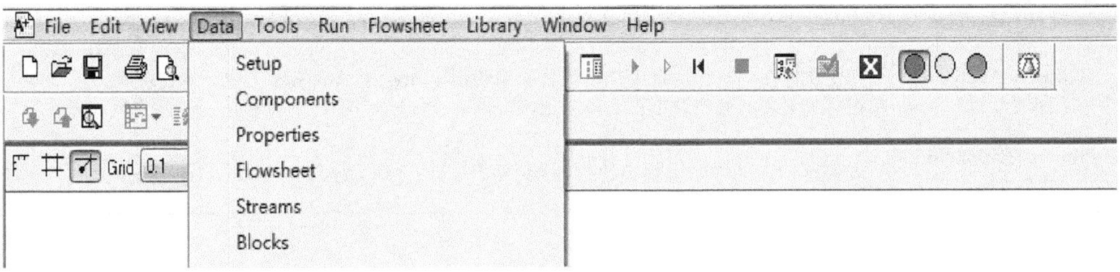

图 5-4　Setup 设定

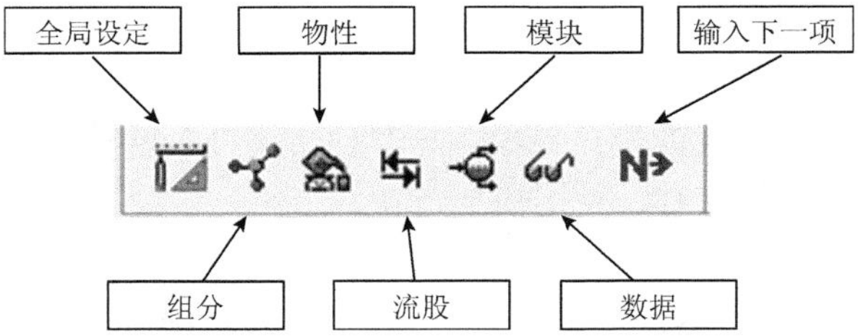

图 5-5　快捷方式

菜单栏中的部分图标快捷方式用途见表 5-2。

表 5-2　Aspen Plus 中部分图标用途

图标	说明	功能
	输入下一项（Next）	指导用户进行下一步的输入
	数据浏览（Data Browser）	浏览、编辑表和页面
	控制面板（Run Control Panel）	显示运行过程，并进行控制
	初始化（Reinitialize）	重新计算，不使用上次的计算结果
	开始运行（Start）	输入完成后，开始计算
	结果显示（Check results）	显示模拟计算的结果

在软件使用过程中常见的参数输入条目及状态标示如图 5-6 所示。

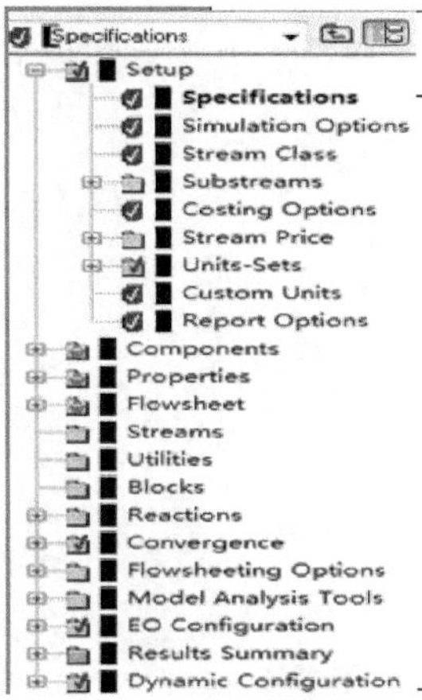

符号	意义
	该表输入未完成
	该表输入完成
	该表中没有输入，是可选项
	对于该表有计算结果
	对于该表有计算结果，但有计算错误
	对于该表有计算结果，但有计算警告
	对于该表有计算结果，但生成结果后输入发生改变

图 5-6 状态符号及意义

进入全局设定页面后显示如图 5-7 所示，页面右侧主要是设定页面命名（Title）、度量单位、运行类型等基本设定。

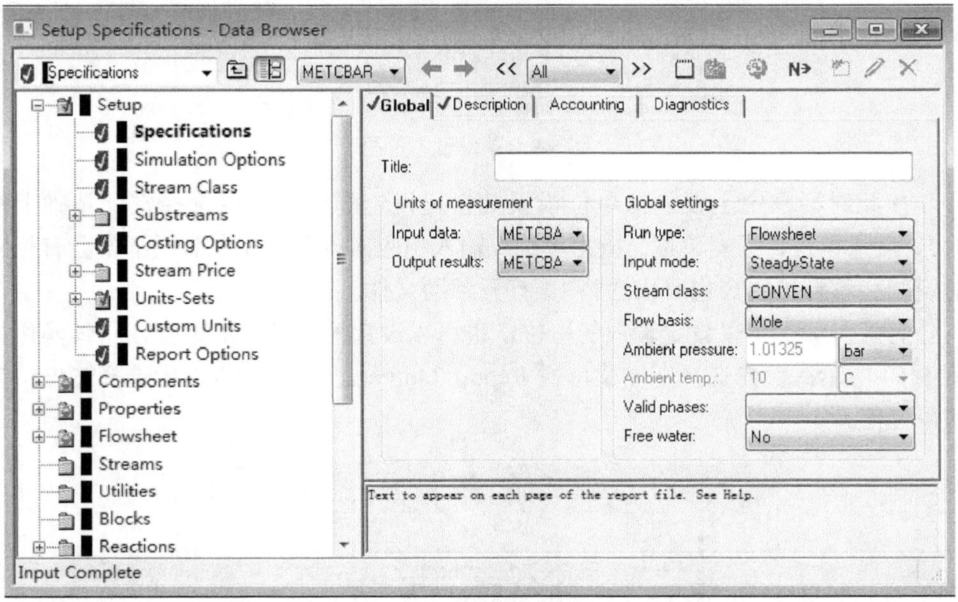

图 5-7 Setup 界面

在化工计算及流程模拟过程中，如 Streams（流股）需要选择温度、压力、流量等单位，往往与系统默认的单位和条件提供的单位不完全一致，因此可根据需要自己设定单位。设定方法如图 5-8 所示，首先点击左侧 Units-Sets，然后点击右侧 New 弹出对话框 Create new ID 后点击 OK。弹出如图 5-9 所示对话框。

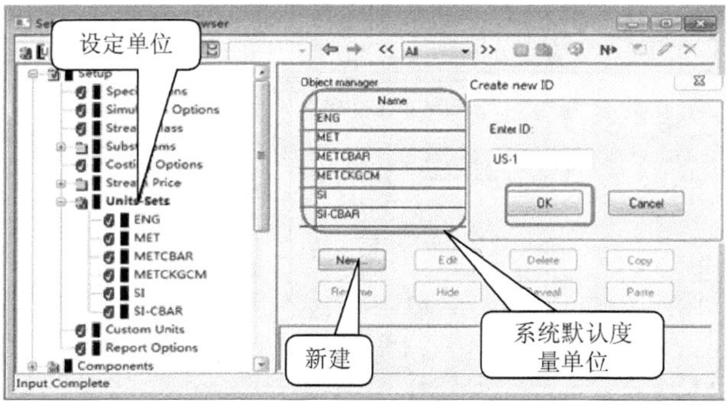

图 5-8　单位设定步骤

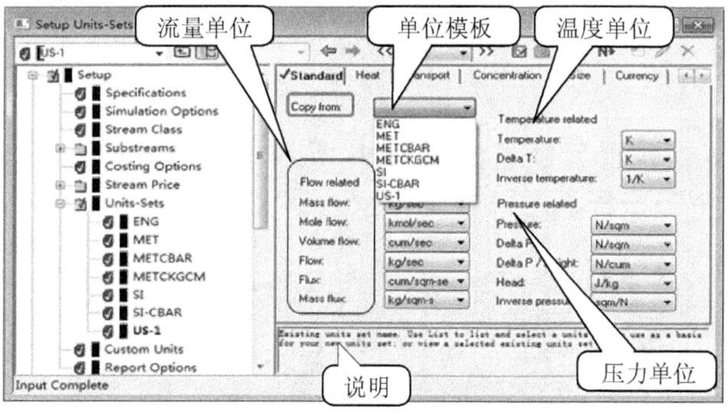

图 5-9　单位设定页面

在此对话框中主要包括单位模板（自己设定的单位可以选择在此基础上修改）、流量单位、温度单位、压力单位。输入相应内容时，在左侧栏下方会有相应的说明和解释，用户也可以选择 F1 打开帮助文件。

另外，除了可以设定输入的单位，也可以设定输出结果的单位，具体操作如图 5-10 所示。首先选择左侧菜单栏 Report Options，在右侧页面中选择输出结果的单位值。

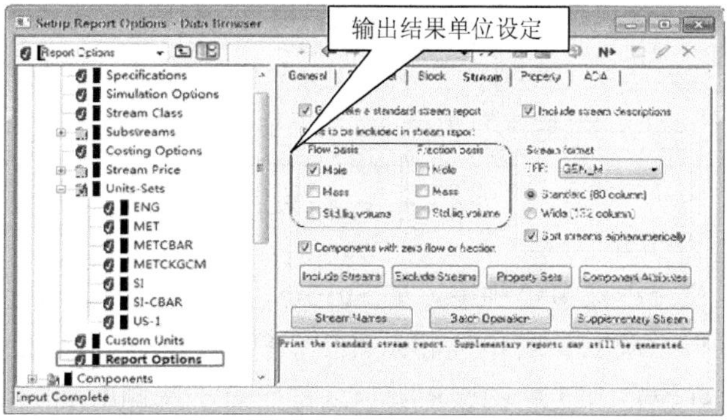

图 5-10　输出结果单位设定页面

5.2.4　输入组分

完成全局设定后，点击左侧 Components 或者菜单栏上 /N> 选择 Specifications/Selection 选项下输入组分，如图 5-11 所示。

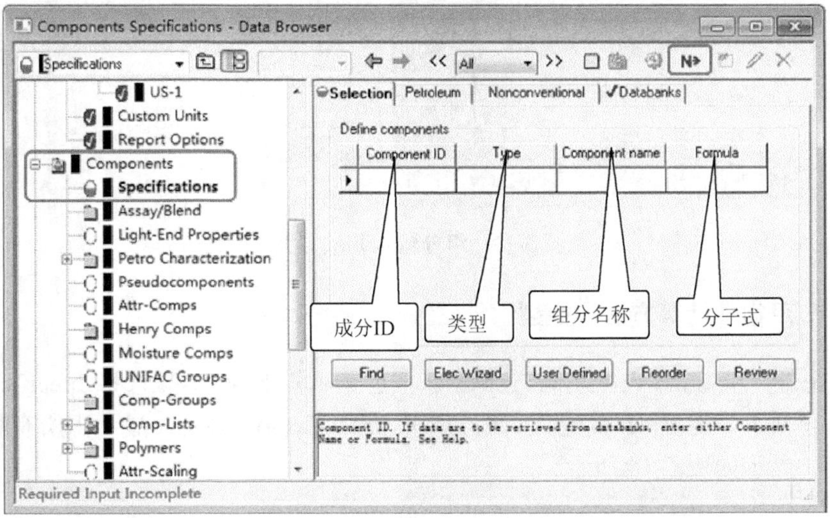

图 5-11　组分输入页面

在 Component ID 一栏可以输入具体物质的英文名称或其他，但是不能超过 8 个字符，具体如图 5-12 所示。Type（类型）和 Component name（组分名称）是系统默认的，不需要修改。Formula（分子式）只需输入最简式或系统默认的，例如，水分子式为 H_2O，在 Formula 中输入 H_2O。

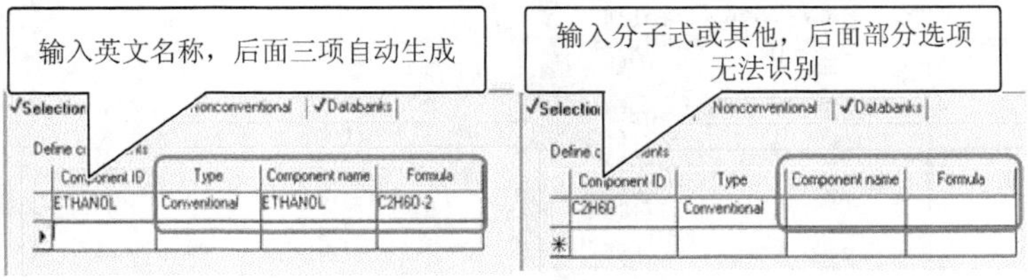

图 5-12　组分输入方法

如果某分子式有同分异构体，可选择 Find 或者在 Formula 中输入分子式后点击回车自动进入 Find 功能，如图 5-13 所示，Find 功能既可以查找同分异构体，又可以选择 Advanced（高级选项功能）根据组分名、分子式、组分类别、相对分子质量、沸点或 CAS 号查找组分。

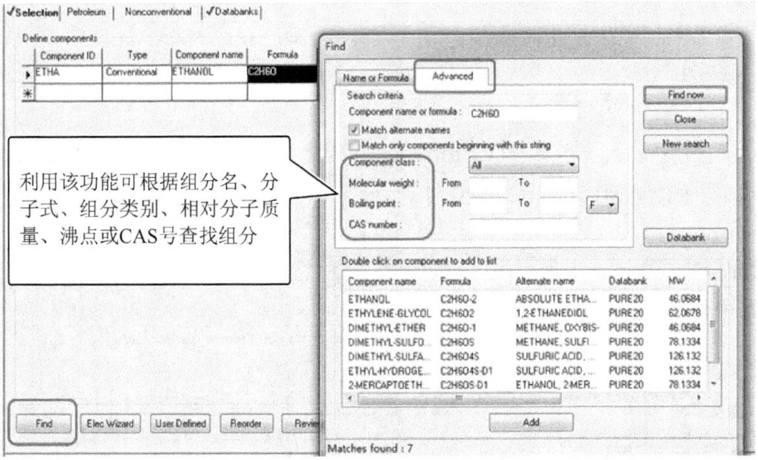

图 5-13　组分输入 Find 功能

5.2.5　选用物性计算方法和模型

组分输入完成后，点击左侧 Properties 或者菜单栏上 / 选择 Specifications/ Global 选项下，将 Process 改为 All，点击 Bass method 菜单，显示出所有物性方法类型，显示如图 5-14 所示。

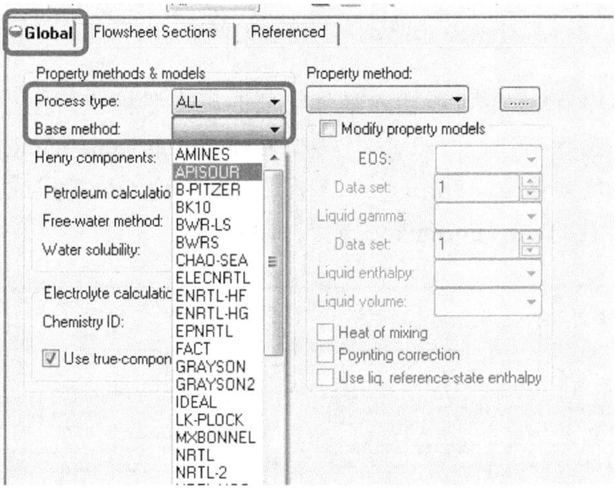

图 5-14　物性方法选择菜单

根据需要选择物性方法。物性方法选择是模拟过程中一个重要环节，关系到计算能否顺利进行及结果的准确性。物性方法选择原则可参见 Aspen Plus 物性方法和模型。这里介绍利用本软件的 Property Method Selection Assistant 功能进行选择。

点击菜单栏 Tools 下的 Property Method Selection Assistant 或者图 5-15 中的快

捷方式，启动帮助系统进入图 5-16 界面后点击 Next，跳转到图 5-17 页面，该页面中有两个选项，分别为 Specify component type（组分类型）和 Specify process type（化工过程类型）。

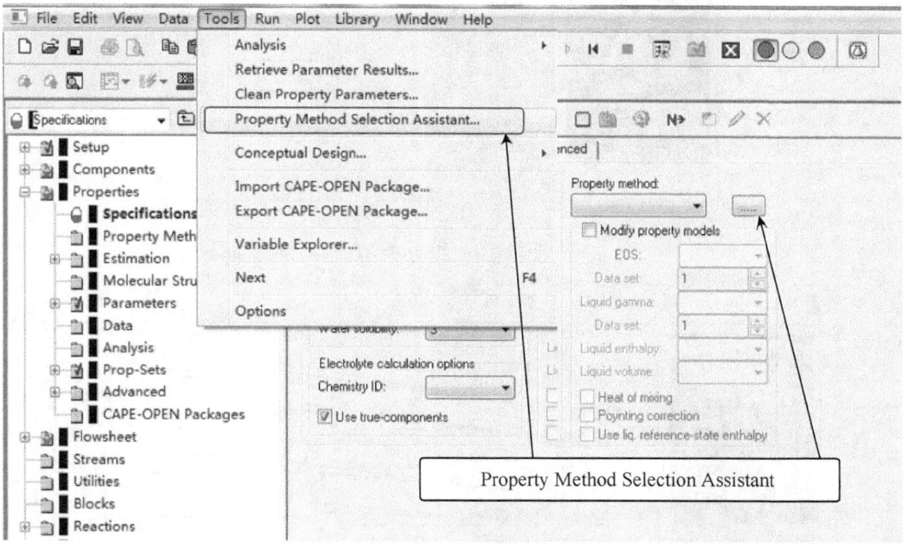

图 5-15 物性方法选择帮助

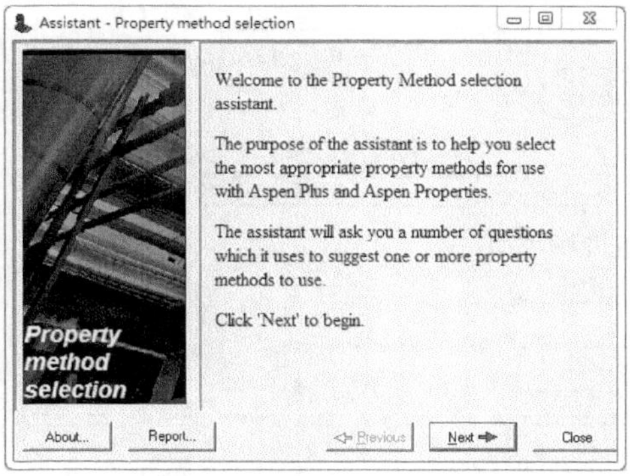

图 5-16 物性方法选择帮助启动页面

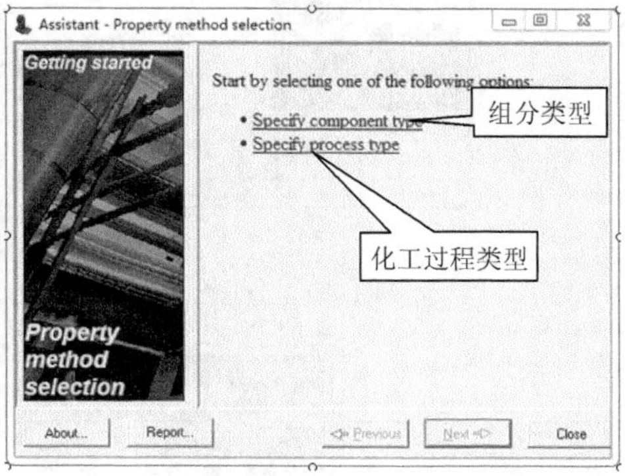

图 5-17 物性方法选择选项

选择 Specify component type（组分类型）显示页面如图 5-18 所示，根据需要选择化学系统、烃类系统或特殊系统；选择 Specify process type（化工过程类型）显示页面如图 5-19 所示，根据需要选择化工过程、炼油过程等。

这里以选择化学系统为例，如图 5-20 所示，在此页面中可以看到该帮助系统推荐了 NRTL、Wilson、UNIQUAC、UNIFAC 四个物性方法，本次可以根据推荐选择 NRTL。

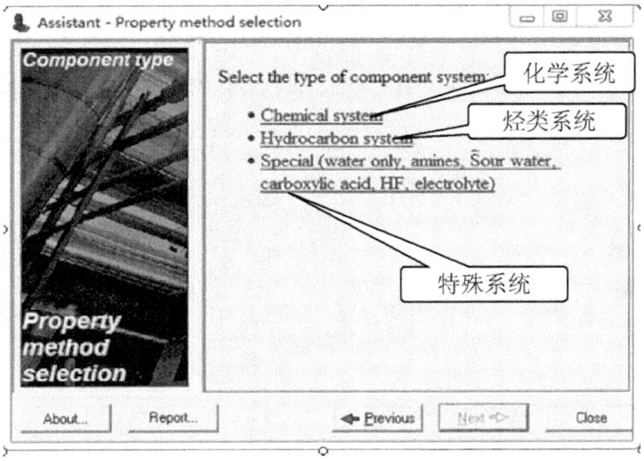

图 5-18　组分类型

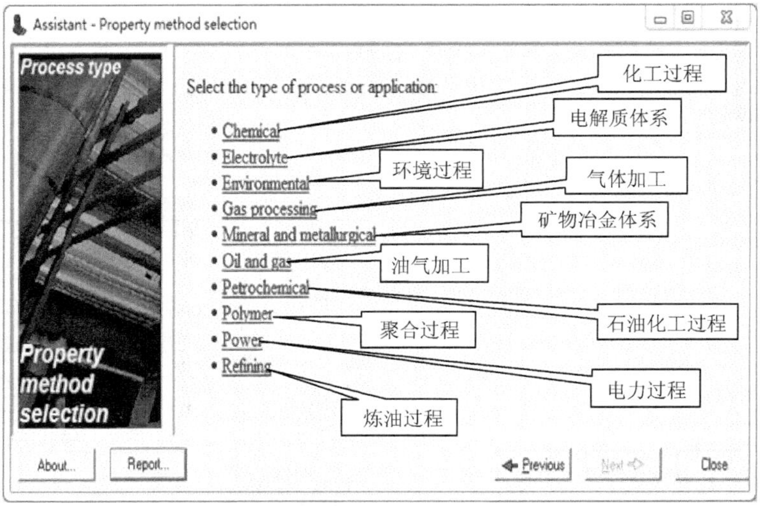

图 5-19　化工过程类型

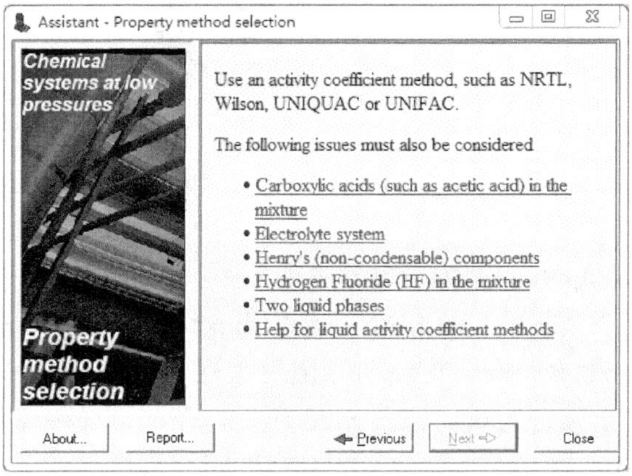

图 5-20　推荐物性结果

物性方法选择完成后，点击工具栏中的 N>，出现图 5-21 选项 Binary Interaction（二元相互作用参数），该选项大部分为系统自带，不需要进行修改，点击下一步即可。如果系统中没有该体系 Binary Interaction，可以使用数据回归（Data Regression）进行处理。

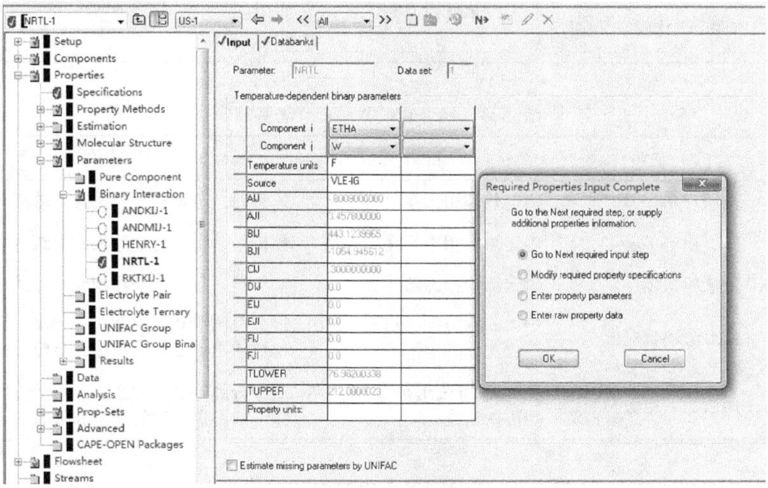

图 5-21　相互作用参数

弹出 Requried Properties Input Complete 对话框，选择 GO to Next required input step，点击 OK。

5.2.6　建立流程模拟

建立流程模拟可将此过程放在设定全局特性前。

流程图的建立主要包括两个内容，一个是 Stream（流股），主要包括物流、功流和热流，另外一个是 Block（模块），主要包括分离器、换热器、塔设备等内容，具体内容如图 5-22 和表 5-3～表 5-10 所示。

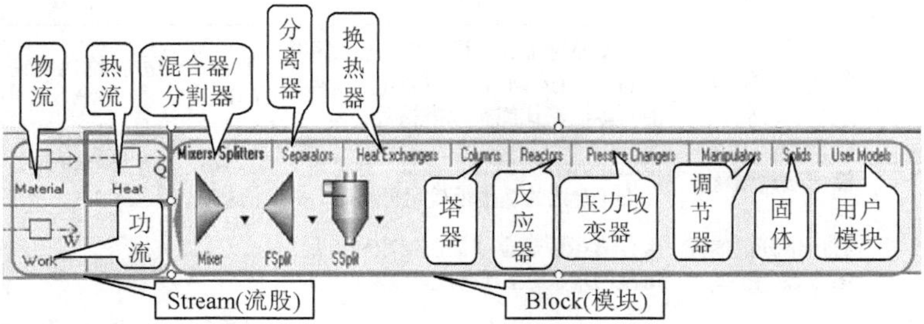

图 5-22　模块与流股

表 5-3　Mixer/SSplit（混合器/分割器）

模型	说明	目的	用法
Mixer	物流混合器	把多股物料流汇合成一股物流	混合三通型物流混合操作增加热流、增加功流
FSplit	分流器	把入口物流分成多个规定的出口物流	分流器、bleed（排气）阀
SSplit	子物流分流器	把每个入口子物流分成多个规定的出口物流	分流器、流体固体分离器

表 5-4　Separators（分离器）

模型	说明	目的	用法
Flash2	两股出料闪蒸	确定热和相态条件	闪蒸器，蒸发器，分离罐，单级分离罐
Flash3	三股出料闪蒸	确定热和相态条件	倾析器，带有两个液相的单级分离罐
Decanter	液液倾析器	确定热和相态条件	倾析器，带有两个液相无气相的单级分离罐
Sep	组分分离器	把入口物流组分分离到出口物流	组分分离操作，例如，当分离的详细资料不知道或不重要时的蒸馏和吸收
Sep2	两股出料组分分离器	把入口物流组分分离到两个出口物流	组分分离操作，例如，当分离的详细资料不知道或不重要时的蒸馏和吸收

表 5-5　Heat Exchangers（换热器）

模型	说明	目的	用法
Heater	加热器或冷却器	确定热和相态条件	换热器，冷却器，阀门，当与功有关的结果不需要时的泵和压缩机
HeatX	两物流换热器	两股物流的换热器	两股物流换热器，当知道管壳换热器尺寸时可以进行核算
MHeatX	多物流换热器	任何数量物流的换热器	多股热流和冷流换热器，两股物流换热器，LNG 换热器
Hetran	BJAC Hetran 程序界面	管壳式换热器的设计和模拟	具有多种结构的管壳式换热器
Aerotran	BJAC Aerotran 程序界面	空冷器的设计和模拟	具有多种结构的空冷器，用于模拟节煤器和加热炉的对流段

表 5-6　Columns（塔器）

模型	说明	目的	用法
DSTWU	简捷法蒸馏设计	确定最小回流比，最小理论板数和用 Winn-Under wood-Gilliland 方法得到的实际回流比或实际塔板数	带有一个进料物流和两个产品物流的塔
Distl	简捷法蒸馏核算	用 Edmister 方法在回流比、理论板数和 $D:F$ 比的基础上确定分离	带有一个进料物流和两个产品物流的塔
SCFrac	石油馏分的简捷法蒸馏	用分离指数确定产品的组成和流量，每段的塔板数，负荷	复杂塔，如原油加工装置和减压塔
RadFrac	严格分馏	单个塔的严格核算和设计	蒸馏，吸收，汽提，萃取和恒沸蒸馏，反应蒸馏

续表

模型	说明	目的	用法
MultiFrac	复杂塔严格分馏	多级塔和复杂塔的严格核算和设计	热集成塔，空气分离器，吸收塔/汽提塔结合，乙烯主分馏塔/急冷塔组合，石油炼制
PetroFrac	石油炼制分馏	石油炼制应用的严格核算和设计	预闪蒸塔，常压原油单元，减压单元，催化裂解塔或焦炭分馏塔，减压润滑油分馏塔，乙烯分馏塔和急冷塔
BatchFrac	严格间歇蒸馏	单个间歇塔的严格核算	一般恒沸蒸馏，3 相和反应间歇蒸馏
RateFrac	基于速率的蒸馏	单个和多级塔的严格核算和设计建立在非平衡计算基础上	蒸馏塔，吸收塔，汽提塔，反应系统，热集成单元，石油应用
Extract	液液萃取	液液萃取塔的严格核算	液液萃取

表 5-7　Reactors（反应器）

模型	说明	目的	用法
RStoic	化学计量反应器	规定反应程度和转化率的化学计量反应器	动力学数据不知道或不重要的反应器，但知道化学计量数据和反应程度
RYield	收率反应器	规定收率的反应器	化学计量系数和动力学数据不知道或不重要的反应器，但知道收率分配
REquil	平衡反应器	化学计量计算化学平衡和相平衡	单相和两相化学平衡，同时存在相平衡
RGibbs	平衡反应器	用吉布斯最小自由能计算化学平衡和相平衡	化学和/或同时发生的相平衡和化学平衡，包括固体相平衡
RCSTR	连续搅拌釜式反应器	连续搅拌釜式反应器	在液相或气相下具有动力学反应的 1 相、2 相或 3 相搅拌釜反应器
RPlug	活塞流反应器	活塞流反应器	在任何相态下具有动力学反应的 1 相、2 相或 3 相活塞流反应器。带有外部冷却剂的活塞流反应器
RBatch	间歇反应器	间歇或半间歇反应器	反应动力学已知的间歇或半间歇反应器

表 5-8　Pressure Changers（压力改变器）

模型	说明	目的	用法
Pump	泵或水力透平	当知道压力、功率需求或性能曲线时，可改变物流压力	泵和水力学透平
Compr	压缩机或透平	当知道压力、功率需求或性能曲线时，可改变物流压力	多变压缩机，多变正位移压缩机，等熵曲线压缩机透平
MCompr	多级压缩机或透平	通过带有内冷器的多级压缩改变物流压力，允许从内冷器中采出液体物流	多级多变压缩机，多级正位移压缩机，等熵曲线压缩机，等熵曲线透平
Valve	控制阀	确定压降或阀系数（CV）	多相，绝热球型流量阀或蝶阀
Pipe	单段管	确定单段管或环型空间的压降或传热	多相，一维，稳态和全充满管线流动
Pipeline	多段管	确定多段管或环型空间的压降或传热	多相，一维，稳态和全充满管线流动

表 5-9　**Manipulators**（调节器）

模型	说明	目的	用法
Mult	物流乘法器	用用户提供的系数乘以物流流量	把物流按比例放大或按比例缩小
Dupl	物流复制器	把物流复制成任何数量的出口物流	在同一流程中复制物流来观察不同方案
ClChng	物流类变化器	改变物流类	将使用不同物流类的段或模块连接

表 5-10　**Solids**（固体）

模型	说明	用法
Crystallizer	连续结晶器	混合悬浮液，混合产品脱除（MSMPR）结晶器，用于单固体产品
Crusher	粉碎机	旋转式/钳夹式粉碎机，笼式/磨房式压碎机和单辊或多辊粉碎机
Screen	筛	用筛分离固体和固体
FabFl	纤维过滤器	用纤维过滤器分离气体和固体
Cyclone	旋风分离器	用旋风分离器分离气体和固体
VScrub	文丘里管洗刷器	用文丘里管洗刷器分离气体和固体
ESP	干燥静电沉淀器	用干燥静电沉淀器分离气体和固体
HyCyc	旋流除砂器	用旋流除砂器分离液体和固体
CFuge	离心分离过滤器	用离心分离过滤器分离液体和固体
Filter	旋转减压过滤器	用连续旋转减压过滤器分离液体和固体
SWash	单级固体洗涤器	单级固体洗涤器
CCD	逆流倾析器	多级洗涤器或一个逆流倾析器

1. 放置模块

首先在主界面窗口右下角（图 5-3 中模型库）模型库中选择需要的模块，此处以 Mixer/SSplit 为例，点击 Mixer 下拉箭头，如图 5-23 所示，选择 TRIANGLE（左下角）模块，利用鼠标将模块移至页面空白处，单击鼠标左键完成画图。画图状态是鼠标显示为十字形，如果不需要继续画图可以单击鼠标右键或菜单栏上的图标。

2. 连接流股

模块选择完成后需要将输入和输出的物流与模块连接，点击模块库左下角的 Material Streams 的下拉箭头，可选项包括 Material（物流）、Work（功流）和 Heat（热流），选择物流选项。选择物流后，模块上会出现红色和蓝色箭头，红色箭头为必须连接物流，蓝色为可以选择性连接物流，一个箭头可以连接多股物流。将十字形鼠标放置到红色箭头上，箭头会出现颜色变化和英文提示，此时点击鼠标左键，然后向任意方向拖拽物流即可完成一股物流的连接。

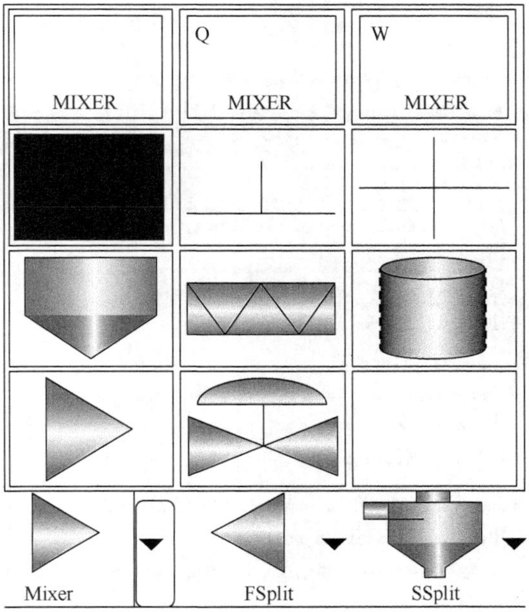

图 5-23　Mixer/SSplit 模块

流股和模块连接完成后如图 5-24 所示，在此图中模块编号和流股编号是系统默认的，需要重新命名。点击需要重新命名的模块或流股选择 Rename Stream（Block），在 Enter the Stream（Block）ID 下输入需要的名称，点击 OK。对物流和模块的命名也可以选择 Tools/Options，在 Flowsheet 页面下的 Stream and Block labels 中，将复选框中的第一和第三项去掉，如图 5-25 所示，在此基础上每新建立一条物流或一个模块需要自行命名。

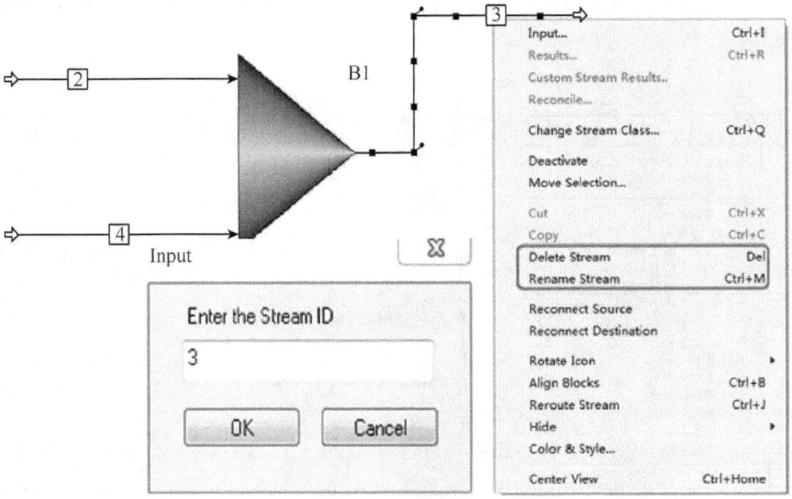

图 5-24　流股物流命名

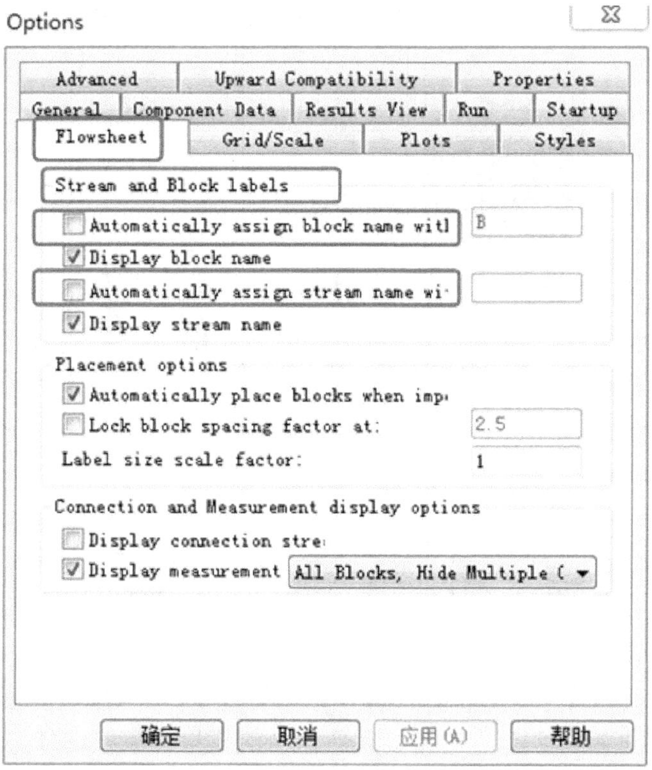

图 5-25　物流流股强制命名

5.2.7　输入物流参数

画完流程图后进入 Streams/物流名称/Input/Specifications 或者双击物流线，如图 5-26 所示。

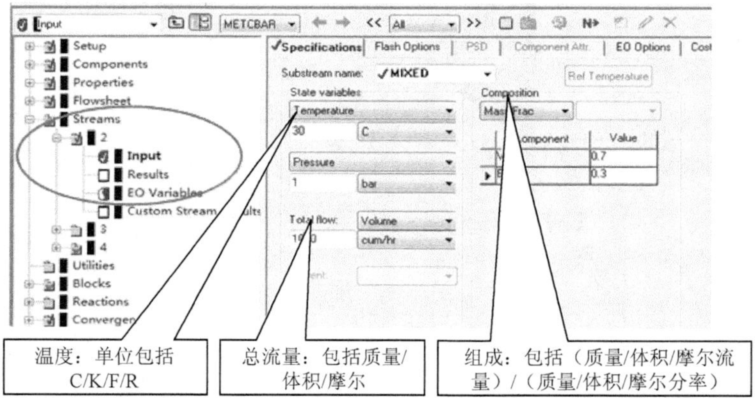

图 5-26　输入进料条件

在此页面下需要输入物流的 Temperature（温度）、Pressure（压力）、Total flow（总流量）和 Composition（构成）。

Total flow（总流量）包括质量流量、体积流量、标准体积流量和摩尔流量等。Composition 一栏中输入物流中每种组分的含量，主要有质量流量、标准体积流量、摩尔流量、质量分数、标准体积分数和摩尔分率等。

5.2.8 输入模块参数

输入物流参数后进入 Blocks/模块名称/Input/Specifications 或者双击模块，如图 5-27 所示。

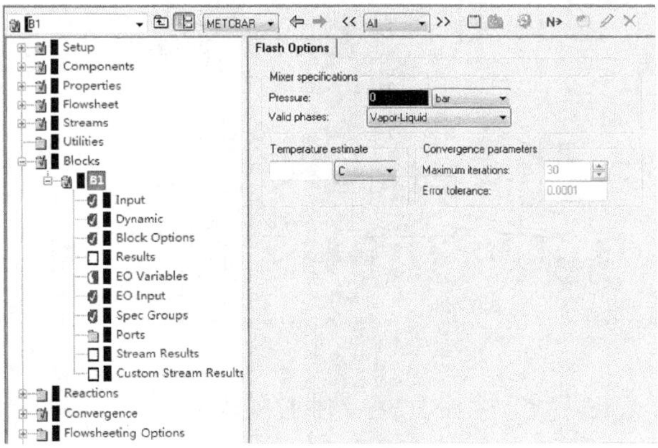

图 5-27 模块参数设置

不同模块需要输入的参数内容并不一样，在此不做详细介绍。

5.2.9 运行模拟

所有参数输入完成后点击N>，出现如图 5-28 所示的 Required Input Complete 对话框，点击确定运行即可。

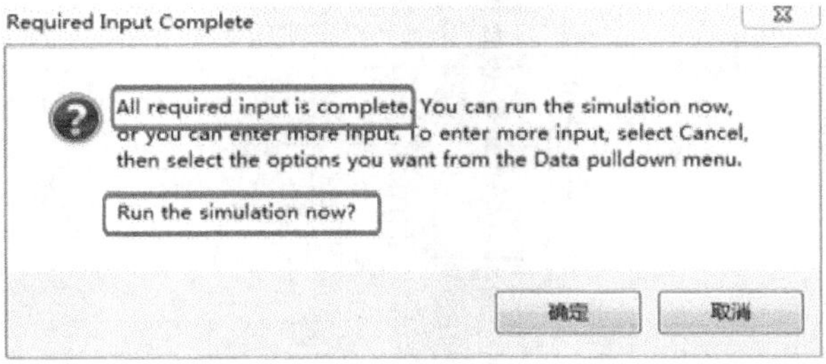

图 5-28 Required Input Complete 对话框

如果运行过程中没有问题，显示结果与图 5-29 中的“1. 模拟过程正常”显示的内容一致。如果运算过程有问题，会出现图 5-29 中的“2. 模拟结果错误”和“3. 模拟结果有问题”。出现后两种情况，先要分析问题出在哪里，例如，WARMING 后出现了 Stream，Stream name 为 2，说明是在物流的 2 号线出现了问题，这时应点击 Reinitialize（初始化）进行运算结果擦除，然后回到问题流股进行修改。

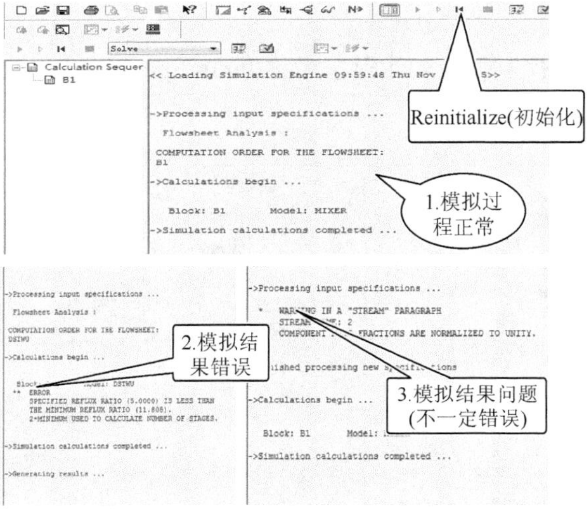

图 5-29　结果控制显示

5.2.10　查看结果

点击结果查看图标 或者 ALL 下拉菜单，如图 5-30 所示，在左侧数据浏览窗口选择对应选项，也可以点击表中数据进行复制，粘贴到其他常用办公软件中。如图 5-31 所示。

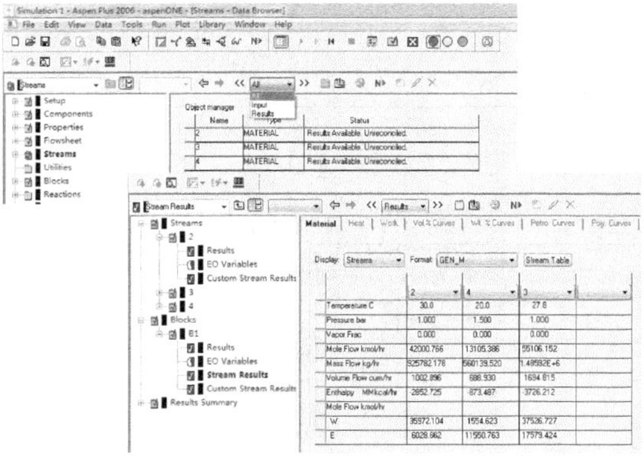

图 5-30　模拟结果

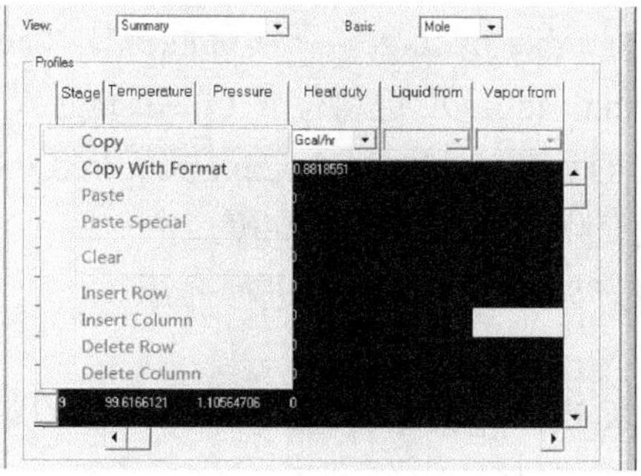

图 5-31　结果保存

5.2.11　保存模拟项目

点击 File/Save as/保存类型。常用保存类型为 Bkp 文件与 Apw 文件。Bkp 格式是 Aspen Plus 运行过程中的备份文件，适用于升级后的软件版本，文件不保存中间收敛信息；Apw 格式是文本文件，不能在升级后的软件中打开，文件保存中间收敛信息。

5.3　Aspen Plus 塔设备计算中的单元模块

Aspen Plus 提供了 9 种单元分离模块，见表 5-3～表 5-10。这些模块可以进行气体和液态的分离，如吸收、蒸馏和萃取等过程，模拟过程既可以采用简捷算法，也可以采用严格算法，本书介绍精馏中的 DSTWU、Distl 和 RadFrac 模块的模拟，该软件可以进行普通精馏模拟，也可以进行特殊精馏模拟（萃取精馏、共沸精馏、反应精馏等）。

5.3.1　DSTWU 单元模块

DSTWU 是多组分精馏的简捷设计模块，针对相对挥发度近似恒定的物系开发，用于计算仅有一股进料和两股产品的简单精馏塔，其假设恒定的摩尔流量和恒定的相对挥发度。DSTWU 模块用 Winn-Underwood-Gilliland 方法进行精馏塔的简捷设计计算。通过 Winn 方程（之后 Fenske 对 Winn 方程进行了完善）计算最小理论板数，使用 Underwood 方程计算最小回流比，根据 Gilliland 关联图来确定操作回流比下的理论板数或一定理论板数下所需要的回流比。

DSTWU 模块计算精度不高，常用于初步设计，当存在共沸物时，计算结果可能会出现错误，DSTWU 模块的计算结果可以为严格精馏计算提供合适的初值。

DSTWU 模块有四组模块设定参数，主要包括：塔设定（column specifications）、关键组分回收率（key component recoveries）、压力（pressure）和冷凝器设定（condenser specifications）。结果主要包括最小回流比（minimum reflux ratio）、最

小理论板数（minimum number of stages）、实际回流比（actual reflux ratio）、实际理论板数（number of actual stages）、进料位置（feed stage）、冷凝器负荷（condenser cooling required）、再沸器负荷（reboiler heating required）等参数，另外可以得到生成回流比随理论板数变化表和计算等板高度。

下面通过例子对 DSTWU 的具体应用进行介绍。

【例题 5-1】

DSTWU 模型计算苯-甲苯精馏塔。

苯-甲苯混合液处理量 7 万 t/a；年开工 300 天，每天三班 8h 连续生产；苯含量为 30%（质量分数，下同），进料温度 20℃，分离要求塔顶苯含量不低于 97%，塔底苯含量不大于 2%，塔顶压力为 101.3kPa，再沸器压力为 122.3kPa。求最小回流比、最小理论板数、实际回流比、实际理论板数、进料位置、塔顶产品与进料摩尔流量比（模型 Distl 使用）及生成回流比随理论板数变化表。

本题具体步骤按照 5.2 节“Aspen Plus 基本操作”进行，从第 3 步设定全局特性开始。

1. 设定全局特性或者建立流程模拟

点击菜单栏中的 Data/Setup、或者，直接进入全局设定页面，首先点击左侧 Units-Sets，然后点击右侧 New，弹出对话框 Create new ID 后点击 OK。进入单位设定，详细步骤如图 5-9 所示。结果输出单位首先选择左侧菜单栏 Report Options，在右侧页面中选择输出结果的单位值，如图 5-10 所示。

2. 输入组分

完成全局设定后，点击左侧 Components 或者菜单栏上/N>选择 Specifications/Selection 选项下输入苯和甲苯，如图 5-32 所示。

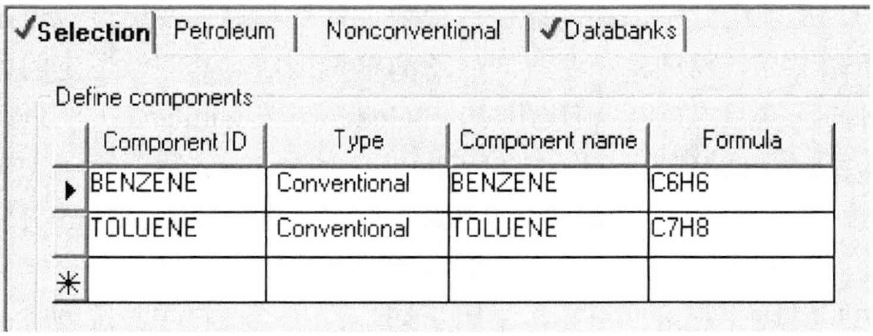

	Component ID	Type	Component name	Formula
▶	BENZENE	Conventional	BENZENE	C6H6
	TOLUENE	Conventional	TOLUENE	C7H8
*				

图 5-32　苯-甲苯组分

3. 选用物性计算方法和模型

组分输入完成后，点击左侧 Properties 或者菜单栏上/N>选择 Specifications/

Global 选项下，将 Process 改为 All，点击 Bass method 菜单，显示出所有物性方法类型，本模拟选择 PENG-ROB 或者 NRTL。

4. 建立流程模拟

建立如图 5-33 所示的流程图，在模型库中选择 Columns/DSTWU/ICONI 模块，连接流股，重新命名。

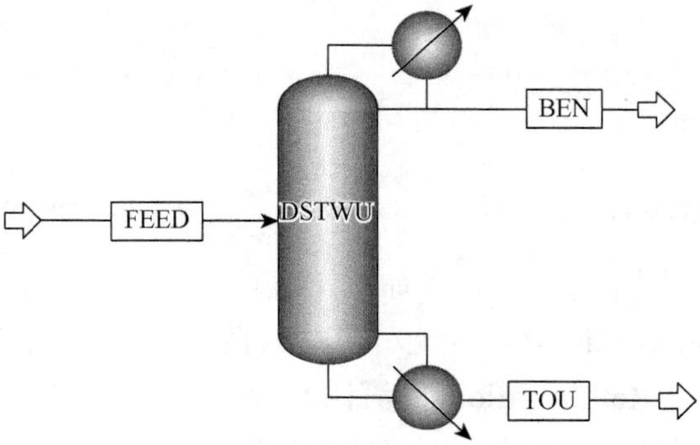

图 5-33　DSTWU 模块流程

5. 输入物流参数

画完流程图后进入 Streams/物流名称/Input/Specifications 或者双击物流线，输入物流的温度、压力、总流量和构成，如图 5-34 所示。

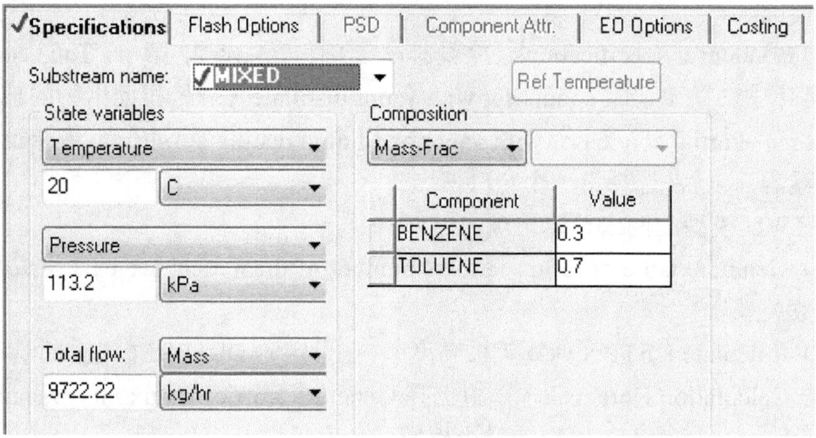

图 5-34　DSTWU 模块进料条件

6. 输入模块参数

输入物流参数后进入 Blocks/模块名称/Input/Specifications 或者双击模块。

DSTWU 模块设定主要有 4 个必须选择的内容，具体如图 5-35 所示；两个模块为可选择项，具体如图 5-36 所示。

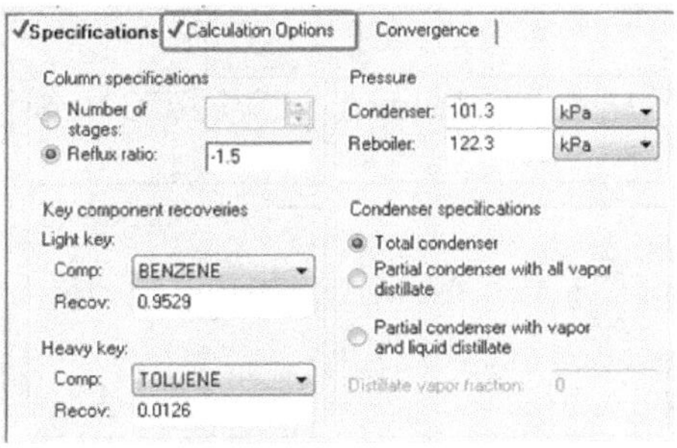

图 5-35　DSTWU 模块条件

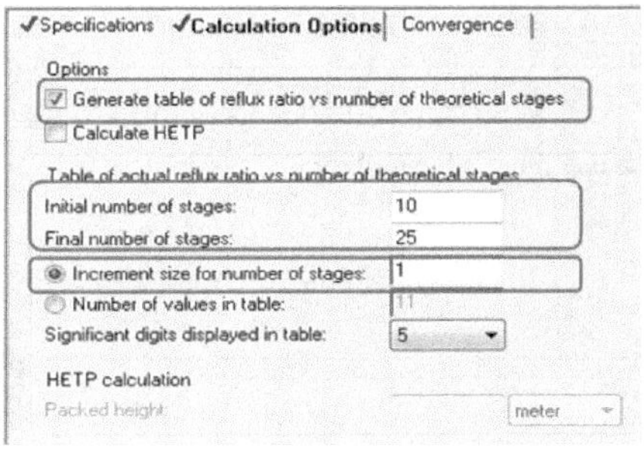

图 5-36　DSTWU 模块选项

DSTWU 模型的四个计算必选项如下：

（1）Column specifications（塔设定），其中有两个选项，一个为 Number of stages（塔板数），另一个为 Reflux ratio（回流比），输入“1.5”表示实际回流比，输入“−1.5”表示实际回流比是最小回流比的 1.5 倍，即输入正值为回流比，输入负值为实际回流比与最小回流比的比值。

（2）Key component recoveries（关键组分回收率），指的是塔顶的摩尔回收率，包括 Light key（轻关键组分）和 Heavy key（重关键组分）。本题轻关键组分为苯，根据计算得出其摩尔回收率为 95.29%，重关键组分摩尔回收率为 0.0126。

（3）Pressure（压力），压力按照条件输入即可，注意塔顶、进料及再沸器压力大小情况。

（4）Condenser specifications（冷凝器设定）有三种选项，第一，Total condenser（全凝器）；第二，Partial condenser with vapor distillate（带气相馏出物的部分冷凝器）；第三，Partial condenser with vapor and liquid distillate（带气、液相馏出物的部分冷凝器）。通常选择第一个全凝器。

DSTWU 模型的两个计算选项：

（1）Generate table of reflux ratio vs number of theoretical stages（生成回流比-理论板数关系表）。

（2）Calculate HETP（计算等板高度），在设定完 DSTWU 模型四个基本参数后，点击 Calculation Options。本模拟选择 Generate table of reflux ratio vs number of theoretical stages，输入该模型的最少板数和最多板数及变化量。

7. 运行模拟

所有参数输入完成后点击N>，出现 Required Input Complete 对话框。点击确定运行即可。

8. 查看结果

点击结果查看图标 或者 ALL 下拉菜单，在左侧数据浏览窗口选择对应选项 DSTWU。

DSTWU 模型的主要结果可以点击 Blocks/模块名称/Results，结果显示如图 5-37 所示。点击 Reflux Ratio Profile 页面可以看到回流比和理论板数之间关系，如图 5-38 所示。点击 Theoretical stages，选择 Plot/X-Axis Variable 为横坐标，点击 Reflux Ratio，选择 Plot/Y-Axis Variable 为纵坐标，选择 Plot/Display Plot，显示如图 5-39 所示的回流比与理论板关系图。合适的理论板数应在曲线斜率较小的区域。本模拟可选择理论板数为 20，回流比为 2.34。

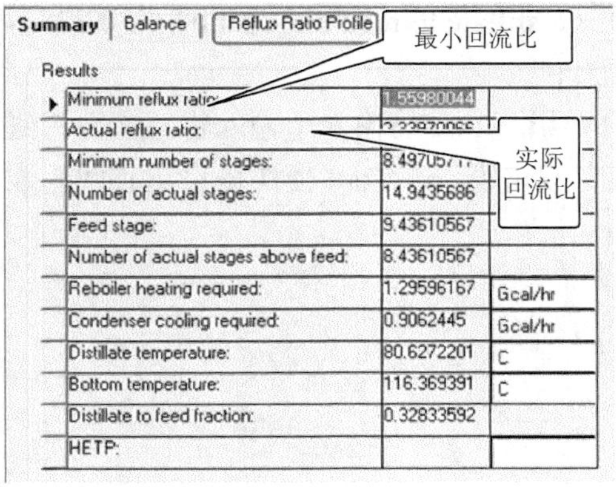

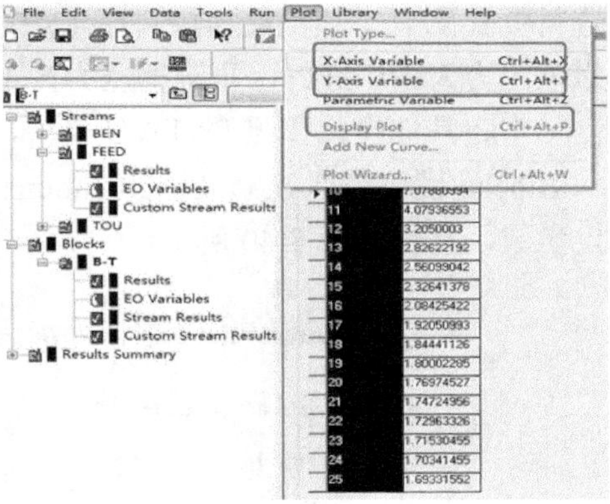

图 5-37　DSTWU 模拟结果　　　图 5-38　DSTWU 绘制曲线

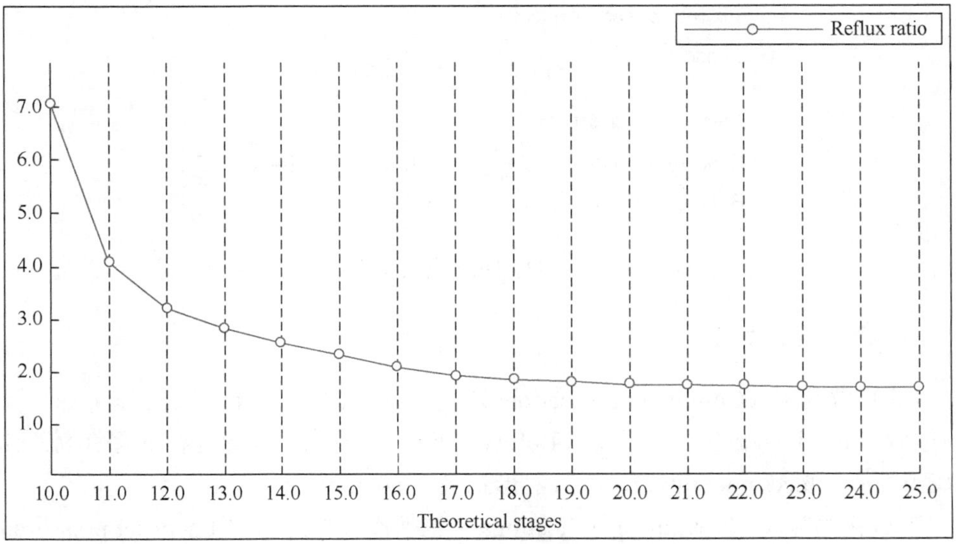

图 5-39　DSTWU 回流比与理论板关系曲线

5.3.2　Distl 单元模块

Distl 模块针对带有一个进料物流和两个产品物流的塔进行简单精馏塔简捷校核计算。模块用 Edmister 方法计算给定精馏塔的操作结果。其主要设定内容基本与 DSTWU 一致，只是在 Block 模块设定中有所区别。

【例题 5-2】

Distl 法计算苯-甲苯精馏塔。

苯-甲苯混合液处理量 7 万 t/a；年开工 300 天，每天三班 8h 连续生产；苯含量为 30%（质量分数，下同），进料温度 20℃，理论板数 20，实际回流比 2.34，进料位置 12，塔顶产品与进料摩尔流量比（distillate to feed mole ratio）为 0.3283，塔顶压力为 101.3kPa，再沸器压力为 122.3kPa。

本题具体步骤参照 DSTWU 模块，只介绍 Block 的输入，输入物流参数后进入 Blocks/模块名称/Input/Specifications 或者双击模块。Distl 模块塔设定有两组设定参数，具体如图 5-40 所示。

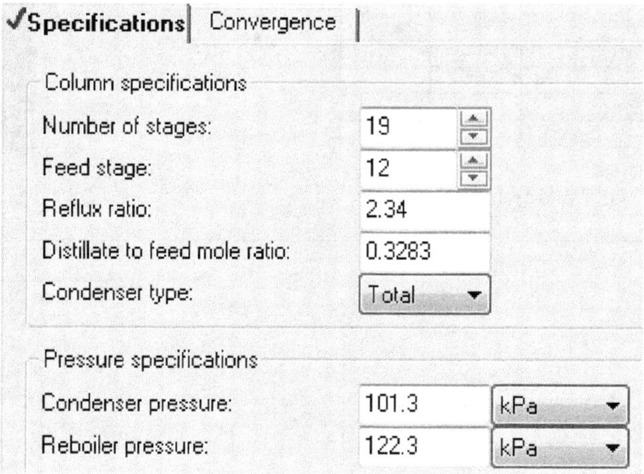

图 5-40　Distl 模块条件

1. 输入模块参数

（1）塔设定（Column specifications）：包括理论板数（Number of stages）、进料位置（Feed stage）、回流比（Reflux ratio）、塔顶产品与进料的摩尔流量比（Distillate to feed mole ratio）、冷凝器形式（Condenser type）。

（2）压力设定（Pressure specifications）：包括冷凝器压力（Condenser pressure）、再沸器压力（Reboiler pressure）。

2. 查看结果

点击结果查看图标或者 ALL 下拉菜单，在左侧数据浏览窗口选择对应选项 Distl。Distl 模型的主要结果可以点击 Blocks/模块名称/Results，结果显示如图 5-41 所示。

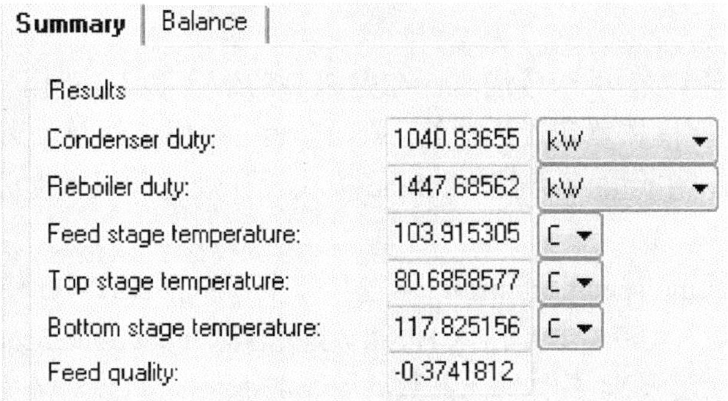

图 5-41　Distl 模拟结果

点击 Results Summary/Stream/Material，将 Format 选项改为 FULL，页面显示如图 5-42 所示。从结果可以看到塔顶产品中苯的质量分数为 96.94%，塔底甲苯的质量分数为 97.97%。

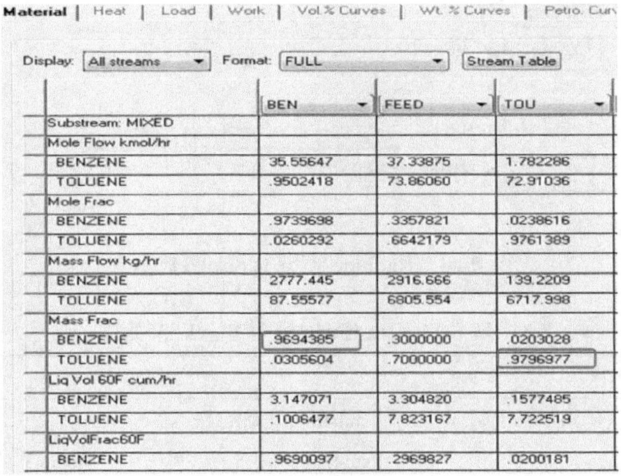

	BEN	FEED	TOU
Substream: MIXED			
Mole Flow kmol/hr			
BENZENE	35.55647	37.33875	1.782286
TOLUENE	.9502418	73.86060	72.91036
Mole Frac			
BENZENE	.9739698	.3357821	.0238616
TOLUENE	.0260292	.6642179	.9761389
Mass Flow kg/hr			
BENZENE	2777.445	2916.666	139.2209
TOLUENE	87.55577	6805.554	6717.998
Mass Frac			
BENZENE	.9694385	.3000000	.0203028
TOLUENE	.0305604	.7000000	.9796977
Liq Vol 60F cum/hr			
BENZENE	3.147071	3.304820	.1577485
TOLUENE	.1006477	7.823167	7.722519
LiqVolFrac60F			
BENZENE	.9690097	.2969827	.0200181

图 5-42　Distl 模拟物流结果

5.3.3　RadFrac 模块

RadFrac 适用于两相体系、三相体系、窄沸点和宽沸点物系及液相表现为强非理想性的物系过程做严格模拟计算，主要包括普通精馏、吸收、萃取精馏、共沸精馏和反应精馏等。

RadFrac 模型可以有任意的级数。RadFrac 模块同时联解物料平衡、能量平衡和相平衡关系，用逐板计算方法求解给定塔设备的操作结果。

1. RadFrac 模块基础模拟计算

【例题 5-3】

RadFrac 法计算苯-甲苯精馏塔，在完成 DSTWU 和 Dstil 模型基础上，对苯-甲苯混合液进行严格核算和设计计算，原料条件、操作条件及分离要求与例题 5-1 和例题 5-2 相同。在此主要介绍 RadFrac 模块设计规定和灵敏度分析。

1）输入模块参数

塔设定（Column specifications）：本题具体步骤参照 DSTWU 模块，从 Block 的输入开始介绍，输入物流参数后进入 Blocks/模块名称/Input/Specifications 或者双击模块/Configuration（配置）。具体输入参数如图 5-43 所示。参数意义及选项见表 5-11。

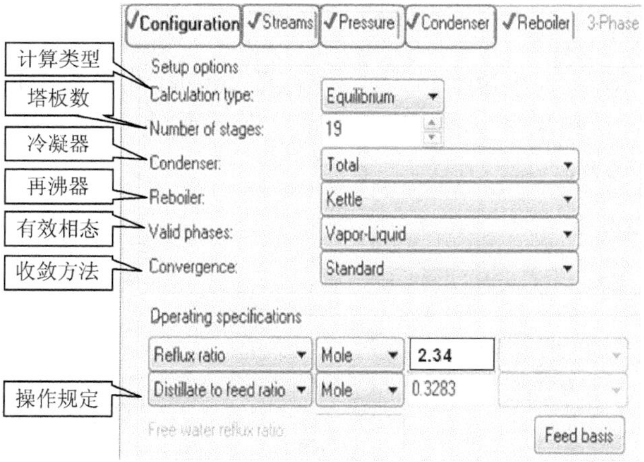

图 5-43　RadFrac 模型 Block 参数输入

表 5-11　RadFrac 模型 Block 选项

输入名称	选项
Calculation type（计算类型）	Equilibrium（平衡级模型）
	Rate-Based（非平衡级模型）
Number of stages（塔板数）	可以是理论板数也可以是实际塔板数
Condenser（冷凝器）	Total（全凝器）
	Partial-Vapor（部分冷凝器-气相塔顶产品）
	Partial-Vapor-Liquid（部分冷凝器-气相和液相塔顶产品）
	None（无冷凝器）

续表

输入名称	选项
Reboiler（再沸器）	Kettle（釜式再沸器）
	Thermosiphon（热虹吸式再沸器）
	None（无再沸器）
Valid phases（有效相态）	Vapor-Liquid（气-液）
	Vapor-Liquid-Liquid（气-液-液）
	Vapor-Liquid-Free Water Condenser（气-液-冷凝器游离水）
	Vapor-Liquid-Free Water AnyStage（气-液-任意塔板游离水）
	Vapor-Liquid-Dirty Water Condenser（气-液-冷凝器富水相）
	Vapor-Liquid-Dirty Water AnyStage（气-液-任意塔板富水相）
Convergence（收敛方法）	Standard（标准方法）
	Petroleum/Wide-boiling（石油/宽沸程物系）
	Strongly non-ideal liquid（强非理想液体）
	Azeotropic（共沸物系）
	Cryogenic（深冷体系）
	Custom（用户自定义）
Operating specifications（操作规定）	Reflux ratio（回流比）
	Reflux rate（回流量）
	Boilup rate（再沸量）
	Boilup ratio（再沸比）
	Condenser duty（冷凝器负荷）
	Reboiler duty（再沸器负荷）
	Distillate rate（塔顶产品流率）
	Bottoms rate（塔底产品流率）
	Distillate to feed ratio（塔顶产品与进料流率比）
	Bottoms to feed ratio（塔底产品与进料流率比）
	Boilup Ratio（上升蒸汽比）
	Boilup to Feed Ratio（上升蒸汽/进料比）

设置 Configuration（配置）后继续在此操作页面上选择 Streams 或者 N>，具体输入参数如图 5-44 所示。参数包括进料流股（Feed streams）、在级上方进料（Above-Stage）、在级上进料（On-Stage）、气相进料在级上（Vapor）、液相进料在级上（Liquid）。

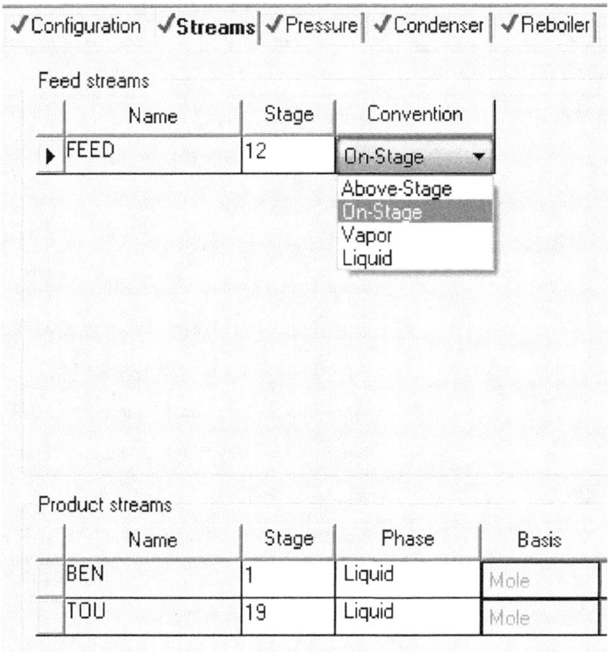

图 5-44　RadFrac 模型 Streams 参数输入

产品流股（Product streams）指定每一股侧线产品的出料板位置及产量。

设置 Streams 后选择 Pressure 或N>，输入参数如图 5-45 所示。塔压设置有三种方式，第一选择塔顶/塔底（Top/Bottom），用户仅指定第一块板压力，此时代表全塔无压降；塔内存在压降时，用户需指定第二块板压力或冷凝器压降，还可指定单板压降或全塔压降。第二塔内压力分布（Pressure profile），指定某些塔板压力。第三塔段压降（Section pressure drop），指定每一塔段的压降。

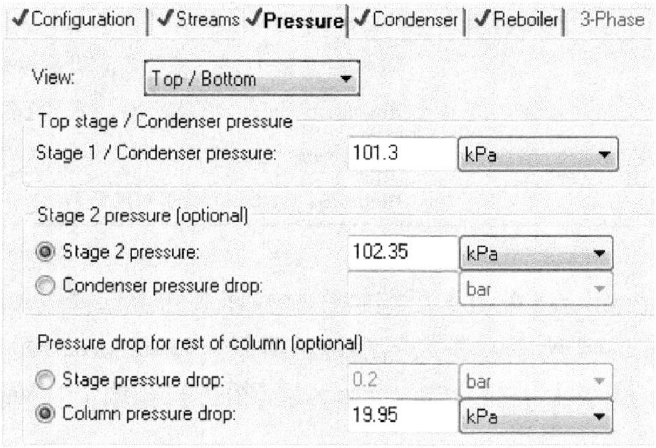

图 5-45　RadFrac 模型 Pressure 参数输入

当冷凝器（Condenser）应用于部分冷凝器，只需指定冷凝温度（Temperature）和蒸汽分率（Distillate vapor Fraction）两个参数之一。如选用了热虹吸再沸器，则需要指定再沸器（Reboiler）以下参数。①指定再沸器流量（Specify reboiler flow rate）；②指定再沸器出口条件（Specify reboiler outlet condition）；③同时指定流量和出口条件（Specify both flow and outlet condition）。

2）查看结果

点击结果查看图标或者 ALL 下拉菜单，在左侧数据浏览窗口选择对应选项 RadFrac。RadFrac 模型的主要结果可以点击 Blocks/模块名称/Results，结果显示如图 5-46 所示。

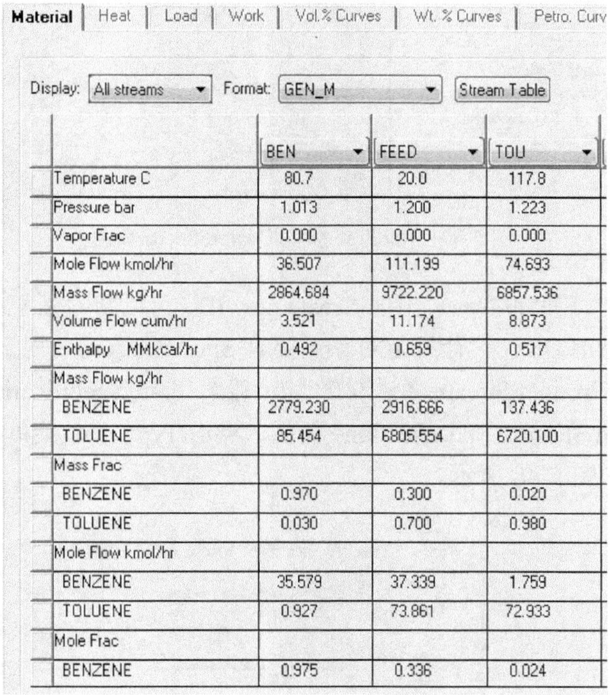
Material | Heat | Load | Work | Vol.% Curves | Wt. % Curves | Petro. Curv

Display: All streams　Format: GEN_M　Stream Table

	BEN	FEED	TOU
Temperature C	80.7	20.0	117.8
Pressure bar	1.013	1.200	1.223
Vapor Frac	0.000	0.000	0.000
Mole Flow kmol/hr	36.507	111.199	74.693
Mass Flow kg/hr	2864.684	9722.220	6857.536
Volume Flow cum/hr	3.521	11.174	8.873
Enthalpy MMkcal/hr	0.492	0.659	0.517
Mass Flow kg/hr			
BENZENE	2779.230	2916.666	137.436
TOLUENE	85.454	6805.554	6720.100
Mass Frac			
BENZENE	0.970	0.300	0.020
TOLUENE	0.030	0.700	0.980
Mole Flow kmol/hr			
BENZENE	35.579	37.339	1.759
TOLUENE	0.927	73.861	72.933
Mole Frac			
BENZENE	0.975	0.336	0.024

图 5-46　RadFrac 模型物流结果

从图 5-46 可以看出苯的质量分数为 97%，塔底甲苯的质量分数为 98%。这两种物质都达到分离要求。如果分离时达不到设定要求，可以采用 RadFrac 模型中的 Design Specs（设计规定），根据分离要求重新设定分离条件。

2. RadFrac 模块设计规定

1）输入设计规定参数

首先将已完成文件保存，设计规定塔顶苯含量不低于 97%，塔底苯含量不大于 2%，首先设定苯的参数。点击 Blocks/模块名称/Design Specs，进入 Object Manager 页面做设计规定，如图 5-47 所示。

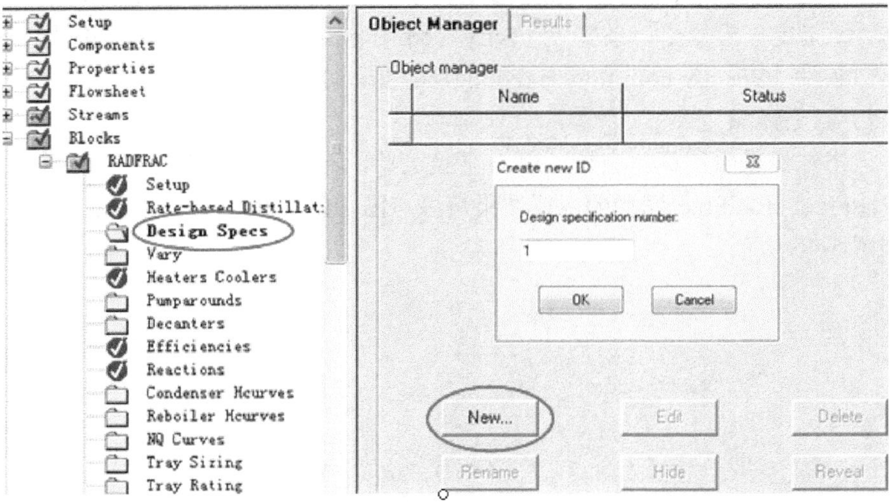

图 5-47　RadFrac 模型 Design Specs 页面

点击图 5-47 下面的 New，出现 Create new ID，可以将对话框中的 1 改成其他名称或者直接点击 OK，设计规定对象主要有 Specifications（规定）、Components（组分）和 Feed/Product Streams（进料/产物流股），设定 Specifications 进入 Blocks/模块名称/Design Space/1/Specifications 页面，点击 Type 下拉菜单，选择需要的设定条件，具体如图 5-48 所示。

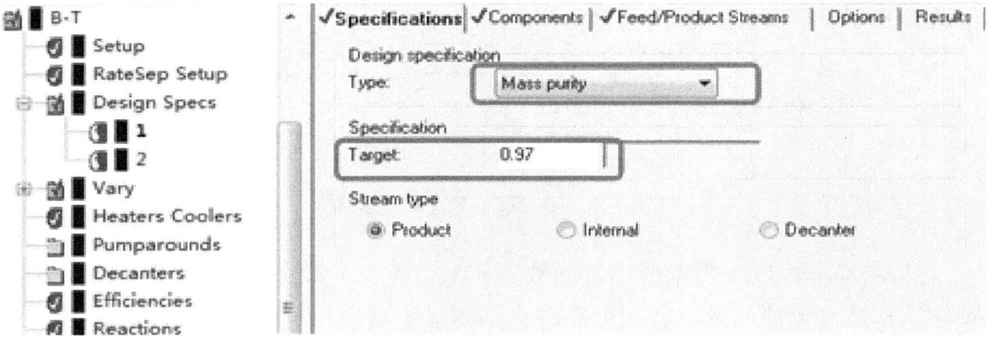

图 5-48　Specifications 苯的纯度

苯的 Specifications 设定完成后点击N>或者 Blocks/模块名称/Design Specs/1/Components，在该页面中 Available components 下，选择苯的名称到 Selected components 中，具体如图 5-49 所示。

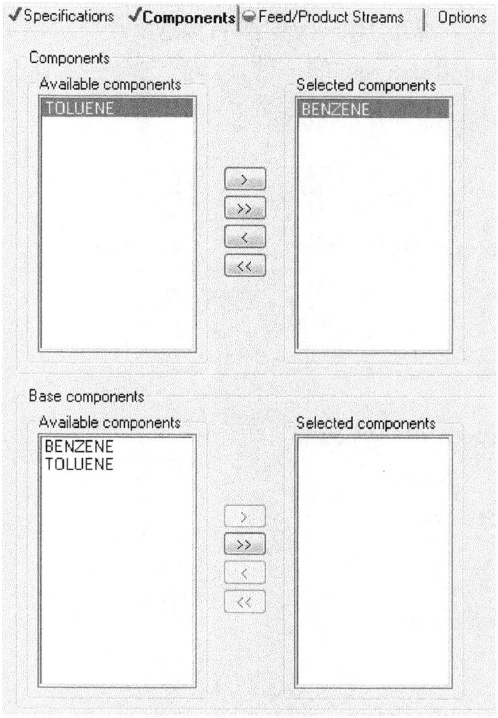

图 5-49　Components-苯

点击N>或者 Blocks/模块名称/Design Specs/1/Feed/Product streams，在该页面 Available streams 中，选择苯的名称到 Selected streams 中，具体如图 5-50 所示。这样 Design Specs（设计规定）中的一个操作变量设置完成。

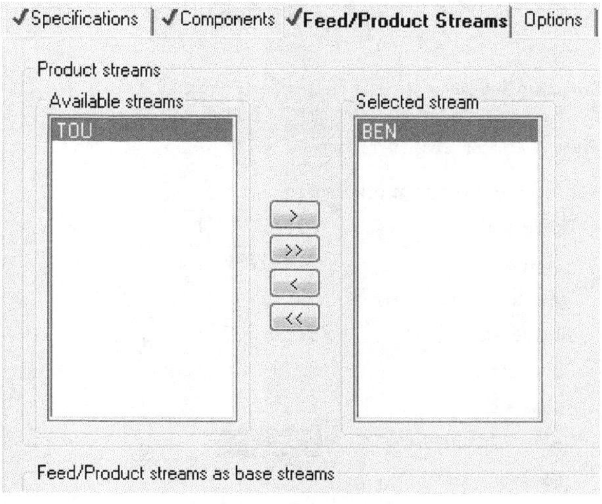

图 5-50　Feed/Product streams-苯

新建一个操作变量，点击 Blocks/模块名称/Vary，进入 Object Manager 页面做设计规定。步骤与 Specifications 的一致，本题选择回流比为变量，范围为 1～3（条件中为 2.34），具体如图 5-51 所示。

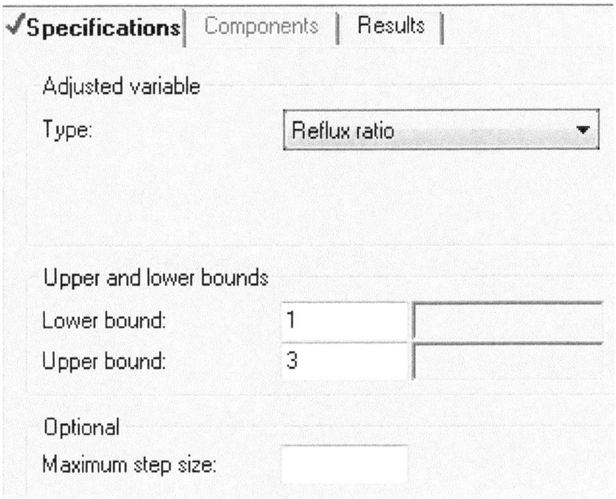

图 5-51　Vary-苯

一个设计规定和一个操作变量已定义完成。塔底产品中甲苯的质量纯度为 98%，设定第二组设计规定和操作变量，具体步骤同上。

2）运行模拟及结果查看

两个设计规定和操作变量设定完成后，点击N>出现 Required Input Complete 对话框，点击确定，运行模拟。查看结果，由数据浏览窗口选择 Blocks/模块名称/Results 查看模拟结果，如图 5-52 和图 5-53 所示。

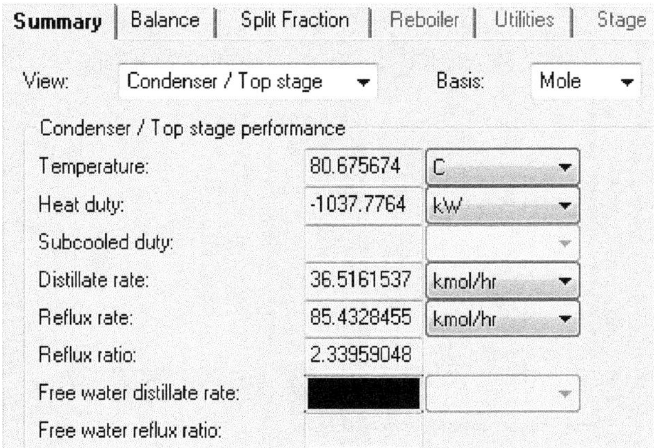

图 5-52　设计规定-冷凝器结果

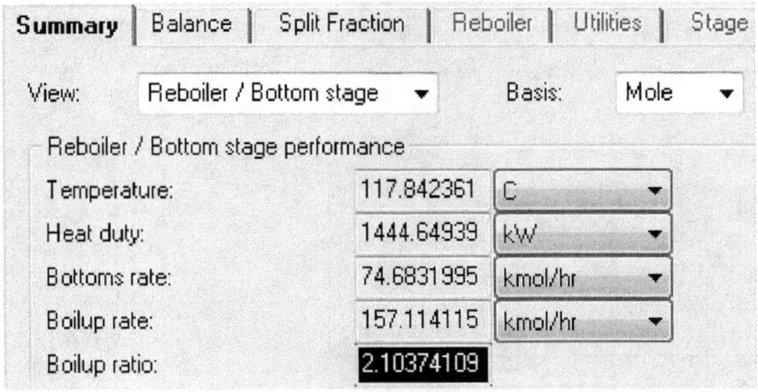

图 5-53　设计规定-再沸器结果

从图中可以看到满足分离所需的回流比为 2.34，塔顶产品流率 85.43kmol/h，塔顶温度 80.68℃，塔底产品流率 74.68kmol/h，塔底温度 117.84℃。

由左侧数据浏览窗口选择 Blocks/模块名称/Results Summary/Stream/Material，在 Material 页面可看到如图 5-54 所示的结果。苯的质量纯度为 97.00%，甲苯的质量纯度为 98.00%。

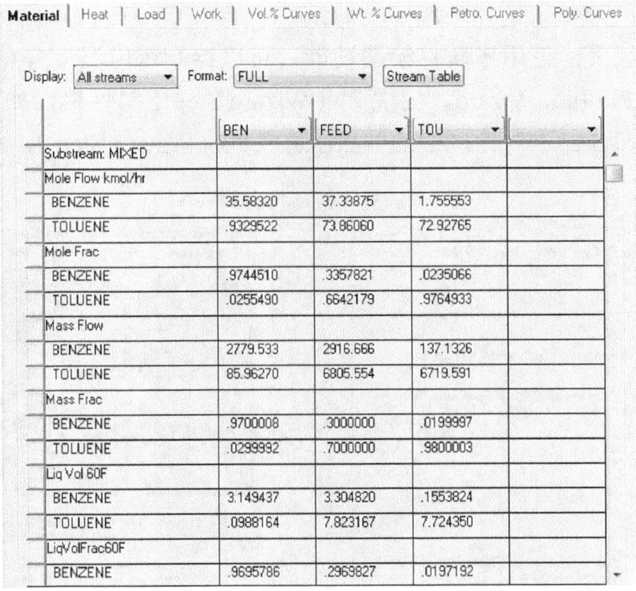

	BEN	FEED	TOU	
Substream: MIXED				
Mole Flow kmol/hr				
BENZENE	35.58320	37.33875	1.755553	
TOLUENE	.9329522	73.86060	72.92765	
Mole Frac				
BENZENE	.9744510	.3357821	.0235066	
TOLUENE	.0255490	.6642179	.9764933	
Mass Flow				
BENZENE	2779.533	2916.666	137.1326	
TOLUENE	85.96270	6805.554	6719.591	
Mass Frac				
BENZENE	.9700008	.3000000	.0199997	
TOLUENE	.0299992	.7000000	.9800003	
Liq Vol 60F				
BENZENE	3.149437	3.304820	.1553824	
TOLUENE	.0988164	7.823167	7.724350	
LiqVolFrac60F				
BENZENE	.9695786	.2969827	.0197192	

图 5-54　物流结果

3）绘制曲线

由左侧数据浏览窗口选择 Blocks/模块名称/Profiles，在 TPFQ 页面查看塔内温度，如图 5-55 所示，在 Compositions 页面查找塔内组成分布，如图 5-56 所示。

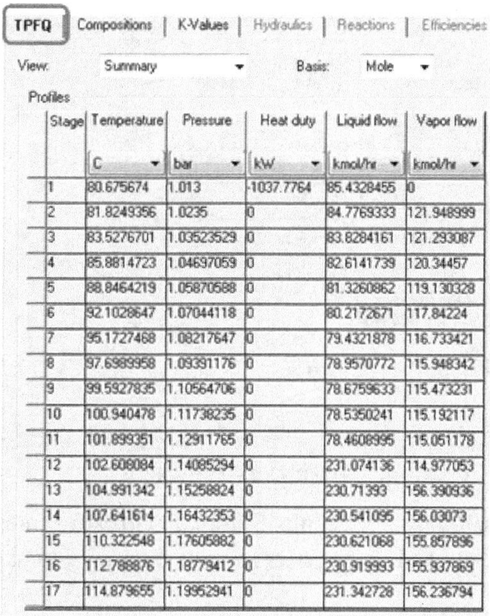

TPFQ | Compositions | K-Values | Hydraulics | Reactions | Efficiencies

View: Summary　Basis: Mole

Profiles

Stage	Temperature C	Pressure bar	Heat duty kW	Liquid flow kmol/hr	Vapor flow kmol/hr
1	80.675674	1.013	-1037.7764	85.4328455	0
2	81.8249356	1.0235	0	84.7769333	121.948999
3	83.5276701	1.03523529	0	83.8284161	121.293087
4	85.8814723	1.04697059	0	82.6141739	120.34457
5	88.8464219	1.05870588	0	81.3260862	119.130328
6	92.1028647	1.07044118	0	80.2172671	117.84224
7	95.1727468	1.08217647	0	79.4321878	116.733421
8	97.6989958	1.09391176	0	78.9570772	115.948342
9	99.5927835	1.10564706	0	78.6759633	115.473231
10	100.940478	1.11738235	0	78.5350241	115.192117
11	101.899351	1.12911765	0	78.4608995	115.051178
12	102.608084	1.14085294	0	231.074136	114.977053
13	104.991342	1.15258824	0	230.71393	156.390936
14	107.641614	1.16432353	0	230.541095	156.03073
15	110.322548	1.17605882	0	230.621068	155.857896
16	112.788876	1.18779412	0	230.919993	155.937869
17	114.879655	1.19952941	0	231.342728	156.236794

图 5-55　塔内温度分布情况

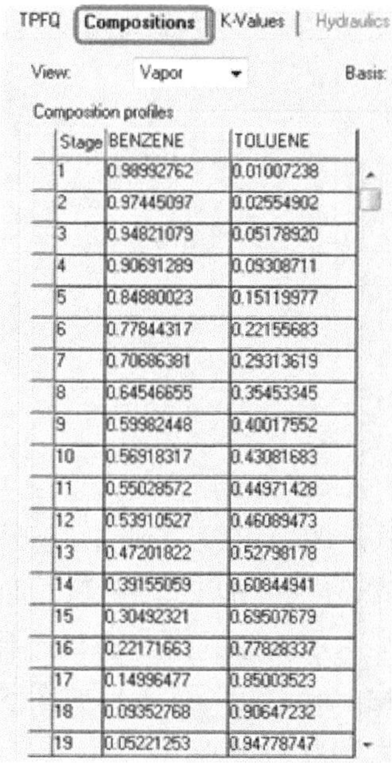

TPFQ | Compositions | K-Values | Hydraulics

View: Vapor　Basis:

Composition profiles

Stage	BENZENE	TOLUENE
1	0.98992762	0.01007238
2	0.97445097	0.02554902
3	0.94821079	0.05178920
4	0.90691289	0.09308711
5	0.84880023	0.15119977
6	0.77844317	0.22155683
7	0.70686381	0.29313619
8	0.64546655	0.35453345
9	0.59982448	0.40017552
10	0.56918317	0.43081683
11	0.55028572	0.44971428
12	0.53910527	0.46089473
13	0.47201822	0.52798178
14	0.39155059	0.60844941
15	0.30492321	0.69507679
16	0.22171663	0.77828337
17	0.14996477	0.85003523
18	0.09352768	0.90647232
19	0.05221253	0.94778747

图 5-56　塔内组成变化情况

根据计算结果，使用本软件绘图功能，可以绘制塔内温度分布曲线和组成分布曲线。点击 Plo/Plot Wizard，出现 Plot Wizard Step 1 对话框，如图 5-57 所示，点击 Plot Wizard Step 1 对话框中的 Next，进入 Plot Wizard Step 2，如图 5-58 所示。

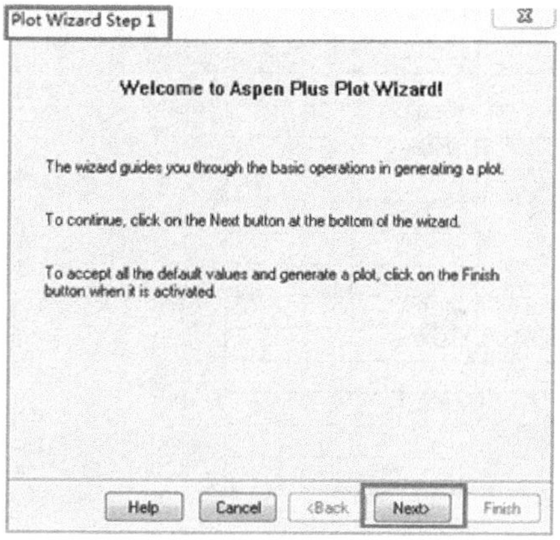

图 5-57　Plot Wizard Step 1 对话框

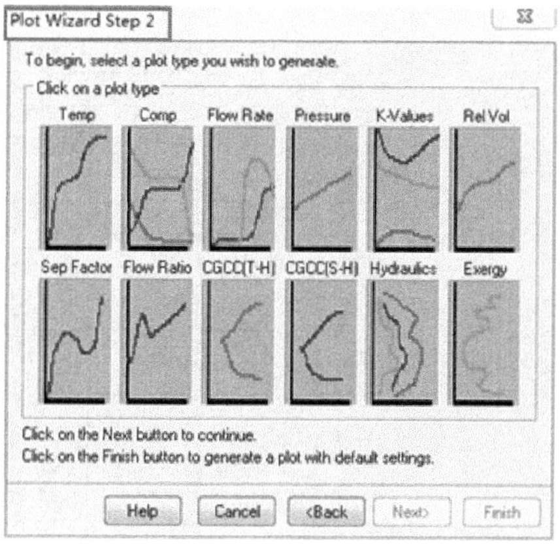

图 5-58　Plot Wizard Step 2 对话框

此对话框给出了 12 种 Aspen Plus 可生成的图形，主要有温度（Temp）、组成（Comp）、流率（Flow Rate）、压力（Pressure）、K 值（K-Values）、相对挥发度（Rel Vol）、分离因子（Sep Factor）、流率比（Flow ratio）、T-H[CGCC（T-H）]总组合曲线、水力学分析（Hydraulics）等。

此处介绍塔内温度和塔内组成分布曲线。点击选中 Plot Wizard Step 2 对话框左上方的 Temp 图形，然后点击对话框下方的 Next，进入 Plot Wizard Step 3，默认单位是℃，不做更改。点击 Plot Wizard Step 3 对话框中的 Next，进入 Plot Wizard Step 4，不做更改，点击 Finish，即生成如图 5-59 所示的温度分布曲线。

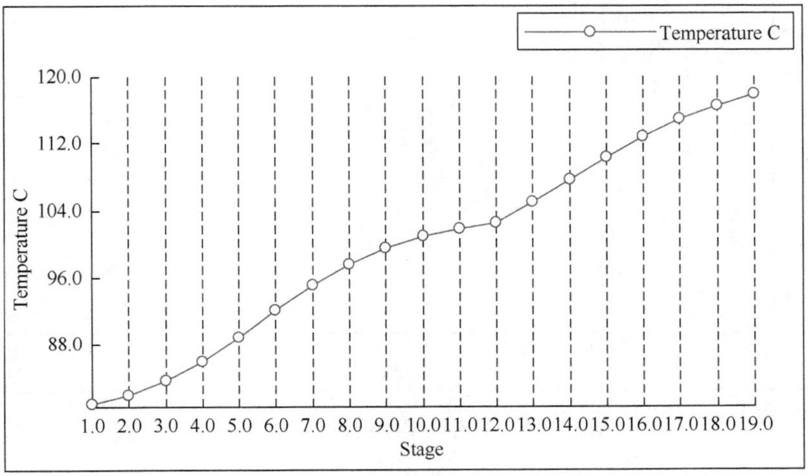

图 5-59　塔内温度分布曲线

下面生成塔内液相质量组成分布曲线。点击选中 Plot Wizard Step 2 对话框中的 Comp 图形，点击下方的 Next，出现 Plot Wizard Step 3，按照图 5-60 所示，将 BENZENE 和 TOLUENE 从 Available 栏移至 Selected basis，选择质量（Mass）。点击下方的 Next，出现 Plot Wizard Step 4，不做更改，点击 Finish，即生成如图 5-61 所示的塔内液相质量组成分布曲线。

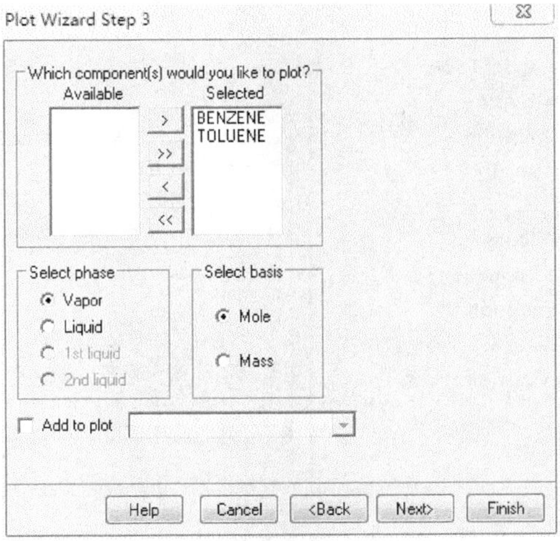

图 5-60　Plot Wizard Step 3 对话框

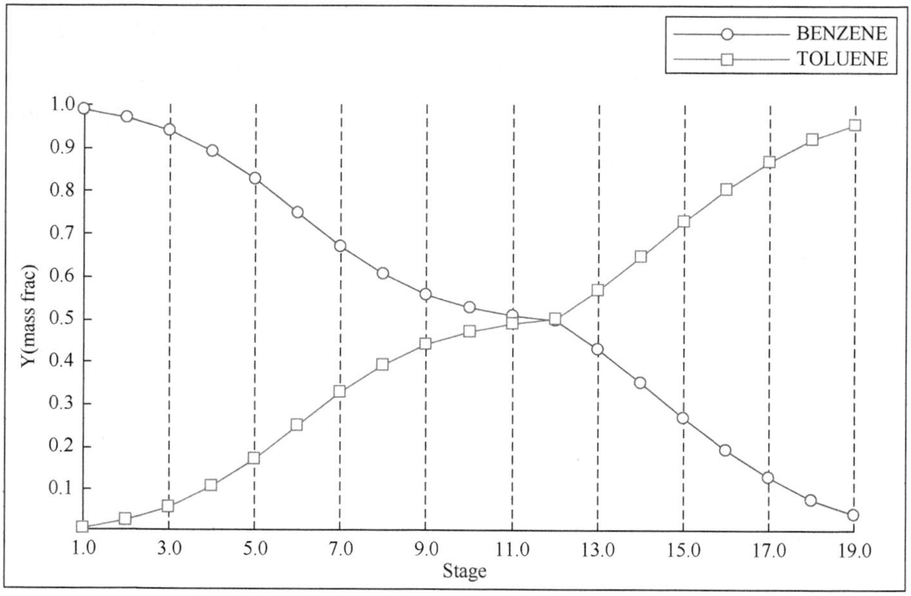

图 5-61　塔内液相质量组成分布曲线

3. 灵敏度分析

分析进料位置和塔板数变化对再沸器热负荷的影响，可选用模块分析工具（Model Analysis Tools）中的灵敏度分析（Sensitivity）。

由左侧数据浏览窗口选择 Model Analysis Tools/Sensitivty 点击 New 弹出如图 5-62 页面，点击下方的 New，出现 Create new variable 对话框，输入变量名称，如图 5-63 所示，点击 OK，出现 Variable Definition 对话框，如图 5-64 所示。

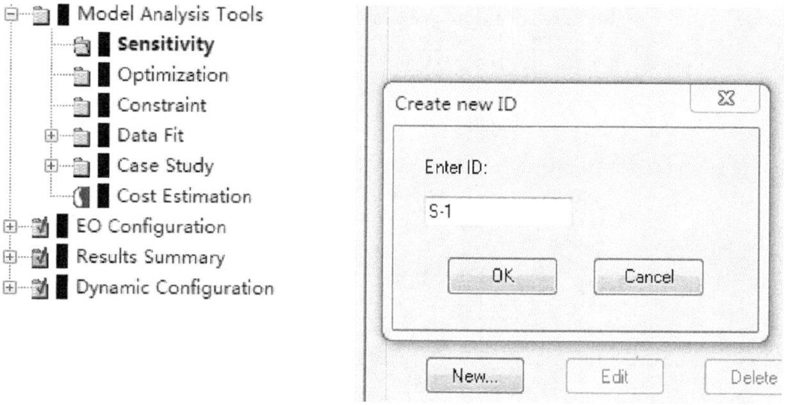

图 5-62　新建变量

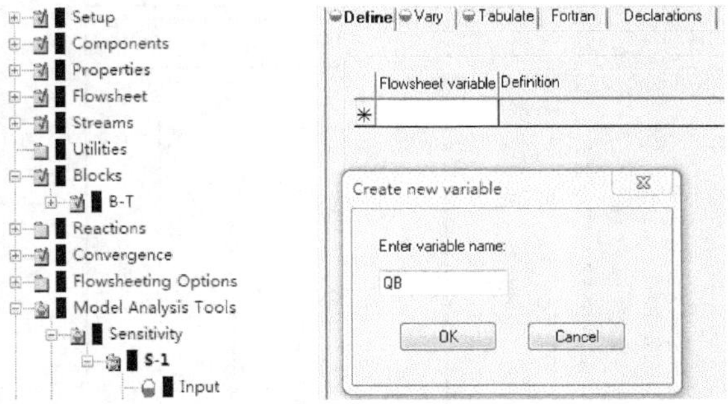

图 5-63　输入变量名称

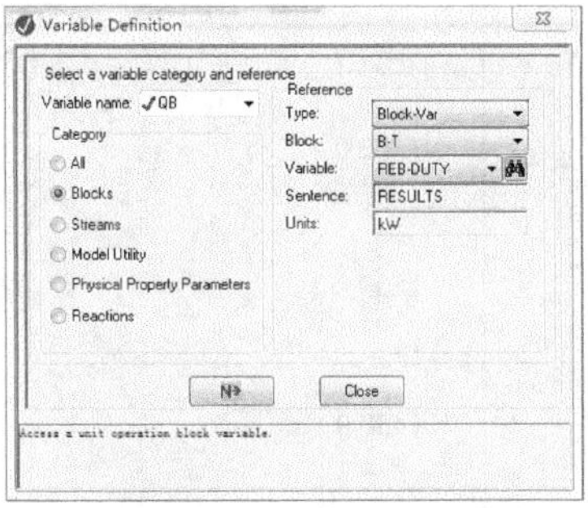

图 5-64　输入变量参数

定义操纵变量进料位置，从 7 变化到 13，增量为 1，如图 5-65 所示。

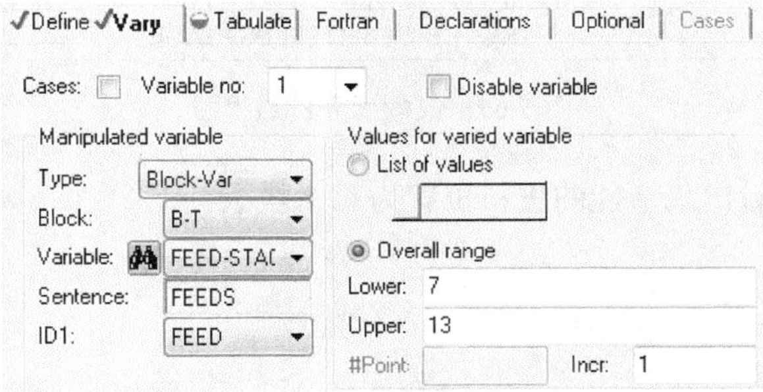

图 5-65　定义操作变量-进料位置

点击下一步，进入 Model Analysis Tools/Sensitivty/S-1/Input/Tabulate 页面，在 Column No.中输入 1，在 Tabulated variable or expression 中输入变量名称（同图 5-62 的名称）。

点击下一步，出现 Required Input Complete 对话框，点击确定，运行模拟。由左侧数据浏览窗口选择 Model Analysis Tools/Sensitivty/S-1/Input/Results，在 Summary 页面查看结果。具体如图 5-66 和图 5-67 所示。

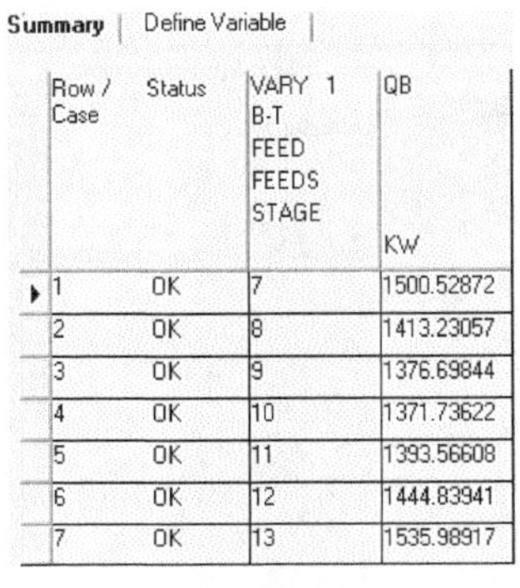

Summary | Define Variable

Row / Case	Status	VARY 1 B-T FEED FEEDS STAGE	QB KW
1	OK	7	1500.52872
2	OK	8	1413.23057
3	OK	9	1376.69844
4	OK	10	1371.73622
5	OK	11	1393.56608
6	OK	12	1444.83941
7	OK	13	1535.98917

图 5-66　灵敏度分析结果表

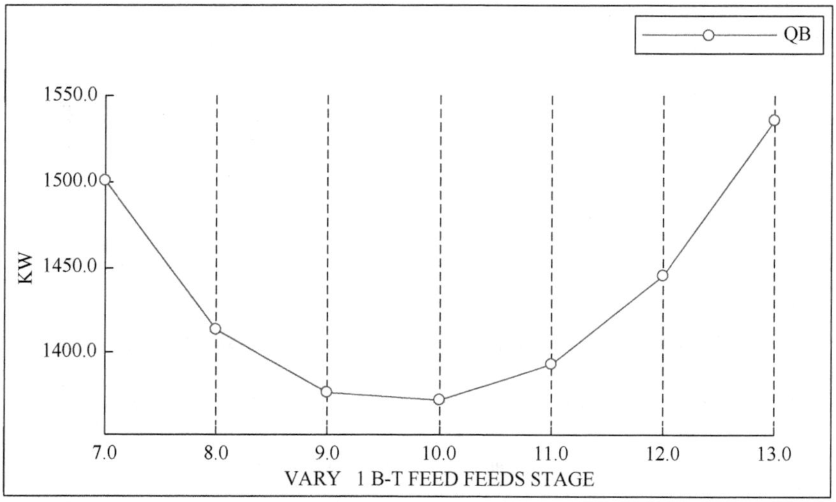

图 5-67　灵敏度分析结果图

从图中可以看出最节能的进料位置为第十块板。

参 考 文 献

包宗宏，武文良. 2013. 化工计算与软件应用. 北京：化学工业出版社.

包宗宏，武文良. 2014. 基于流程模拟软件平台的化工计算教材编写. 化工高等教育，31(5)：101-104.

柴诚敬，王军，张缨. 2009. 化工原理课程设计. 天津：天津科学技术出版社.

陈均志，李磊. 2008. 化工原理实验及课程设计. 北京：电子工业出版社.

陈敏恒，丛德滋，方图南，等. 2006. 化工原理（下册）. 3 版. 北京：化学工业出版社.

大连理工教研室. 1994. 化工原理课程设计. 大连：大连理工大学出版社.

何一夫. 2015. 基于 Aspen Plus 的超大规模低温甲醇洗工艺全流程模拟. 上海化工，40（7）：1-5.

贾绍义，柴诚敬. 2002. 化工原理课程设计. 天津：天津大学出版社.

李功样，陈兰英，崔英德. 2009. 常用化工单元设备设计. 2 版. 广州：华南理工大学出版社.

陆恩锡，张慧娟. 2011. 化工过程模拟——原理与应用. 北京：化学工业出版社.

潘国昌，郭庆丰. 1996. 化工设备设计. 北京：清华大学出版社.

屈一新. 2010. 化工过程数值模拟及软件. 2 版. 北京：化学工业出版社.

任晓光，宋永吉，李翠清，等. 2009. 化工原理课程设计指导. 北京：化学工业出版社.

时钧，汪家鼎，余国琮，等. 1996. 化学工程手册. 2 版. 北京：化学工业出版社.

孙兰义. 2012. 化工流程模拟实训 Aspen Plus 教程. 北京：化学工业出版社.

孙兰义，张月明，李军，等. 2009. Aspen Plus 在化工原理课程设计教学中的应用. 广东化工，36（12）：173-175.

唐伦成. 2005. 化工原理课程设计简明教程. 哈尔滨：哈尔滨工程大学出版社.

涂伟萍，陈佩珍，程达芳. 1999. 化工过程及设备设计. 北京：化学工业出版社.

王广全，李肖华，张智亮. 2015. Aspen Plus 软件在化工原理课程设计中的应用. 化工高等教育，32（2）：60-63.

王树楹. 1998. 现代填料吸收塔技术指南. 北京：中国石化出版社.

熊杰明，杨索和. 2013. Aspen Plus 实例教程. 北京：化学工业出版社.

姚玉英，陈常贵，柴诚敬，等. 2012. 化工原理（下册）. 2 版. 天津：天津科学技术出版社.

尹春花，秦玉珠. 2015. Aspen Plus在化工教学中的实践应用探讨. 牡丹江教育学院学报，8：97-98.

张红兵，郭长生，武志怡，等. 2008. 化工工艺设计手册. 3 版. 北京：化学工业出版社.

《化工设备结构图册》编辑组. 1979. 化工设备结构图册. 上海：上海科学技术出版社.

《化学工程手册》编辑委员会. 1979. 化学工程手册 第 13 篇 气液传质设备. 北京：化学工业出版社.

《化学工程手册》编辑委员会. 1982. 化学工程手册 第 12 篇 气体吸收. 北京：化学工业出版社.

Seader J D，Henley E J. 2007. 分离过程原理. 朱开宏，吴俊生，译. 上海：华东理工大学出版社.

Strigle R F. 1987. Random Packings and Packed Tower：Design and Applications. Houston：Gulf Publishing Company.